Original illisible

NF Z 43-120-10

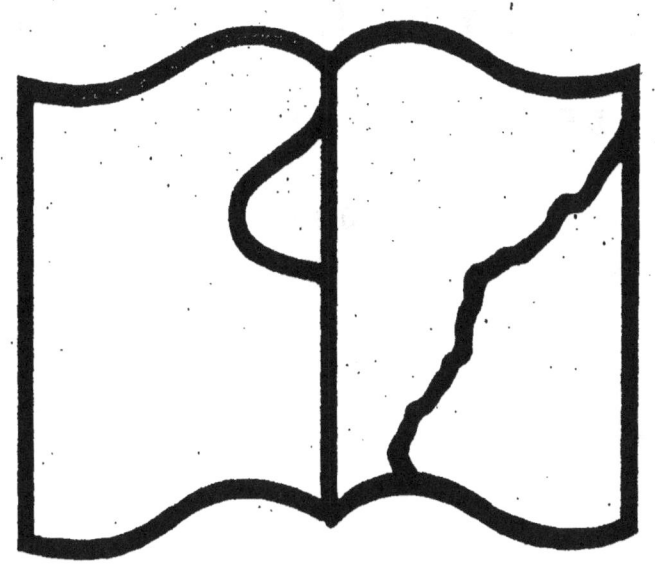

Texte détérioré — reliure défectueuse

NF Z 43-120-11

"VALABLE POUR TOUT OU PARTIE
DU DOCUMENT REPRODUIT".

SOUVENIRS ET RÉCITS

D'UN AÉROSTIER MILITAIRE

DE L'ARMÉE DE LA LOIRE

1870-1871

PRINCIPAUX OUVRAGES DU MÊME AUTEUR

L'Eau, 6ᵉ édition. 1 vol. in-18, illustré, de la *Bibliothèque des Merveilles*. Paris, Hachette et Cⁱᵉ, 1867.

La Houille, 3ᵉ édition. 1 vol. in-18, illustré, de la *Bibliothèque des Merveilles*. Hachette et Cⁱᵉ, 1869.

La Photographie, 3ᵉ édition. 1 vol. in-18, illustré, de la *Bibliothèque des Merveilles*. Hachette et Cⁱᵉ, 1874.

Les Fossiles, 3ᵉ édition. 1 vol. in-18, illustré, de la *Bibliothèque des Merveilles*. Hachette et Cⁱᵉ, 1876.

La Navigation aérienne. L'aviation et la direction des aérostats dans les temps anciens et modernes, 2ᵉ édition. 1 vol. in-18, illustré, de la *Bibliothèque des Merveilles*. Hachette et Cⁱᵉ, 1886.

Éléments de chimie, 7ᵉ édition. 4 vol. in-18, avec figures dans le texte. (En collaboration avec M. P.-P. Dehérain), Hachette et Cⁱᵉ, 1868-1871.

Histoire de mes Ascensions. *Récit de quarante-cinq voyages aériens*, 9ᵉ édition. Ouvrage illustré de nombreux dessins par Albert Tissandier, 1 vol. grand in-8°. Paris, Maurice Dreyfous, 1878.

Le Grand Ballon captif a vapeur de M. Henri Giffard, 3ᵉ édition. 1 vol. in-8°, avec de nombreuses illustrations par Albert Tissandier. Paris, G. Masson, 1878.

Observations météorologiques en ballon, 1 vol. in-18, avec figures. Paris, Gauthier-Villars, 1879.

Les Poussières de l'air, 1 vol. in-18, avec figures et planches hors texte. Paris, Gauthier-Villars, 1877.

Les Récréations scientifiques ou l'enseignement par les jeux. Ouvrage couronné par l'Académie française, 5ᵉ édition. 1 vol. in-8°, illustré de 120 gravures sur bois. Paris, G. Masson, 1883.

L'Océan aérien. Etudes météorologiques, 1 vol. in-8°, avec de nombreuses gravures. Paris, G. Masson.

Les Martyrs de la science, 3ᵉ édition. 1 vol. in-8°, avec 32 gravures par Gilbert. Paris, Maurice Dreyfous, 1883.

Les Héros du travail, 3ᵉ édition. 1 vol. in-8°, avec 32 gravures par Gilbert. Paris, Maurice Dreyfous, 1884.

Histoire des Ballons et des Aéronautes célèbres, 2 vol. grand in-8°. Edition de grand luxe, avec des reproductions en photogravures tirées en taille-douce, et de nombreuses planches en couleurs. Paris, Librairie artistique H. Launette et Cⁱᵉ, G. Boudet successeur, 1887-1890.

Les Ballons dirigeables. *Application de l'électricité à la navigation aérienne*, 1 vol. in-18. Ouvrage accompagné de 35 figures et de 4 planches hors texte. Paris, Gauthier-Villars, 1885.

La Photographie en ballon, avec planche photoglyptique et figures. Paris, Gauthier-Villars, 1886.

Recettes et procédés utiles, 1 vol. in-18, 6ᵉ édition. Paris, G. Masson.

La Science pratique. 1 vol. in-18, 3ᵉ édition. Paris, G. Masson 1887.

Nouvelles recettes utiles. *Description d'appareils pratiques*, 1 vol. in-18. Paris, G. Masson, 1890.

La Tour Eiffel de 300 mètres. Description du monument, sa construction, ses organes mécaniques, son but et son utilité, avec une lettre autographe de M. G. Eiffel. 1 vol. in-8°, avec de nombreuses gravures, 3ᵉ édition. Paris, G. Masson, 1889.

La Nature. *Revue des sciences et de leurs applications aux arts et à l'industrie, Journal hebdomadaire illustré*, Gaston Tissandier, rédacteur en chef. 2 vol. grand in-8° par an, 36 volumes depuis 1873. — G. Masson, Paris.

Les fusils se lèvent et vomissent l'éclair. (Page 23.)

GASTON TISSANDIER

SOUVENIRS ET RÉCITS

D'UN

AÉROSTIER MILITAIRE

DE L'ARMÉE DE LA LOIRE

1870-1871

AVEC UNE LETTRE AUTOGRAPHE DU GÉNÉRAL CHANZY

ET DE NOMBREUSES ILLUSTRATIONS DE V.-A. POIRSON

PARIS

MAURICE DREYFOUS, ÉDITEUR

20, RUE DE TOURNON, 20

1891

Tous droits réservés.

A LA MÉMOIRE

DU

GÉNÉRAL CHANZY
COMMANDANT EN CHEF L'ARMÉE DE LA LOIRE

CE LIVRE EST DÉDIÉ PAR L'AUTEUR
EN SOUVENIR DES ASCENSIONS CAPTIVES
DU MANS ET DE LAVAL

Gaston TISSANDIER

PRÉFACE

Au moment où la guerre franco-prussienne éclata, j'avais entrepris déjà plusieurs ascensions scientifiques en ballon. Deux ans avant nos désastres, le 15 août 1868, j'avais fait mes premières armes aériennes avec l'aéronaute Duruof. Nous avions réussi, en nous élevant de Calais dans son aérostat *Le Neptune*, à nous aventurer à deux reprises au-dessus de la mer du Nord, et notre expédition, pendant laquelle nous avions su profiter de courants aériens contraires, attira l'attention du public et du monde savant.

Les ballons me passionnèrent. Je continuais mes expériences aériennes, quand ma profession de chimiste m'en laissait le loisir. Mon frère ne tarda pas à joindre ses efforts aux miens.

Je me plaisais à répéter que la navigation aérienne est un art plein d'avenir, qu'on ne devrait pas autant négliger. J'insistais sur l'importance que me semblait avoir l'organisation d'un corps d'aérostiers pour les observations militaires.

On ne s'étonnera pas qu'au moment du siège de Paris, mon frère et moi, nous ayions été des premiers à nous mettre à la disposition du gouvernement de la Défense nationale, pour le service des ballons messagers et des ballons militaires.

Quand j'ai quitté Paris assiégé dans la nacelle d'un aérostat, j'avais conscience de l'importance des événements auxquels j'allais assister; je n'ai jamais cessé pendant toute la durée de la guerre, d'écrire mes impressions quotidiennes et de noter chaque soir sur mon carnet, tout ce que j'avais eu l'occasion de voir ou d'entendre dans la journée.

Après la signature de la paix, en 1871, je réunis quelques-unes de ces notes en un petit livre très sommaire que j'avais intitulé : *En ballon! pendant le siège de Paris*. Le général Chanzy voulut bien en accepter la dédicace; il m'écrivit la lettre que je reproduis ci-contre.

Malgré l'état de trouble qui suivit la Commune, cet opuscule fut épuisé, toutefois il ne fut pas réimprimé, et je laissai dormir mes *Souvenirs*.

Après vingt ans, je les fais revivre; l'œuvre primitive, transformée, remaniée de toutes pièces, complétée par de nombreux récits, devient une petite histoire de tout un aspect ignoré de l'*Année terrible*. Un éditeur ami a consacré tous ses soins à la publier; un dessinateur de talent et d'esprit a mis tout son art à l'illustrer. C'est un livre nouveau, que j'ai écrit avec émotion, parfois même avec des larmes. Je l'offre à tous ceux qui aiment la Patrie, et surtout à notre jeunesse, sur laquelle repose son avenir.

G. T.

Paris, le 10 novembre 1890.

Versailles, 19 Aoust, 1871

Mon cher Monsieur Tissandier,

Je ne puis que vous remercier de la pensée que vous avez bien voulu avoir de me dédier votre livre. Je l'accepte, et je ne doute pas qu'écrit par un homme de votre valeur et de votre expérience, il ne produise d'utiles et sérieux résultats.

J'espère qu'un jour les ballons captifs rendront de réels services, qu'il n'a pas dépendu de vous, mais des circonstances seules, de leur faire donner dans la dernière campagne.

Recevez, cher monsieur, l'assurance de mes meilleurs sentiments,

Gal en Cf en chef l'armée de la Loire, député à l'Assemblée,

Chanzy

LETTRE AUTOGRAPHE ADRESSÉE A L'AUTEUR PAR LE GÉNÉRAL CHANZY

PREMIÈRE PARTIE

LE « CÉLESTE » ET LE « JEAN-BART »

SOUVENIRS ET RÉCITS
D'UN AÉROSTIER MILITAIRE
DE L'ARMÉE DE LA LOIRE

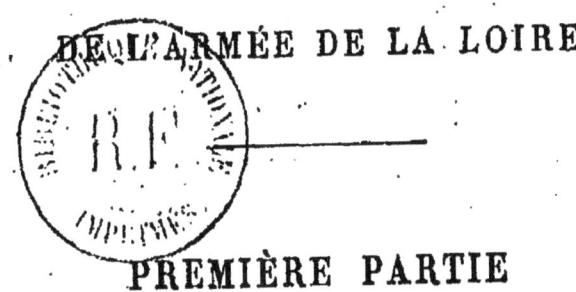

PREMIÈRE PARTIE
LE « CÉLESTE » ET LE « JEAN-BART »

CHAPITRE PREMIER

La guerre. — Paris investi. — Les ballons-poste. — L'aérostat *le Céleste*. — Lâchez tout ! — L'ascension. — Versailles. — La fusillade prussienne. — Les proclamations. — La forêt d'Houdan. — Les uhlans. — Descente à Dreux.

C'est le 15 juillet 1870 que la guerre fut officiellement déclarée par le gouvernement de Napoléon III à l'Allemagne; au Sénat M. de Gramont, ministre des affaires étrangères, au Corps législatif M. Emile Ollivier, président du conseil, annoncèrent que la France allait prendre les armes, et les applaudissements éclatèrent. Deux jours auparavant, l'ambassadeur d'Allemagne avait cependant fait connaître la renonciation du prince de Hohenzollern à sa candidature du trône d'Espagne. Toute cause de conflit entre la France et l'Allemagne semblait avoir disparu ; mais on apprit que notre ambassadeur s'était vu fermer la porte du roi de Prusse : la guerre devenait inévitable. L'Empire ne semblait pas, d'ailleurs, la redouter et M. Emile Ollivier prononça à la Chambre les paroles suivantes : « De ce jour commence pour les ministres, mes collègues, et pour moi une grande responsabilité ; nous l'acceptons le cœur léger... »

Paris était dans un état d'agitation extraordinaire, les boulevards regorgeaient de monde, les cafés étaient remplis d'une foule surexcitée qui criait et vociférait. « On vendait partout des cartes du *théâtre de la guerre* qui figuraient l'Allemagne, depuis les bords du Rhin jusqu'à la capitale prussienne. Le mouvement des troupes ne tarda pas à se manifester de toutes parts, les régiments traversaient les rues accompagnés des clameurs du public ; on arrêtait les soldats, on leur offrait à boire, et c'est à peine s'ils pouvaient se rendre à la gare de l'Est où des trains spéciaux les conduisaient à la frontière.

Jamais le spectacle de cette agitation fébrile ne s'effacera de mon esprit. Nul ne pouvait soupçonner alors que le gouvernement, après avoir épuisé les ressources militaires du pays dans l'entreprise du Mexique, allait attaquer l'Allemagne si fortement préparée, et cela, sans alliances, sans les forces nécessaires, sans même avoir les frontières de la France suffisamment armées ou défendues. Non, à cette époque, aucun Français n'eût pu soupçonner qu'une telle guerre s'engageait avec une semblable témérité. On se souvenait à Paris de la valeur de nos troupes ; on se rappelait le retour des soldats victorieux de Crimée et d'Italie. L'armée française, disait-on, avec des chefs comme Mac-Mahon ou Canrobert, est invincible. « A Berlin ! A Berlin ! » telles étaient les cris qui s'élevaient de toute la foule.

Le 7 août 1870, Napoléon III, qui avait pris le commandement de l'armée française, signait une dépêche datée de Metz, minuit et demi.

Elle était ainsi conçue : « Le maréchal de Mac-Mahon a perdu une bataille. La retraite s'opère en bon ordre. Tout peut encore se réparer. »

Ces premières défaites, on le devinait, avaient la plus grande gravité. A Wissembourg, le général Douay, à la tête de 9 000 Français seulement, avait, avec une énergie peu commune il est vrai, mais une regrettable imprévoyance, combattu une partie des 5e et 11e corps allemands, renforcés par une division bavaroise. Ayant vainement voulu tenir tête à 40 000 hommes, il s'était fait tuer en luttant. Le combat de Wissembourg, que les dépêches prussiennes appelaient un *sanglant avantage*, car les Allemands avaient eu des pertes sérieuses, ouvrait l'Alsace à l'ennemi. Le maréchal de Mac-Mahon résolut de lui disputer le passage, et c'est à Wœrth et à Frœscheviller qu'eut lieu la rencontre nouvelle que l'on a désignée depuis sous le nom de bataille de Reischoffen. Mac-Mahon lutta avec son seul corps d'armée contre des forces supérieures. Le 5e corps français, commandé par le général du Failly, reçut trop tard l'ordre de marcher en avant et resta inactif pendant que les 46 000 soldats commandés par notre maréchal allaient avoir à se mesurer contre 160 000 hommes placés sous les ordres du prince royal de Prusse. L'armée française fit preuve d'un courage qui restera célèbre dans les annales de l'histoire ; tandis qu'elle se battait sans renforts, les Prussiens au contraire en recevaient à toute heure par le chemin de fer. La lutte se prolongea tout le jour, avec un acharnement inouï. Les turcos et les zouaves d'Afrique firent des prodiges de valeur ; ils se précipitaient sans cesse contre l'ennemi qui les décimait par la mitraille.

Quand le maréchal de Mac-Mahon jugea que la bataille était

perdue sans espoir, après avoir attendu vainement l'arrivée de l'armée du général du Failly, il donna l'ordre de couvrir la retraite.

C'est alors que le 8ᵉ et le 9ᵉ cuirassiers français se précipitent au galop contre l'ennemi qu'il faut à tout prix arrêter dans sa marche. Les cavaliers s'engouffrent au milieu d'un vallon, où tombe une véritable pluie d'obus, ils le traversent; décimés, foudroyés, ils s'élancent à nouveau, semant leurs cadavres sur la route. Ceux qui suivent se reforment et chargent encore; ces braves en se faisant tuer, donnent à leurs frères vaincus le temps d'éviter la mort!

Si l'armée du maréchal de Mac-Mahon s'était fait décimer, les Allemands eurent à subir des pertes considérables : 11 000 hommes des leurs furent tués. Le prince royal de Prusse rendit lui-même hommage à l'armée française qu'il avait vaincue ou plutôt qu'il avait broyée sous le nombre. Mais nous n'en étions pas moins terrassés et la France se trouvait ouverte à l'Allemagne.

Les dépêches incertaines, mais toujours néfastes, se succédaient de jour en jour; l'inquiétude était à son comble. On attendait avec anxiété des nouvelles et l'on n'avait rien de précis. Cette situation de fièvre se prolongea jusqu'au 4 septembre. Ce jour-là, tous les Parisiens lisaient sur les murs la proclamation faite par le Conseil des Ministres au peuple français. Elle apprenait le désastre de Sedan. Napoléon III venait de se rendre avec une armée de quatre-vingt mille hommes!

Quelques jours après, le siège de Paris allait commencer.

Les historiens qui raconteront, avec plus amples détails, les drames du siège et de la guerre se chargeront de faire la part des responsabilités; ils diront toutefois que la capitale du monde, à la veille d'être cernée par l'ennemi, n'avait pas un canon sur ses remparts, pas un soldat dans ses forts. Mais ce qu'ils ne manqueront pas d'affirmer non plus, c'est que les habitants de Paris, en traversant ces heures les plus néfastes de leur histoire, puisaient comme une nouvelle force dans les malheurs qui venaient de frapper la France, sans pitié, sans relâche ; c'est que leur énergie semblait croître en raison directe des dangers qui les menaçaient.

Quand, le 15 septembre, les journaux annoncent que les uhlans sont signalés aux portes de Paris, le public accueille cette nouvelle avec le sang-froid qui dénote la résignation. On sent que quelque chose de terrible est menaçant, que les événements uniques dans les annales des peuples vont se produire ; il y a dans l'air des nuages épais, précurseurs d'une terrible tempête ; mais on envisage l'avenir sinon sans émotion, du moins sans défaillance ni faiblesse. Tous les cœurs vibrent à l'unisson au sentiment de la Patrie en danger.

Le Gouvernement de la Défense nationale a bientôt remplacé l'Empire déchu.

Rien n'est prêt pour la défense ; il faut tout faire à la fois et en toute hâte. Chaque enfant de Paris, entraîné par un irrésistible élan, veut avoir sa part de travail dans l'œuvre commune. Les architectes, les ingénieurs remuent la terre des bastions ; les métallurgistes fondent des canons et des mitrailleuses, tous les bras s'arment de fusils.

La garde nationale commençait à s'organiser ; mes frères et moi qui, enfants du second empire, n'avions jamais été soldats, nous nous fîmes inscrire aussitôt ; et, sans perdre de temps, nous allions apprendre le maniement du fusil dans la cour du Carrousel, où des sergents de la garde impériale instruisaient les hommes de bonne volonté. Quand l'exercice était fini, en attendant d'être appelé sur les bastions, je parcourais Paris et les environs, anxieux de voir si l'on s'occupait avec activité des travaux de défense. A chaque porte de la grande ville, on voyait les paysans des environs qui, fuyant leurs demeures, se hâtaient d'entrer dans les murs de la capitale pour y trouver asile, c'était un interminable défilé de voitures et de charrettes; mais il semblait que la chute de l'empire allait ouvrir une phase nouvelle dans l'histoire de cette terrible guerre naissante, et la confiance dans l'avenir dominait les esprits. A Paris, j'allais voir mes confrères en chimie, notamment mon ami regretté, Paul Champion, qui, préparateur au Conservatoire des arts et métiers, ne cessait de faire des expériences sur la préparation de la dynamite et des matières explosibles. Dans un grand nombre de laboratoires, jeunes et vieux s'efforçaient de trouver quelque substance redoutable.

Dans un grand nombre de laboratoires...

Mais au milieu de cette effervescence, une question de premier

Aux portes des bastions de Paris, on voyait défiler les charrettes... (Page. 11.)

ordre, question vitale, s'il en fut, vint s'imposer à l'administration. En dépit des affirmations du génie militaire, les Parisiens ne tardèrent pas à se trouver bel et bien bloqués dans leurs murs. Quelques courriers à pied franchissent d'abord les lignes ennemies, mais bientôt, d'autres reviennent consternés, ils n'ont pas rencontré un sentier sur quelque point que ce fût, où le « qui vive » ennemi ne les ait contraints de rebrousser chemin. M. de Moltke a résolu ce problème inouï : investir une ville de deux millions d'habitants, faire disparaître, sous un cordon de baïonnettes, la plus immense place forte de l'univers.

C'est le 6 septembre 1870 que les habitants des environs de Paris reçurent l'invitation de rentrer immédiatement dans les murs de l'enceinte. Tous songent au départ, ils emportent les objets qui leur sont précieux, brûlent les approvisionnements qu'ils ne peuvent soustraire à l'ennemi. Le spectacle de cette émigration restera toujours présent à l'esprit des Parisiens qui étaient là, aux portes des bastions, voyant défiler les charrettes chargées de meubles, les voitures à bras couvertes de paquets, les femmes, les enfants se pressant en files serrées, comme dans les scènes bibliques de la fuite en Egypte.

Les Prussiens, avec la rapidité foudroyante qui caractérise leurs mouvements, ne tardèrent pas à investir la capitale. Le 19 septembre, la voiture postale qui, la veille encore, avait emporté hors Paris des ballots de dépêches, dut rétrograder. Le 20, trois voitures, deux cavaliers, cinq piétons sont lancés hors de l'enceinte. Un seul piéton, nommé Létoile, parvient jusqu'à Evreux, et peut en rapporter, sept jours après, 150 lettres en risquant deux fois sa vie. Le 21, un des employés de la poste nous disait avec stupéfaction : « Je n'oserais pas affirmer qu'une souris pourrait maintenant franchir les lignes prussiennes ! »

La terre est fermée, on songe à l'eau, comme moyen de transport. Des bouchons creux seront lancés dans la Seine qui les portera au dehors, ou qui les amènera au dedans. Mais des barrages ont été construits par l'ennemi, qui a tout prévu. Un fil télégraphique a même été retiré par lui du fond de la Seine. Les routes aquatiques sont interceptées comme les chemins terrestres.

La capitale du monde se laissera-t-elle emprisonner vivante dans un tombeau ? Lui sera-t-il interdit de parler à la France, de communiquer au dehors son énergie, sa foi, son courage, d'affirmer ses joies, sa force et ses espérances ? L'ennemi tiendra-t-il au secret une des plus grandes agglomérations humaines, sous l'inflexible vigilance d'une armée de geôliers ? Arrivera-t-il à tuer la France en étouffant la voix de Paris ?

Il allait être donné à l'une des plus grandes découvertes ne notre génie scientifique de déjouer les projets de nos envahisseurs. Les aérostats si oubliés, si délaissés depuis leur apparition, ces merveilleux appareils sortis tout d'une pièce du cerveau des Montgolfier et des Charles, allaient reparaître, pour contribuer à la défense de la Patrie, en lui portant, par la voie des airs, l'âme de sa capitale. Les aéronautes, plus audacieux que l'ancien monarque de Syrie, se disposaient à franchir le cercle d'un nouveau Popilius !

Sans les ballons, pas une lettre ne serait sortie de l'enceinte des forts, pas une dépêche n'y serait rentrée. Le portes ne se seraient ouvertes qu'au mensonge, à la ruse, à l'espionnage. Un silence de cinq mois n'eût pas été possible. La grande métropole, bâillonnée, aurait vite fait entendre un murmure de détresse, puis un cri de grâce. Car il ne faut pas oublier que les aérostats n'ont pas seulement emporté les dépêches parisiennes, ils ont enlevé avec eux les pigeons-voyageurs, qui devaient rentrer dans les murs de la capitale cernée. Les missives du dedans ont pu recevoir ainsi les réponses du dehors. Tours a entendu Paris, Paris a entendu Tours. L'Attila des temps modernes, qui avait écrasé des armées, bombardé des villes, décimé des populations entières, s'est trouvé impuissant devant l'aérostat qui traversait les airs, comme devant l'oiseau qui fendait l'espace !

Le premier départ aérien s'exécute le 23 septembre ; Jules Duruof s'élève en ballon de la place Saint-Pierre, à 8 heures du matin. Deux aérostats le suivent dans les airs, le 25 et le 26 du même mois. Mon frère Albert et moi, qui avons fait, les années précédentes, un grand nombre d'ascensions scientifiques, nous offrons nos services à M. Rampont, directeur général des postes. Paris, disons-nous, peut perdre deux soldats pour gagner deux courriers aériens. Les gardes nationaux ne manquent pas ici, mais les aéronautes sont rares.

Le jour même du départ de Louis Godard, un des administrateurs de la poste m'appelle auprès de lui.

— Vous êtes prêt à partir en ballon, me dit-il.

— Quand vous voudrez.

— Eh bien ! nous comptons sur vous demain matin à 6 heures, à l'usine de Vaugirard ; votre ballon sera gonflé, nous vous confierons nos lettres et nos dépêches.

Je n'étais pas préparé à un départ aussi précipité, mais je n'hésite pas à accomplir la mission qui m'est confiée.

Le 30 septembre, à 5 heures du matin, je pars de chez moi avec mes deux frères qui m'accompagnent. J'arrive à l'usine de Vaugirard, mon ballon est gisant à terre comme une vieille loque de chiffons. C'est le *Céleste*, un petit aérostat de 700 mètres cubes, que son propriétaire Henri Giffard a généreusement offert au génie militaire. Pour moi c'est presque un ami, je le connais de longue

L'omnibus postal chargé des ballots de lettres... (P. 15.)

date; il a failli me rompre les os, l'année précédente, lors d'un traînage accompli par un vent violent. Je le regarde avec soin, je le touche respectueusement, et je m'aperçois, hélas! qu'il est dans un état déplorable. Il a gelé la nuit; le froid l'a saisi, son étoffe est raide et cassante. Grand Dieu! qu'aperçois-je près de la soupape? des trous où l'on passerait le petit doigt, ils sont entourés de toute une constellation de piqûres. Ceci n'est plus un ballon, c'est une écumoire.

Cependant les aéronautes qui doivent gonfler mon navire aérien arrivent. Ils ont avec eux une bonne couturière qui, armée de son aiguille, répare les avaries. Mon frère Albert, prend un pot de colle, un pinceau, et applique des bandelettes de papier sur tous les petits trous qui s'offrent à son investigation minutieuse. C'est égal, je ne suis que médiocrement rassuré, je vais partir seul dans ce méchant ballon, usé par l'âge et le service; j'entends le canon qui tonne à nos portes; mon imagination me montre les Prussiens qui m'attendent, les fusils qui se dressent et vomissent sur mon navire aérien une pluie de balles!

La dernière fois que je suis monté dans le *Céleste*, je n'ai pu rester en l'air que trente-cinq minutes! Toutes les perspectives qui s'ouvrent à mes yeux ne sont pas très rassurantes.

— Ne partez pas, me disent des amis, attendez au moins un bon ballon; c'est folie de s'aventurer ainsi dans un outil de pacotille.

Cependant MM. Bechet et Chassinat, administrateurs des postes, arrivent dans un omnibus postal chargé de ballots de lettres. M. Hervé-Mangon, que le gouvernement a chargé de présider aux départs des aérostats, et qui pendant toute la durée du siège s'est acquitté de sa tâche avec un rare dévouement, me dit que le vent est très favorable, qu'il souffle de l'est et que je vais descendre en Normandie; le colonel Usquin me serre la main et me souhaite bon succès. Puis bientôt M. Ernest Picard, ministre de l'intérieur, auquel je suis spécialement recommandé, demande à m'entretenir; pendant une heure, il m'informe des recommandations que j'aurai à faire à Tours au nom du gouvernement de Paris.

— Dites à l'amiral Fourichon que Paris ne saurait rien faire par lui-même pour venir en aide à la Province; il faut au contraire que des armées de secours se préparent pour venir à sa délivrance. Racontez ce que vous avez vu de notre enthousiasme, de notre ardeur, insistez sur ce point qu'il faut que partout en France on se prépare à la défense.

M. Ernest Picard me remet un petit paquet de lettres importantes, confidentielles, à remettre à Tours à la seule personne de M. l'amiral Fourichon et que je devrai, dit-il, avaler ou brûler en cas de danger.

Sur ces entrefaites, le soleil se lève, et le ballon se gonfle. Ma foi, le sort en est jeté. Pas d'hésitations ! Mon frère surveille toujours la réparation du ballon, il bouche les trous avec une attention dont il ne se sentirait pas capable, s'il travaillait pour lui-même : la besogne qu'il exécute si bien, me rassure. Il est certain que je préférerais un bon ballon, tout frais verni et tout neuf, mais je me suis toujours persuadé qu'il y avait un Dieu pour les aéronautes. Je me laisse conduire par ma destinée, les yeux bien ouverts, le cœur et les bras résolus. Je ne puis m'empêcher de penser à mon dernier voyage aérien. C'était le 27 juin 1869, au milieu du Champ de Mars. Je partais avec huit voyageurs dans l'immense ballon *le Pôle Nord*. Qui aurait pu soupçonner, alors, la nécessité future des ballons-poste !

A 9 heures du matin, le ballon est gonflé, on attache la nacelle. J'y entasse des sacs de lest et trois ballots de dépêches pesant 80 kilogrammes.

On m'apporte une cage contenant trois pigeons.

— Tenez, me dit Van Roosebeke, chargé du service de ces pré-

Ce sont des Prussiens que j'aperçois sous la nacelle...
(P. 21.)

cieux messagers, ayez bien soin de mes oiseaux. A la descente, vous leur donnerez à boire, vous leur servirez quelques grains de blé. Quand ils auront bien mangé, vous en lancerez deux, après avoir attaché à une plume de leur queue la dépêche qui nous annoncera votre heureuse descente. Quant au troisième pigeon, celui-ci qui a la tête brune, c'est un vieux malin que je ne donnerais pas pour cinq cents francs.

Il a déjà fait de grands voyages. Vous le porterez à Tours. Ayez-en bien soin. Prenez garde qu'il ne se fatigue en chemin de fer.

Je monte dans la nacelle au moment où le canon gronde avec une violence extrême. J'embrasse mes frères, mes amis. Je pense à nos soldats qui combattent et qui meurent à deux pas de moi. L'idée de la patrie en danger remplit mon âme. On attend là-bas ces ballots de dépêches qui me sont confiés. Le moment est grave, solennel ; nul sentiment d'émotion ne saurait plus m'atteindre.

Lâchez tout !

Me voilà flottant au milieu de l'air !

. . . .

Mon ballon s'élève dans l'espace avec une force ascensionnelle très modérée. Je ne quitte pas de vue l'usine de Vaugirard et le groupe d'amis qui me saluent de la main : je leur réponds de loin en agitant mon chapeau avec enthousiasme, mais bientôt l'horizon s'élargit. Paris immense, solennel, s'étend à mes pieds, les bastions des fortifications l'entourent comme un chapelet ; là, près de Vaugirard, j'aperçois la fumée de la canonnade, dont le grondement sourd et puissant tout à la fois monte jusqu'à mes oreilles comme un concert lugubre. Les forts d'Issy et de Vanves m'apparaissent comme des forteresses en miniature ; bientôt je passe au-dessus de la Seine, en vue de l'île de Billancourt.

Il est 9 heures 50 ; je plane à 1000 mètres de haut ; mes yeux ne se détachent pas de la campagne, où j'aperçois un spectacle navrant qui ne s'effacera jamais de mon esprit. Ce ne sont plus ces environs de Paris, riants et animés, ce n'est plus la Seine, dont les bateaux sillonnent l'onde, où les canotiers agitent leurs avirons. C'est un désert, triste, dénudé, horrible. Pas un habitant sur les routes, pas une voiture, pas un convoi de chemin de fer. Tous les ponts détruits offrent l'aspect de ruines abandonnées, pas un canot sur la Seine qui déroule toujours son onde au milieu des campagnes, mais avec tristesse et monotonie. Pas un soldat, pas une sentinelle, rien, rien, l'abandon du cimetière. On se croirait aux abords d'une ville antique, détruite par le temps; il faut forcer son souvenir pour entrevoir par la pensée les deux millions d'hommes emprisonnés près de là dans une vaste muraille!

Il est dix heures; le soleil est ardent et donne des ailes à mon ballon; le gaz contenu dans le *Céleste* se dilate sous l'action de la chaleur; il sort avec rapidité par l'appendice ouvert au-dessus de ma tête, et m'incommode momentanément par son odeur. J'entends un léger roucoulement au-dessus de moi. Ce sont mes pigeons qui gémissent. Ils ne sont nullement rassurés et me regardent avec inquiétude.

— Pauvres oiseaux, vous êtes mes seuls compagnons; aéronautes improvisés, vous allez défier tous les marins de l'air, car vos ailes vous dirigeront bientôt vers Paris, que vous quittez, et nos ballons sauront-ils y revenir?

L'aiguille de mon baromètre Bréguet tourne assez vite autour de son cadran, elle m'indique que je monte toujours..., puis elle s'arrête au point qui correspond à une altitude de 1800 mètres au-dessus du niveau de la mer.

Il fait ici une chaleur vraiment insupportable : le soleil me lance ses rayons en pleine figure et me brûle; je me désaltère d'un peu d'eau. Je retire mon paletot, je m'assieds sur mes sacs de dépêches, et le coude appuyé sur le bord de la nacelle, je contemple en silence l'admirable panorama qui s'étale devant moi.

Le ciel est d'un bleu indigo ; sa limpidité, son ton chaud, coloré, me feraient croire que je suis en Italie ; de beaux nuages argentés planent au-dessus des campagnes ; quelques-uns d'entre eux sont si loin de moi, qu'ils paraissent mollement se reposer au-dessus des arbres. Pendant quelques instants, je m'abandonne à une douce rêverie, à une muette contemplation, charme merveilleux des voyages aériens : je plane dans un pays enchanté, monde abandonné de tout être vivant, le seul où la guerre n'ait pas encore porté ses maux! Mais la vue de Saint-Cloud que j'aperçois à mes pieds, sur l'autre rive de la Seine, me ramène aux choses d'en bas. Je me reporte vers la réalité, vers l'invasion. Je jette mes regards du côté de Paris, que je n'entrevois plus que sous une mousseline de brume.

Une profonde tristesse s'empare de moi ; j'éprouve la sensation du marin qui quitte le port pour un long voyage. Je pars ; mais quand reviendrai-je ? Comment définir ces pensées qui se heurtent confusément dans mon cerveau ? C'est là-bas, au milieu de ce monceau de constructions, de ce labyrinthe de rues et de boulevards, que j'ai vu le jour ; c'est sous cette mer de brume que s'est écoulée mon enfance !

C'est toi, Paris, qui as su ouvrir mon cœur aux sentiments d'indépendance et de liberté qui m'animent ! Te voilà captif aujourd'hui. L'heure de la délivrance sonnera-t-elle bientôt pour toi ? Je sais bien que la foi, la constance, l'énergie ne manqueront jamais à tes enfants ; mais qui peut compter sur les hasards de la guerre ?

Je revoyais alors, comme un souvenir lugubre, cette proclamation qui affichée dans les rues de Paris, après tant de nouvelles contradictoires, nous avait annoncé le désastre de Sedan, et la reddition de toute une armée; cette catastrophe navrante avait ouvert les yeux de tous à la vérité. Mais il semblait d'autre part, que l'Empire effondré allait rendre la France à elle-même, et l'on se sentait plein de vigueur et d'action. L'espérance du succès faisait battre nos cœurs.

Pendant que mille réflexions naissent et s'agitent dans mon esprit, le vent me pousse toujours dans la direction de l'Ouest, comme l'atteste ma boussole. Après Saint-Cloud, c'est Versailles qui étale à mes yeux les merveilles de ses monuments.

Jusqu'ici je n'ai vu que déserts et solitudes, mais au-dessus du parc la scène change. Je distingue, comme ayant sous les yeux un admirable plan, tous les bassins, les pièces d'eau et les allées; mais il n'y a plus de promeneurs au milieu des charmilles; ce sont des Prussiens que j'aperçois sous la nacelle. Je suis à 1 600 mètres de haut; aucune balle ne saurait m'atteindre. Je puis donc m'armer d'une lunette et observer attentivement ces soldats, lilliputiens vus de si haut.

Je vois sortir de Trianon des officiers qui me visent avec des lorgnettes, ils me regardent longtemps; un certain mouvement se produit de toutes parts. Des Prussiens se chauffent le ventre sur le tapis vert, sur cette pelouse que foulait aux pieds Louis XIV. Ils se lèvent et dressent la tête vers le *Céleste*. Quelle joie j'éprouve en pensant à leur dépit.

— Voilà des lettres que vous n'arrêterez pas, et des dépêches que vous ne pourrez lire !

Mais je me rappelle au même moment qu'il m'a été remis 10 000 exemplaires d'une proclamation imprimée en allemand à l'adresse de l'armée ennemie :

Im Anfange des Krieges konnte das Deutsche Volk glauben, daß das Französische Volk den Kaiser Napoleon III in seinen Angriffsplänen aufmunterte.

Seit dem Sturze des Kaisers aber konnte sich die Deutsche Nation davon überzeugen, daß die Französische den Frieden will.

Sie begehrt mit Deutschland einig zu leben, ohne dessen Streben nach Einheit hinderlich zu sein; denn die Deutsche Einheit ist ein Glück für beide Völker.

Das Natürlichste wäre daher, wenn beide Nationen die Waffen niederlegten und aufhörten sich gegenseitig zu tödten.

Frankreich hat anerkannt, daß es verantwortlich für die Fehler seiner Regierung sei. Es hat sich bereit erklärt, die Übel wieder gut zu machen, die jene Regierung angerichtet.

Deutschland seiner eigenen Wahl überlassen, würde sicherlich mit Freuden diese ehrenvollen Bedingungen annehmen. Es hat seine Tapferkeit und seine Kriegskunst bewiesen, und hat fernerhin kein Interesse mehr einen Kampf fortzusetzen, der das Land ruinirt und ihm die Besten seiner Söhne raubt.

Aber Deutschland hat seine freie Wahl nicht.

Es wird von Preußen beherrscht, und Preußen selbst ist in der Hand eines ehrgeizigen Monarchen und Ministers.

Diese Beiden haben den Frieden zurückgewiesen, den Frankreich ihnen angeboten.

Sie wollen ihrer Eitelkeit fröhnen und Paris einnehmen. Paris aber wird bis aufs Äußerste Widerstand leisten, und es könnte wohl das Grab der Belagerungsarmee werden.

In jedem Falle wird die Belagerung lange dauern und schon steht man Deutschland den ganzen Winter hindurch ferne von seiner Heimath, die Blüthe seiner Bevölkerung ferne von Weib und Kind, die im Elend nach ihren Ernährern jammern.

Wie lange noch werden die Völker der Spielball ihrer Herrscher sein? Denn nur die Könige und ihre Minister hetzen sie gegenseitig in menschenmörderische Kämpfe.

So hat Napoleon Frankreich aufs Schlachtfeld geführt.

Jetzt aber, da Napoleon gestürzt ist, öffnet Frankreich Deutschland brüderlich seine Arme. Allerdings wird es Fuß für Fuß seinen Heerd vertheidigen und sich nichts von seinem Boden entreißen lassen. Dagegen aber verbürgt es sich, auch den seiner Nachbaren zu respectiren.

Frankreich bietet ihnen einen Bruderbund an. Möge Deutschland nicht mehr länger der Sklave blinden Ehrgeizes sein, ihm nicht mehr länger seine Söhne zum Erwürgen überlassen.

Au commencement de la guerre, la nation allemande a pu croire que la nation française encourageait l'Empereur Napoléon III dans ses projets d'agression.

La nation allemande a pu se convaincre depuis la chute de l'Empereur que la nation française veut la paix. Elle désire vivre unie avec l'Allemagne, sans contrarier son mouvement d'unité, qui profitera aux deux peuples.

Il semblerait dès lors naturel que les deux nations missent bas les armes et cessassent de s'entre-tuer.

La France a reconnu qu'elle était responsable des fautes de son gouvernement. Elle a déclaré être prête à réparer les maux que ce gouvernement a faits.

L'Allemagne laissée à elle-même accepterait de grand cœur ces conditions honorables. Elle a montré sa vaillance et sa science militaires. Elle n'a aucun intérêt à continuer une lutte qui la ruine et lui enlève ses plus glorieux enfants.

Mais l'Allemagne n'est pas libre.

Elle est dominée par la Prusse, et la Prusse elle-même est sous la main d'un monarque et d'un ministre ambitieux.

Ce sont ces deux hommes qui ont repoussé la paix qu'on leur offrait. Ils veulent satisfaire leur vanité en enlevant Paris. Paris résistera jusqu'à la dernière extrémité; Paris peut être le tombeau de l'armée assiégeante.

Dans tous les cas, le siège sera long; voici l'Allemagne hors de chez elle tout l'hiver, et l'absence de la fleur de sa population laisse les familles dans la misère.

Jusques à quand les peuples seront-ils la dupe de ceux qui les gouvernent? Ce sont les rois et leurs ministres qui les poussent les uns contre les autres à des combats homicides. Commandée par Napoléon, la France marchait à la bataille; maintenant que Napoléon est renversé, elle ouvre ses bras à l'Allemagne. Sans doute elle défendra pied à pied son foyer, elle ne se laissera rien enlever de son sol; mais aussi elle prend l'engagement de respecter celui de ses voisins. Elle leur propose une alliance fraternelle. Que l'Allemagne ne soit pas plus longtemps l'esclave d'une ambition aveugle; qu'elle ne lui donne plus ses enfants à égorger.

Fac-similé réduit d'une proclamation lancée de la nacelle du *Céleste*, au-dessus de l'armée allemande, le 30 septembre 1870.

J'en empoigne une centaine que je lance par-dessus bord ; je les vois voltiger en l'air en revenant lentement à terre ; j'en jette à plusieurs reprises un millier environ, gardant le reste de ma provision pour les autres Prussiens que je pourrai rencontrer sur ma route.

Que contenait cette proclamation? Quelques paroles simples disant à l'armée allemande que nous n'avions plus chez nous ni empereur, ni roi, et que, s'ils avaient le bon sens de nous imiter, on ne se tuerait plus inutilement comme des bêtes sauvages. Paroles sensées, mais jetées au vent, emportées par la brise comme elles sont venues !

Le *Céleste* se maintient à 1600 mètres d'altitude ; je n'ai pas à jeter une pincée de lest, tant le soleil est ardent ; car il n'est pas douteux que mon ballon fuit, et sans la chaleur exceptionnelle de l'atmosphère, mon mauvais navire ne serait pas long à descendre avec rapidité, et peut-être au milieu des Prussiens. En quittant Versailles, je plane au-dessus d'un petit bois dont j'ignore le nom et l'exacte position. Tous les arbres sont abattus au milieu du fourré ; le sol est aplani, une double rangée de tentes se dressent des deux côtés de ce parallélogramme. A peine le ballon passe-t-il au-dessus de ce camp, que j'aperçois les soldats qui s'alignent ; je vois briller de loin les baïonnettes ; les fusils se lèvent et vomissent l'éclair au milieu d'un nuage de fumée.

Ce n'est que quelques secondes après que j'entends au-dessous de la nacelle le bruit des balles et la détonation des armes à feu. Après cette première fusillade, c'en est une autre qui m'est adressée, et ainsi de suite jusqu'à ce que le vent m'ait chassé de ces parages inhospitaliers. Pour toute réponse, je lance à mes agresseurs une véritable pluie de proclamations.

. C'est un panorama toujours nouveau qui se déroule aux yeux de l'aéronaute; suspendu dans l'immensité de l'espace, la terre se creuse sous la nacelle comme une vaste cuvette dont les bords se confondent au loin avec la voûte céleste. On n'a pas le loisir de contempler longtemps le même paysage quand le vent est rapide; si le puissant aquilon vous entraîne, la scène terrestre est toujours nouvelle, toujours changeante. Je ne tarde pas à voir disparaître les Prussiens qui ont perdu leur poudre contre moi : d'autres tableaux m'attendent. J'aperçois une forêt vers laquelle je m'avance assez rapidement. Je ne suis pas sans une certaine inquiétude, car le *Céleste* commence à descendre; je jette du lest poignée par poignée, et ma provision n'est pas très abondante. Cependant je ne dois pas être bien éloigné de Paris. L'accueil que m'a fait l'ennemi en passant au-dessus d'un de ses camps ne me donne nulle envie de descendre chez lui.

J'ai toujours remarqué, non sans surprise, que l'aéronaute, même à une assez grande hauteur, subit d'une façon très appréciable l'influence du terrain au-dessus duquel il navigue. S'il plane au-dessus des déserts de craie de la Champagne, il sent un effet de chaleur intense; les rayons solaires sont réfléchis jusqu'à lui; il est comme un promeneur qui passerait au soleil devant un mur blanc. S'il trace, en l'air, son sillage au-dessus d'une forêt, le voyageur aérien est brusquement saisi d'une impression de fraîcheur étonnante, comme s'il entrait, en été, dans une cave. — C'est ce que j'éprouve à 10 heures 45 en passant à 1420 mètres au-dessus des arbres, que je ne tarde pas à reconnaître pour être ceux de la forêt d'Houdan. Ma boussole et ma carte ne me permettent aucun doute à cet égard. Mais ce froid que je ressens, après une insolation brûlante le gaz en subit comme moi l'influence; il se refroidit, se contracte, l'aérostat pique une tête vers la forêt; on dirait que les arbres l'appellent à lui. Comme l'oiseau, le *Céleste* voudrait-il aller se poser sur les branches?

Je me jette sur un sac de lest, que je vide par-dessus bord, mais mon baromètre m'indique que je descends toujours; le froid me pénètre jusqu'aux os. Voilà le ballon qui atteint rapidement les alti-

Voici des uhlans qui accourent...

tudes de 1 000 mètres, de 800 mètres, de 600 mètres. Il descend encore. Je vide successivement trois sacs de lest, pour maintenir mon aérostat à 500 mètres seulement au-dessus de la forêt, car il se refuse à monter plus haut.

A ce moment, je plane au-dessus d'un carrefour. Un groupe d'hommes s'y trouve rassemblé; grand Dieu! ce sont des Prussiens. En voici d'autres plus loin; voici des uhlans, des cavaliers qui accourent par les chemins. Je n'ai plus qu'un sac de lest. Je lance dans l'espace mon dernier paquet de proclamations. Mais le ballon a perdu beaucoup de gaz, par la dilatation solaire, par ses fuites, il est refroidi, sa force ascensionnelle est terriblement diminuée.

Je ne suis qu'à une hauteur de 420 mètres, une balle pourrait bien m'atteindre.

Heureusement pour moi le vent est vif; je file comme la flèche au-dessus des arbres; les uhlans, cessant bientôt de me poursuivre, me regardent étonnés, et me voient passer, sans qu'une seule balle m'ait menacé. Je continue ma route au-dessus de prairies verdoyantes, gracieusement encadrées de haies d'aubépine.

Il est bientôt midi, je passe assez près de terre; les spectateurs qui me regardent sont bel et bien, cette fois, des paysans français, en sabots et en blouse. Ils lèvent les bras vers moi, on dirait qu'ils m'appellent à eux; mais je suis encore bien près de la forêt, je préfère prolonger mon voyage le plus longtemps possible. Je me contente de lancer dans l'espace quelques exemplaires d'un journal de Paris que son directeur m'a envoyés au moment de mon départ. Je vois les paysans courir après ces journaux, qui se sont ouverts dans leur chute, et voltigent lentement, emportés par le vent.

Une petite ville apparaît bientôt à l'horizon. C'est Dreux avec sa grande tour carrée. Le *Céleste* descend, je le laisse revenir vers le sol. Voilà une nuée d'habitants qui accourent. Je me penche vers eux et je crie de toute la force de mes poumons :

— Y a-t-il des Prussiens par ici ?

Mille voix me répondent en chœur :

— Non, non, descendez !

Je ne suis plus qu'à 50 mètres de terre, mon guide-rope rase les champs, mais un coup de vent me saisit, et me lance subitement contre un monticule. Le ballon se penche, je reçois un choc terrible, qui me fait éprouver une vive douleur, ma nacelle se trouve tellement renversée que ma tête se cogne contre terre. — M'apercevant que je descendais trop vite, je me suis jeté sur mon dernier sac de lest; dans ce mouvement, le couteau que je tenais pour couper les liens qui servent à enrouler la corde d'ancre s'est échappé de mes mains; de sorte qu'en voulant faire deux choses à la fois j'ai manqué toute la manœuvre. Mais je n'ai pas le loisir de méditer sur l'inconvénient d'être seul en ballon. Le *Céleste*, après ce choc violent, bondit à 60 mètres de haut, puis il retombe lourdement à terre; cette fois j'ai pu réussir à lancer l'ancre, à saisir la corde de soupape. L'aérostat est arrêté; les habitants de Dreux accourent en foule; j'ai un bras foulé, une bosse à la tête, mais je descends du ciel en pays ami !

Ah ! quelle joie j'éprouve à serrer la main à tous ces braves gens qui m'entourent. Ils me pressent de questions. — Que devient Paris? — Que pense-t-on à Paris? — Paris résistera-t-il? Je réponds de mon mieux à ces mille demandes qu'on m'adresse de toutes parts. — Je prononce un petit discours qui excite un certain enthousiasme. — Oui, Paris tiendra tête à l'ennemi. Ce n'est pas chez cette vaillante population que l'on trouvera jamais découragement ou faiblesse, on n'y verra toujours que ténacité et vaillance. Que la province imite la capitale, et la France est sauvée !

Je dégonfle à la hâte le *Céleste*, faisant écarter la foule par quelques gardes nationaux accourus en tout hâte. Une voiture vient me prendre, m'enlève avec mes sacs de dépêches et ma cage de pigeons.

Les pauvres oiseaux immobiles ne sont pas encore remis de leur émotion !

En descendant sur la place, plus de cinquante personnes m'invitent à déjeuner, mais j'ai déjà accepté l'hospitalité que m'a gracieusement offerte le propriétaire de la voiture. Mon hôte a lu par hasard mon nom sur ma valise, il a reconnu en moi un des voisins de son associé, qui demeure près de mon domicile, dans la rue Bleue, où j'habitais alors. Je mange gaiement, avec appétit, et je me fais conduire au bureau de poste avec mes sacs de lettres parisiennes.

Le commis paraît stupéfait de la besogne qui lui est apportée...

Je les pose sur une table et je ne puis m'empêcher de les contempler avec émotion. Il y a sous mes yeux trente mille lettres de Paris. Trente mille familles vont penser au ballon qui leur a apporté, au-dessus des nuages, la missive de l'assiégé !

Que de larmes de joie enfermées dans ces ballots ! Que de romans, que d'histoires, que de drames peut-être, sont cachés sous l'enveloppe grossière du sac de la poste !

Le directeur du bureau de poste entre et paraît stupéfait de la besogne que je lui apporte Je vois son commis qui ouvre des yeux énorme en pensant aux trente mille coups de timbre humide qu'il va frapper. Il n'a jamais, à Dreux, été à pareille fête. On en sera

Après avoir volé à quelques mètres...
(P. 30.)

quitte pour prendre un supplément d'employés ; mais la besogne marchera vite : le directeur me l'assure. Quant au petit sac officiel, je vais le porter moi-même à Tours, par un train spécial que je demande par télégramme.

Qu'ai-je à faire maintenant? A lancer mes pigeons pour apprendre à mes amis que je suis encore de ce monde, et pour annoncer que mes dépêches sont en lieu sûr. Je cours à la préfecture, où j'ai envoyé mes messagers ailés.

J'ai une longue entrevue avec le nouveau sous-préfet, M. Alfred Sirven; il n'est pas satisfait des populations et surtout des paysans, qui ne veulent pas résister aux uhlans. J'ai attrapé une luxation au coude à ma descente, un médecin me panse avec les plus grands soins.

Je ne tarde pas à aller retrouver mes pigeons-voyageurs.

On leur a donné du blé et de l'eau, ils agitent leurs ailes dans leur cage. J'en saisis un qui se laisse prendre sans remuer. Je lui attache à une plume de la queue ma petite missive écrite sur papier fin. Je le lâche; après avoir volé à quelques mètres, il vient se poser à mes pieds, sur le sable d'une allée. Je renouvelle la même opération pour un second pigeon, qui va se placer à côté de son compagnon. Nous les observons attentivement. Quelques secondes se passent. Tout à coup, les deux pigeons battent de l'aile et bondissent d'un trait à 100 mètres de haut. Là, ils planent et s'orientent de la tête, ils se tournent vivement vers tous les points de l'horizon, leur bec oscille comme l'aiguille d'une boussole, cherchant un pôle mystérieux. Les voilà bientôt qui ont reconnu leur route; ils filent comme des flèches... en droite ligne dans la direction de Paris!

CHAPITRE DEUXIÈME

Le gouvernement de Tours. — Une séance du conseil des ministres. — Paris pendant les premiers jours du siège. — Les remparts et la garde nationale. — Les travaux de guerre. — Physionomie de la ville.

Faire le récit de mon voyage en chemin de fer de Dreux à Tours, par Argentan, par le Mans ; dire que dans toutes les gares j'étais reçu comme le Messie tombé du ciel, questionné toujours, partout, et que les curieux m'ont empêché de fermer l'œil un seul instant pendant mon voyage nocturne, n'offrirait pas grand intérêt. Mon arrivée en ballon avait été affichée dans toutes les villes, ce qui m'expliquait que ma mission fut connue. Voici la copie textuelle de ce télégramme, qui se trouva placardé partout sur les murs, et inséré dans *le Moniteur*, publié à Tours :

Dreux, 30 septembre, 2 h. 20, soir.

Sous-préfet à Intérieur,

Gaston Tissandier, porteur de lettres et de dépêches, est descendu en ballon à Dreux. Partira ce soir pour Tours et arrivera demain dans la matinée.

Je ne tarde pas à arriver à Tours, où je suis rendu le 1er octobre à sept heures du matin. Mais Tours n'est plus Tours ; ce n'est plus la ville paisible et calme que j'ai connue jadis, où les affaires s'élaboraient tranquillement et sans bruit.

Les touristes et les flâneurs ont cessé de s'y donner rendez-vous, les commis voyageurs ne s'y rencontrent plus dans les hôtels. Tours est animé, regorge de monde ; c'est la seconde capitale de France ; aussi m'est-il complètement impossible d'y trouver un traversin pour y reposer mes deux oreilles.

Je fais un somme léger sur un divan de l'*hôtel de la Boule-d'Or*. et l'après-midi se passe en visites officielles. J'ai une longue entrevue avec l'amiral Fourichon, ministre de la guerre, près duquel je suis introduit par son chef de cabinet, M. Albert Roussin, alors capitaine de frégate.

Je raconte mon voyage à l'amiral, qui paraît s'y intéresser vivement et me félicite en termes chaleureux. Après ce récit, je m'exprime ainsi :

— Monsieur l'amiral, le gouvernement de Paris, par l'intermédiaire de son ministre de l'intérieur, M. Ernest Picard, m'a chargé de vous renseigner sur la situation de Paris et de vous transmettre ses intentions. « — Paris, m'a dit M. Picard, a une admirable physionomie ; la garde nationale est calme, résolue et fait son devoir. Les forts démontent les batteries ennemies, en voie de formation. Les Prussiens semblent hésiter à livrer une bataille qu'ils sentent hasardeuse et terrible. Mais ils commencent à se répandre dans les campagnes ; il faut les arrêter. Aurons-nous sous les yeux le spectacle d'une armée de 500 000 hommes ravageant impunément un pays de 38 000 000 d'habitants ? Monsieur l'amiral, il faut absolument, coûte que coûte, que des corps d'armée viennent au secours de Paris, que des tirailleurs harcellent l'ennemi de toutes parts. Il n'y a pas une minute à perdre, il faut agir énergiquement, avec la plus grande promptitude.

L'amiral Fourichon me répond avec vivacité qu'il ne peut rien faire actuellement, qu'il n'y a pas de canon, qu'aucune armée n'est organisée, et qu'il partage à ce sujet l'avis de son ami le général

Le conseil des ministres à Tours. (P. 34.)

Trochu, gouverneur de Paris. Il ne m'était pas possible de discuter avec l'amiral; j'avais dû me borner à lui transmettre ce qui m'avait été dit, et à lui donner les dépêches qui m'avaient été confiées pour lui. Ma visite se prolonge pendant plus d'une heure. L'amiral apprenant que j'ai encore un pigeon, il me le demande et fait faire une dépêche chiffrée qu'il me prie d'expédier par la voie des airs. Je ne tarde pas à lancer, sur le pont de Tours, mon beau pigeon à tête brune, porteur de la missive.

Après cette opération faite, je vois M. Steenakers, directeur des lignes télégraphiques, M. Laurier, qui m'affirme qu'il a beaucoup de poigne, et que la France sera sauvée par son ministère; je vois M. et Mme Crémieux, M. Glais-Bizoin, qui me fait un long discours d'une heure. Je suis présenté le soir au conseil des ministres. Mme Crémieux, assise à côté de son mari, y assiste, prend part aux débats; j'y entends une discussion entre les membres, et, sans être ni médisant ni méchante langue, je ne puis m'empêcher de dire que je ne vois nulle part le Carnot qui sauvera la France.

Le lendemain, dimanche, je reçois la visite de M. Dalloz, directeur du *Moniteur Universel,* devenu le journal officiel. Il me demande de lui donner de suite une série d'articles sur *Paris assiégé,* et je me mets aussitôt à l'ouvrage. Ces articles, qui ont paru à Tours du 3 au 12 octobre 1870, donnent bien fidèlement la physionomie de Paris telle que j'avais pu l'observer pendant les premiers jours de l'investissement. J'en reproduis ici les principaux extraits :

Pendant la nuit les fortifications de Paris offrent un aspect singulier, chaque bastion est confié à un bataillon de la garde nationale qui, pendant vingt-quatre heures, reste à son poste. Les talus sont taillés à angle droit et, entre chaque canon, une sentinelle surveille la campagne. Un silence solennel règne partout, la patrouille passe fréquemment, et les cris de « sentinelles, prenez garde à vous » sont répétés successivement comme par des échos. — L'installation des gardes nationaux n'est pas encore complètement organisée, les uns couchent sous des tentes, tandis que d'autres s'abritent dans quelques maisons du voisinage. Pendant que trente bataillons environ campent ainsi sur les remparts, d'autres font la police dans les rues.

Jamais la grande ville n'a été plus tranquille et plus calme. Pendant que ce service s'organise, il ne faudrait pas croire que le centre de Paris est anxieux, abattu, consterné, comme veulent bien le dire les feuilles prussiennes. Si la soirée n'est pas trop avancée, les boulevards sont animés. Comme au bon temps, les cafés regorgent de monde ; ce sont des mobiles, des francs-tireurs, des gardes na-

Les parcs à bestiaux dans Paris assiégé.

tionaux qui fraternisent en buvant des bocks, en lisant des journaux et attendant avec confiance les événements du lendemain. On s'entretient de la province dont on n'a que peu de nouvelles, et chaque jour on attend l'armée que la France organise. A dix heures et demie, les lumières des cafés s'éteignent ; à onze heures, toutes les rues sont désertes et silencieuses.

Pendant le jour, la physionomie de Paris n'est pas moins étrange. Quand on parcourt les boulevards et les rues, on aperçoit de toutes parts, mobiles et gardes nationaux qui s'initient au maniement du fusil sur les trottoirs, dans les squares, sur les places. Sur les boulevards extérieurs, on aperçoit, tantôt une suite infinie de baraquements en bois où logent les mobiles de province, tantôt des parcs immenses où sont casernées des légions de bœufs, des armées de moutons. Le Champs de Mars est bordé de maisons de bois pour abriter la troupe et sa surface entière est couverte de tentes, de voitures d'approvisionnements militaires et d'artillerie. Le jardin des Tuileries est un campement de cavalerie; le château est une ambulance; le palais de l'Industrie est rempli de vivres destinées aux blessés, de morceaux de charpie et de bandes de toile; il recèle encore une abondante provision de boulets et d'obus; partout, dans toutes les rues, dans tous les coins, apparaît aux yeux quelque indice révélant la guerre et la défense énergique.

Depuis le combat de Châtillon, il n'y a pas eu jusqu'à mon départ, c'est-à-dire jusqu'au vendredi 29 septembre, d'engagements sérieux; les forts et les chaloupes canonnières de la Seine se contentent de bombarder les travaux ennemis entrepris pendant la nuit. Les francs-tireurs, les mobiles font souvent des sorties en éclaireurs, et ils harponnent de temps en temps quelques uhlans égarés, piteusement ramenés à Paris. La garde nationale aspire à l'honneur d'imiter ces vaillants défenseurs de la patrie, et des bataillons d'élite vont être appelés à ces entreprises glorieuses..... Tout le monde ne pense qu'à faire la chasse aux Prussiens et les anciens sergents de ville eux-mêmes ont voulu former un corps spécial destiné à marcher en première ligne sur les colonnes ennemies.

Tout autour de Paris, des milliers d'ouvriers, enrôlés comme soldats du génie militaire, travaillent sans trêve ni relâche dans tous les bastions, car on améliore sans cesse la disposition des batteries. On les protège de remparts construits en sacs pleins de terre, on les entoure de gabions et de fascines, on creuse partout de nouvelles poudrières, afin que chaque canon ait, à portée de ses artilleurs, les munitions qui lui sont nécessaires. On abat les arbres de toutes parts dans le bois de Boulogne, et aux environs. Les gardes nationaux prêtent leur concours à ces travaux, puis ils se reposent dans des cantines établies de distance en distance. Un chemin de fer s'étend sur le chemin de ronde ; ce travail gigantesque est terminé ; il est certainement destiné à rendre les plus grands services pour faciliter les transports de troupes ou de munitions.

Quand j'ai quitté Paris le 30 au matin, on n'avait pas encore appris la nouvelle de la reddition de Strasbourg ; on pensait bien que la grande cité alsacienne serait un jour contrainte de céder, non pas sous les coups meurtriers de l'ennemi, mais sous les attaques intolérables de la faim. De nombreux bataillons de gardes nationaux ne cessent de se rendre chaque jour en pèlerinage au pied de la statue de Strasbourg, place de la Concorde. Là, se présente un spectacle imposant. La statue est littéralement couverte de fleurs, cachée sous les couronnes d'immortelles que des patriotes y ont amoncelées. Une estrade est construite à côté de la statue, et chacun y monte tour à tour pour inscrire son nom sur un grand registre qu'on a l'intention d'offrir à la cité alsacienne quand il comptera deux millions de signatures. On pourra objecter que ces manifestations pacifiques ne viennent pas en aide à la défense nationale, mais les Parisiens ont besoin de se distraire, et quand ils ne montent pas la garde, ils se plaisent à se rendre en ce lieu, transformé en un pèlerinage patriotique.

Les omnibus et les voitures vont et viennent comme par le passé ; des milliers de flâneurs font le tour de Paris sur les impériales du chemin de fer de ceinture et passent facilement ainsi la revue de tous les bastions. — Les bateaux-mouches, sur la Seine sont encombrés de monde ; des gardes nationaux, des femmes, des enfants les remplissent pour se rendre jusqu'au Point-du-Jour, où l'on aperçoit les chaloupes canonnières, et les cœurs palpitent d'émo-

Chaloupe canonnière près le Point-du-Jour.

tion quand un canon lance un obus sur les travaux ennemis.

Il n'est pas toujours facile de se promener en sécurité dans ces parages, car les gardes nationaux surveillent tout le monde, et il a régné à Paris dans les premiers jours de l'investissement une véritable maladie dont je dois parler, et qu'on pourrait appeler l'*espionophagie*. Cette maladie consiste à voir des espions dans tout passant inoffensif. Le général Trochu a été arrêté lui-même comme espion ; Cham, le dessinateur, a été pris pour un Prussien ; moi-même et bien d'autres, avons été arrêtés avec un zèle vraiment exagéré. Il est certain que les Prussiens ont jeté sur Paris un certain nombre d'espions, mais il est impossible d'admettre que, pour les reconnaître, il faille mener au poste tous les passants. — Le soir on guettait toutes les maisons et, chaque fois qu'une lumière paraissait au cinquième étage, on la prenait pour un signal prussien. Rue La Fayette, vers le 25 septembre, on aperçoit dans une fenêtre mansardée une lueur rouge puis une lueur verte. — Vite une alerte, les gardes nationaux accourent saisir l'auteur du signal prussien. Ils cernent la maison, ils montent à la hâte l'escalier, et trouvent un pauvre diable qui faisait simplement cuire sa soupe. — Ce brave homme possédait un rideau rouge transparent qu'il avait ouvert et, quelques secondes après, il avait placé sur sa lampe un abat-jour vert. Il eut toutes les peines du monde à prouver qu'il n'avait aucune intention hostile. — Il s'est passé à Paris dans des circonstances semblables quelques faits regrettables ; mais une circulaire du général Trochu a complètement guéri les espionophages qui ont du reste, rendu de véritables services, car ils ont eu plusieurs fois la main heureuse en faisant de bonnes captures de véritables espions.

On se préoccupe beaucoup à Paris, de l'alimentation, non pas que les vivres fassent défaut, mais les bouchers se sont un moment révoltés, car le prix de la viande est taxé, et ces messieurs espérant profiter du siège pour faire des bénéfices exagérés, se refusaient à la vendre au prix voulu. On les a menacés de les congédier tous et le gouvernement se disposait à établir lui-même des établissements spéciaux, quand les bouchers ont cédé aux exigences du public. Leurs établissements sont ouverts de grand matin et la marchandise est vite enlevée : il y a autour d'eux deux millions de bouches à nourrir. On ne trouve plus à Paris ni lait, ni beurre, ni fruits ;

viande, pain et vin sont la base de l'alimentation. Les gens prévoyants ont fait provision de jambons, de fromages et font encore une table passablement servie. — Ce régime est du reste très sain et les Parisiens ne s'en plaignent en aucune façon ; mais, quoi qu'il en soit, quand on a quitté Paris assiégé et qu'on se nourrit à Tours, on se croirait transporté dans un paradis où règne une abondance exceptionnelle. — Cette simplicité dans la table qui rappelle le repas frugal des Spartiates, a contraint les grands restaurants à fermer boutique. La cuisine de Brébant, de Péters, du restaurant du Helder, apparaît aux Parisiens comme un souvenir lointain une réminiscence incertaine, et passera bientôt à l'état de document de l'histoire ancienne.

Des problèmes multiples et urgents à résoudre ont dû être étudiés par une commission qui rend à Paris de très grands services ; elle a pour chefs les directeurs du Conservatoire des Arts et Métiers et quelques autres savants qui ont immédiatement donné jour à des improvisations utiles. C'est elle qui a nommé des corps de chimistes destinés à la confection des poudres fulminantes, et à la pose des torpilles électriques ; c'est elle qui s'est occupée de toutes les questions des résidus de Paris et des moyens de les faire disparaître sans porter atteinte aux conditions de l'hygiène ; elle s'occupe actuellement aussi, pour protéger les musées, de désigner des artistes de talent chargés de discerner les objets qui méritent plus que d'autres d'être dissimulés aux yeux de l'ennemi.

Un crédit important vient de lui être accordé pour la construction de casemates sur le chemin de ronde des fortifications ; un groupe d'ingénieurs dirigera ces constructions importantes. Car,

On abat les arbres dans le bois de Boulogne... (Page 37.)

jusqu'à présent, les légions ennemies semblent sommeiller autour de Paris, mais il n'est rien de plus dangereux que l'eau qui dort et d'un jour à l'autre il faut s'attendre à recevoir une grêle de projectiles lancés par l'artillerie prussienne. Les gardes nationaux pourront s'en garantir dans les casemates, comme nos soldats en Crimée, et grâce à ces précautions les obus prussiens n'exerceront que de faibles ravages.

Les ingénieurs de Paris ont rendu aussi à la patrie des services de premier ordre ; ceux qui dirigent les grandes usines comprises dans l'enceinte des fortifications ont transformé leur fabrication en véritables ateliers de guerre. Chez Cail, on fabrique jour et nuit des mitrailleuses d'une puissance formidable qui crachent la mitraille jusqu'à deux kilomètres de distance. Il va bientôt sortir de cette maison une locomotive d'un nouveau système, véritable merveille de mécanique. Le chauffeur et le mécanicien sont enfermés dans une petite chambre blindée qui ne craint aucun projectile ; sur les bas côtés de cette machine, des galeries protégées par des plaques de blindage porteront deux mitrailleuses. Cette locomotive pourra circuler sur le Point-du-Jour et lancer des balles jusque sur les hauteurs de Meudon.

Tous les ateliers d'ingénieurs-mécaniciens sont ainsi transformés en arsenaux. Près du Champ de Mars, à l'usine Flaud, on fabrique encore des mitrailleuses et des canons. Dans les terrains qui avoisinent l'usine, on a construit des baraquements où des centaines d'ouvrières confectionnent des cartouches. Il existe à Paris des provisions de cartouches considérables ; mais on ne veut pas interrompre la fabrication afin de se tenir prêt à faire face à toutes les circonstances.

Les armuriers sont envahis par une véritable foule d'acheteurs qui demandent cartouches et revolvers. Les revolvers, surtout, on disparu du marché parisien avec une rapidité étonnante. Chaque garde national a voulu être muni de cette arme précieuse. J'ai vu arriver chez Page et chez Devisme des caisses entières de revolvers venant de Bruxelles, et quelques heures après il ne restait plus une seule de ces armes précieuses. Ce ne sont pas seulement les armuriers qui se livrent au commerce des armes, il y a dans toutes les rues des marchands en plein vent qui vendent des cannes à épée pour la modeste somme de 2 fr. 50. — Ces marchands encombrent même parfois bien inutilement la chaussée car les armes qu'ils livrent sont en fer, et bien inoffensives.

Il est inutile de dire que tous les théâtres sont fermés à Paris; les uns comme la Comédie-Française, sont transformés en ambulances, les autres sont destinés aux réunions populaires. Le nouvel Opéra est un magasin de munitions et le haut de son pignon porte un système de signaux aériens. — Les réunions populaires attirent tous les soirs une foule considérable, mais le public se rend là souvent comme vers un lieu de distractions, et l'on n'attache pas d'importance aux discours exagérés de certains énergumènes qui ne respectent que leurs opinions chimériques. Le spectacle vaut la peine d'être observé, et parfois une douce hilarité règne dans l'auditoire quand on voit défiler le bataillon des orateurs qui exposent de nouveaux systèmes de mitrailleuses infernales destinées à décimer l'armée prussienne en quelques secondes. Pour réaliser leurs rêves, ils ne demandent que quelques centaines de mille francs et signalent aux vrais patriotes l'incurie flagrante du gouvernement qui ose ne pas ajouter foi aux merveilles qu'ils annoncent.

J'ai entendu l'un d'eux, dans un local de la rue Cadet, proposer de se servir des tuyaux de poêle pour construire des armes à feu ; voulant joindre la démonstration à ses paroles, le malheureux avait apporté une pièce à conviction qu'il tenait de la main sur le bureau.

Il faut avoir vu Paris dans ces derniers temps pour se figurer la transformation qui s'est produite subitement dans notre capitale. Paris, ville du plaisir, du luxe, de la gaieté insouciante, s'est métamorphosé en une forme nouvelle. Ce n'est plus une ville, c'est une forteresse; il n'y a plus d'hommes d'affaires, de magistrats, de négociants, de savants ou d'artistes; il n'y a que des soldats. Tout homme valide porte un fusil et s'exerce à le manier; les femmes coupent des bandes de toile pour les ambulances et travaillent à confectionner la charpie; il n'y a plus ni transactions commerciales, ni travail artistique; il n'existe qu'une seule préoccupation : la délivrance et le triomphe.

L'un d'eux proposait de se servir de tuyaux de poêles pour construire des armes à feu...

Parmi toutes les questions qu'il y avait à étudier pour organiser la défense, on comprenait alors qu'il y avait une importance de premier ordre à tout faire pour que Paris ne soit pas investi moralement et que les communications par lettres puissent être échangées aussi bien de province à Paris, que de Paris en province. Des ballons s'échappaient de la capitale, mais il aurait été bien utile que ces ballons puissent revenir au point de leur départ, afin que les missives envoyées aient leur réponse et que les communications soient complètement rétablies entre Paris et la France. La première partie du problème était résolue; celle du retour, beaucoup plus complexe, devait faire l'objet de nos efforts.

CHAPITRE TROISIÈME

Projet de retour à Paris par voie aérienne. — Les inventeurs de ballons. — Confection d'un ballon de soie. — Voyage à Lyon. — Les nouveaux débarqués du ciel. — Ascension du *Jean-Bart*.

On avait organisé, à Tours, une commission scientifique chargée d'examiner, d'étudier la possibilité des projets de correspondance avec le gouvernement de Paris. Les ballons devaient être un des objectifs de la solution du problème; aussi, les trois aéronautes qui m'ont précédé, Duruof, Mangin, Louis Godard, et moi, nous sommes immédiatement appelés à donner notre avis à ce sujet. MM. Marié Davy, de l'Observa-

Les inventeurs se sont montrés nombreux... (P. 48.)

toire, M. Serret, de l'Institut et les autres membres qui, pendant la durée de la guerre, ont contribué à faire naître un grand nombre d'idées utiles et fructueuses, nous parlent d'abord de la nuée de mémoires, de projets qu'ils reçoivent des quatre coins de la France. Les inventeurs se sont montrés très nombreux, mais peu sérieux. Quels rêves insensés; quelles utopies, quelles bouffonneries.

Je n'oublierai jamais le monsieur qui voulait faire revenir à Paris un convoi de cent mille montgolfières, portant cent mille bêtes à cornes, et celui qui voulait atteler dix mille pigeons à un aérostat, et des centaines d'autres inventeurs qui voulaient diriger les ballons avec des voiles latines, des phoques et des mâts comme un navire. Quant aux mémoires sur les ballons-poissons, les ballons-bateaux, les ballons-oiseaux, on en formerait une encyclopédie. Pour ma part, je suis obsédé par les inventeurs qui me proposent les merveilles de leurs conceptions. L'un d'eux surtout me poursuit, il veut munir les ballons d'une grande voilure de son système.

— Mais, monsieur, je ne veux pas vous écouter, il n'y a pas de vent en ballon, vos voiles ne seront jamais gonflées.

— Ah! voilà bien comme sont les hommes du métier, vous chassez, sans même l'écouter, le génie incompris. J'ai déjà fait une grande invention, mais l'humanité m'a repoussé. C'était du papier à cigarette fabriqué avec la racine même du tabac. Personne n'en a voulu!

Je me sauve, et je cours encore.

Le plan que nous nous proposons de tenter pour rentrer dans Paris par la voie des airs n'exige pas des efforts d'intelligence bien extraordinaires. C'est celui auquel se sont arrêtés tous les praticiens sensés. Voici en quoi il consiste, dans toute sa simplicité :

On va envoyer des ballons et des aéronautes à Orléans, à Chartres, à Evreux, à Rouen, à Amiens, dans toutes les villes non occu-

La place de l'Hôtel-de-Ville était toute pleine d'une foule hurlante... (P. 52.)

pées par l'ennemi, dans toutes celles qui sont proches de Paris, et où le gaz de l'éclairage ne fait pas défaut.

Chaque aéronaute aura une bonne boussole, et connaissant l'angle de route vers Paris, il observera les nuages tous les matins au moyen d'une glace horizontale fixe à la surface de laquelle sera tracée une ligne se dirigeant au centre de Paris. Quand il verra les nuages marcher suivant cette ligne, c'est-à-dire quand la masse d'air supérieur se dirigera sur Paris, il gonflera son ballon à la hâte, demandera à Tours, par télégraphe, des instructions, des dépêches, et il partira. Son point de départ est à vingt lieues de Paris environ; il va chercher une ville qui, en y comprenant les forts, offre une étendue de plusieurs lieues; n'a-t-il pas bien des chances de la rencontrer dans ces circonstances spéciales? S'il passe à côté, il continuera son voyage, et descendra plus loin, en dehors des lignes prussiennes. Quand le vent sera du nord, le ballon d'Amiens pourra partir; lorsqu'il soufflera du sud ou de l'ouest, les aérostats d'Orléans et de Dreux se trouveront prêts. Avec une douzaine de stations échelonnées sur plusieurs lignes de la rose des vents, les tentatives seront nombreuses.

L'une d'elles aura de grandes chances de succès, surtout si la persévérance ne fait pas défaut et si l'on ne craint pas de multiplier fréquemment les voyages. Si un ballon est assez heureux pour passer au-dessus de Paris, il descendra dans l'enceinte des forts où la campagne est assez vaste pour que l'atterrissage soit facile. Au pis aller, il pourra risquer la descente sur les toits si le vent n'est pas trop rapide. Enfin, s'il manque l'entrée, il aura la sortie pour lui, où de nouveaux forts le protégeront. Dans tous les cas, il lui sera possible de lancer par-dessus bord des lettres et des dépêches.

Nous verrons plus tard pourquoi ce projet n'a été réalisé que très incomplètement, comment il se fait que mon frère et moi soyons les seuls aéronautes assez heureux pour avoir tenté deux fois le voyage. Mais n'anticipons pas sur les événements. Disons toutefois, dès à présent, que la commission scientifique a apporté ici son concours le plus utile, et que M. Steenackers, devenu bientôt directeur général des postes, à Tours, n'a jamais reculé devant aucun sacrifice pour mener à bonne fin une entreprise dont l'influence morale aurait été considérable.

Les ballons de Paris, disions-nous, sont excellents pour un voyage, mais leur étoffe est en coton ; s'il faut qu'ils restent longtemps gonflés, qu'ils supportent un grand vent, ils se déchireront. N'oublions pas, d'ailleurs, que nous sommes seulement dans les premiers jours d'octobre, et que pas un ballon neuf n'est encore sorti de Paris. Il est décidé qu'on fabriquera à la hâte des ballons de soie. Duruof sera chargé de la construction avec le concours de Mangin et de Louis Godard; on commencera par confectionner un type. La commission m'envoie à la hâte à Lyon pour acheter l'étoffe nécessaire. Ce voyage, exécuté à travers la France à l'un des moments les plus dramatiques de son histoire, restera toujours gravé dans mon esprit.

Je m'aperçois que les chemins de fer fonctionnent, pendant la guerre, d'une façon bien irrégulière. Je passe deux grands jours et deux grandes nuits dans mon wagon avant d'arriver à la patrie de la soie. Les gares, où il y a parfois des arrêts très prolongés, sont encombrées partout de troupes, de voyageurs ; c'est un désordre épouvantable. Je passe à Orléans, où j'apprends que l'armée de la Loire, qu'on attend à Paris, n'existe que dans le cerveau de ceux qui voient les événements couleur de rose, mais on me parle beaucoup de l'armée du Rhône. A Lyon, j'aperçois le drapeau rouge sur l'Hôtel de Ville, des braillards dans les rues, des caricatures chez les libraires, mais d'armée et de canons, point. Je suis reçu à l'Hôtel de Ville par le préfet : il me faut traverser la place toute pleine d'une foule hurlante ; j'arrive enfin auprès de M. Challemel-Lacour, qui a son antichambre remplie de délégués en haillons, gesticulant, braillant et menaçant; il est obligé de leur donner audience à plusieurs reprises dans la journée.

Tout le monde m'interroge et me demande des nouvelles. Je m'informe à mon tour de l'organisation militaire.

— Ici, me dit-on, nous n'avons point de troupes, mais croyez-moi, monsieur, l'armée de la Loire est vraiment formidable.

Quel désordre, quel bouleversement dans ces premiers jours d'octobre !

Aussitôt arrivé à Lyon, muni d'une lettre de recommandation du préfet qui m'a fait le meilleur accueil, je cours chez tous les fabricants de soie de la ville, accompagné d'un membre du conseil municipal, qui me sert de guide de la façon la plus obligeante; tous les échantillons possibles me passent sous les yeux. Je fixe mon choix sur des pièces roses et bleues, soies légères qui avaient été destinées à des robes de bal. Ce sont les seules que l'on puisse trouver de suite en quantité suffisante. Etrange destinée de ces tissus. Ils vont former la sphère d'un aérostat captif !

J'en achète pour le compte de l'Etat deux mille huit cents mètres, à quatre francs cinquante, prix très modéré, que le fabricant appelle avec raison un prix patriotique. Je fais en outre l'acquisition de quarante mille mètres de cordonnet de soie pour la couture.

Mon voyage de retour, de Lyon à Tours, fut des plus difficiles ;

toutes les gares étaient encombrées de francs-tireurs, et tous les trains se trouvaient en retard. J'avais une lettre de réquisition qui m'autorisait à prendre place dans un wagon entier, avec mes pièces de soie dont je n'avais pas voulu me dessaisir dans la crainte de les perdre. Mais les voyageurs se plaignaient parfois de mes exigences, et je faillis à la gare de Dijon avoir à me défendre contre un chef de francs-tireurs hargneux qui me reprochait de prendre à moi seul la place de huit voyageurs. Il fallait constamment changer de trains, et pour transporter mes nombreuses pièces de soie à travers les gares, j'étais contraint de recourir à l'obligeance des voyageurs, qui consentaient à me servir de porteurs. On restait en place parfois des heures entières; les nouvelles précises des mouvements des armées allemandes manquaient toujours.

Enfin, le 8, j'étais revenu à Tours avec mon précieux bagage, dont il ne manquait pas la moindre fraction.

Bientôt, le nouveau théâtre de Tours est transformé en atelier de construction. Duruof et Mangin ont déjà dressé des tables, fait l'épure pour la construction d'un aérostat de 1 200 mètres cubes. On se prépare à couper l'étoffe, on s'efforce de trouver des ouvrières. Quelques jours après, quatre-vingts aiguilles marchaient sans cesse, car les côtes du ballon de soie sont étroites, et la longueur de la piqûre qu'il s'agit de faire est considérable. Le travail, mené avec activité, se terminera dans un délai de quinze jours.

On n'a pas perdu de temps pendant mon absence ; le vendredi 7, une expérience est faite avec un ballon captif de 28 mètres cubes pour connaître à quelle hauteur on peut être à l'abri des balles de chassepot. Un aérostat captif en papier est monté à 400 mètres de haut. Dix-huit bons tireurs le visent à cette hauteur. On ramène l'aérostat à terre, il est percé de onze balles. A 500 mètres de haut, pas une balle n'a porté. MM. l'amiral Fourichon et Glais-Bizoin assistaient à l'expérience : ce dernier fit même le coup de feu avec une grande habileté.

J'utilise mes moments de loisir à publier dans le *Moniteur Universel* ma série d'articles sur *Paris assiégé*. Les notices dont j'ai publié plus haut quelques extraits sont lues avec intérêt. On a soif de savoir ce qui se passe dans les murs de la capitale, les détails que j'apporte sur la physionomie des bastions, sur les travaux effectués au Bois de Boulogne, au Point-du-Jour, les récits que je fais sur la formation des ambulances, sur l'organisation des gardes nationaux, excitent vivement l'attention de tous. Mais bientôt, d'autres ballons viennent, après moi, apporter des nouvelles plus récentes.

Tours présente une physionomie de plus en plus animée; je rencontre partout des amis avec lesquels il m'arrive souvent de passer mes soirées. Pendant deux jours de suite, je vis notamment mon vénéré maître et ami M. Edouard Charton, que la mort a récemment enlevé à la France, et qui était alors préfet de Versailles. Il me disait qu'il avait eu sa maison, à Versailles, gardée par des factionnaires allemands, et que parfois, en passant dans la cour, il conversait avec eux.

— Presque tous savent le français, me disait-il, et pour de simples soldats, ils me semblent avoir une instruction bien supérieure à la moyenne de ce que nous avons chez nous. Quelques-uns de ces soldats me le disent eux-mêmes : « Tant vaut l'homme, tant vaut la balle. — Ah! l'instruction a joué un bien grand rôle dans l'organisation de l'Allemagne. »

Les aérostats continuent à attirer l'attention générale. Mais une grande nouvelle se répand. On apprend que Gambetta a confié sa fortune à l'esquif aérien et qu'accompagné de M. Spuller, il est descendu près d'Amiens, après un voyage émouvant, rempli de dangers, auquel il a échappé comme par miracle. En même temps que Gambetta qui avait pris place dans le ballon *l'Armand Barbès,* un deuxième aérostat *le George Sand* est parti de la place Saint-Pierre, conduit par M. Revilliod.

Voici dans quelles conditions se sont exécutés ces mémorables voyages aériens :

Une foule énorme attendait, dès le matin du 7 octobre, sur la place Saint-Pierre à Montmartre, le départ des ballons *l'Armand Barbès* et *le George Sand,* ce n'était pas un vain sentiment de curiosité qui excitait l'avide anxiété de cette population; on venait d'apprendre que chacun de ces aérostats emportait des voyageurs entreprenant ce voyage avec d'importantes missions.

Dans la nacelle de *l'Armand Barbès,* conduit par M. Trichet, prirent place Gambetta et M. Spuller; dans celle du *George Sand,* dirigé par M. Revilliod, montèrent MM. May et Raynold, citoyens américains, chargés d'une mission spéciale pour le gouvernement de la défense, et un sous-préfet.

On remarquait dans l'enceinte Charles et Louis Blanc, MM. Rampont et Charles Ferry, et le colonel Husquin. MM. Nadar, Dartois, et Yon dirigeaient le double départ.

Les dernières poignées de main échangées au milieu de l'émotion générale, au cri de : « Lâchez tout ! » les deux ballons s'élevèrent majestueusement. Il était onze heures dix minutes.

Une immense clameur retentit sur la place et sur la butte; les voyageurs agitaient leurs chapeaux et leurs voix répétaient, comme un écho lointain, les cris de la foule.

Poussés par un vent très faible, les deux aérostats ont laissé Saint-Denis sur la droite; mais à peine avaient-ils dépassé la ligne des forts, qu'ils ont été assaillis par une fusillade partie des avant-postes prussiens; quelques coups de canon ont été aussi tirés sur eux. Les ballons se trouvaient à la hauteur de 600 mètres, et les voyageurs aériens ont entendu siffler les balles autour d'eux; ils se sont alors élevés à une altitude qui les a mis hors d'atteinte; mais, par suite de quelque accident ou de quelque fausse manœuvre, le ballon qui portait Gambetta s'est mis à descendre rapidement, et il est venu prendre terre dans un champ traversé quelques heures avant par des régiments ennemis, et à une faible distance d'un poste allemand. En jetant du lest, il s'est relevé, et a continué sa route. Il n'était qu'à 200 mètres de hauteur lorsque, vers Creil, il a reçu une nouvelle fusillade, dirigée sur lui par des soldats wurtembergeois.

L'*Armand Barbès* n'était pas au terme de ses aventures. Manquant de lest, il ne se tint pas à une élévation suffisante; il fut encore exposé à une salve de coups de fusils partie d'un campement prussien, placé sur la lisière d'un bois, et alla, en passant par-dessus la forêt, s'accrocher aux plus hautes branches d'un chêne où il resta suspendu; des paysans accoururent, et, avec leur aide, les voyageurs purent prendre terre, près de Montdidier, à 2 heures 45 minutes. Un propriétaire du voisinage passait avec sa voiture, il s'empressa de l'offrir à Gambetta et à ses compagnons, qui eurent bientôt atteint Montdidier, et se dirigèrent sur Amiens. Ils y arrivèrent dans la soirée et y passèrent la nuit.

Pour transporter mes ballots de soie, je étais contraint de recourir à l'obligeance des voyageurs... (Page 63)

Le voyage du second ballon a été marqué par moins de péripéties. Après avoir essuyé la première fusillade, il a pu se maintenir à une assez grande hauteur pour éviter un nouveau danger de ce genre ; il est allé descendre, à 4 heures, à Crémery près de Roye, dont les habitants ont très bien accueilli les voyageurs.

Le lendemain, samedi, l'équipage du second ballon rejoignait celui du premier à Amiens, et l'on partait ensuite de cette ville à midi. A Rouen, où l'on arriva ensuite, Gambetta fut reçu par la garde nationale, il prononça un discours qui excita l'enthousiasme. De Rouen, le ministre et ses compagnons de route se dirigèrent sur le Mans ; ils y couchèrent, et en partirent le lendemain, dimanche, à 10 heures et demie, pour se rendre à Tours [1].

L'arrivée du Ministre de l'Intérieur à Tours, le 11 octobre, produit une véritable révolution ; on a la certitude que la face des choses va changer, chacun est persuadé qu'une main énergique va enfin imprimer à la France l'élan du salut et de la délivrance.

Peu de jours après, les descentes d'aérostats se succèdent. Farcot et Tracelet descendent en Belgique le 12 octobre. Bertaux et Van Roosebeke tombent à Cambrai et subissent un traînage périlleux. M. Bertaux est grièvement blessé, et Van Roosebeke, roulé dans la

---

[1] Le 10 octobre on lisait dans le *Journal officiel* de Paris :

« Le gouvernement a reçu ce soir une dépêche ainsi conçue :

« Montdidier (Somme), 8 heures du soir. Arrivée après accident en forêt à Épi-
« neuse. Ballon dégonflé. Nous avons pu échapper aux tirailleurs prussiens, et grâce
« au maire d'Épineuse, venir ici, d'où nous partons dans une heure pour Amiens,
« d'où voie ferrée jusqu'au Mans et à Tours. Les lignes prussiennes s'arrêtent à Cler-
« mont, Compiègne et Breteuil dans l'Oise. Pas de Prussiens dans la Somme. De
« toutes parts on se lève en masse. Le gouvernement de la Défense nationale est
« partout acclamé. GAMBETTA. »

Cette dépêche avait été apportée par un joli pigeon gris, auquel on a donné le nom de Gambetta.

nacelle, parvient à sauver les pigeon-svoyageurs qu'il amène de Paris.

On ne peut plus douter, non sans une joie indicible, que le service des ballons-postes est définitivement organisé. Cependant je suis profondément surpris de ne pas voir mon frère Albert Tissandier, parmi les nouveaux débarqués du ciel. — Il devait partir le lendemain de mon départ et voilà plusieurs ballons qui viennent sans lui ; les aéronautes n'ont même pas entendu parler de son départ... Ce silence m'inquiète, car je ne puis croire que mon frère ait renoncé à son projet.

Le dimanche 16 octobre, je rencontre rue Royale, à Tours, un de mes amis.

— Vous savez la nouvelle ? me dit-il.

— Quoi donc ?

— Votre frère Albert est ici. Nous venons de le voir, il vous attend à déjeuner ; je vous cherche depuis ce matin.

Je trouve mon frère à *l'hôtel de l'Univers ;* — nous nous jetons dans les bras l'un de l'autre. Il me raconte qu'il a manqué deux départs, que son voyage a été retardé, qu'il est parti enfin avec MM. Ranc et Ferrand, dans l'aérostat *le Jean-Bart*, un nouveau ballon de la Poste aérienne.

Voici le récit que mon frère a publié lui-même de son ascension ; je le reproduis dans son entier :

VOYAGE DU « JEAN-BART »

« Le 14 octobre, à une heure un quart, le ballon *le Jean-Bart* s'élevait de Paris dans les airs, conduisant MM. Ranc, maire du IX° arrondissement, et Ferrand, chargé d'une mission spéciale du gouvernement. Outre les voyageurs confiés à mes soins, j'emportais avec moi 400 kilogrammes de dépêches, c'est-à-dire cent mille lettres, cent mille souvenirs envoyés de Paris par la voie des airs à cent mille familles anxieuses !

« Par un soleil ardent et superbe, nous passons les lignes des forts ; à 1000 mètres, nous distinguons nos ennemis qui en toute hâte se mettent en mesure de nous envoyer des balles. Mais nous planons trop loin de la terre, pour que l'artillerie puisse nous faire peur ; nous entendons les balles qui bourdonnent comme des mouches au-dessous de notre nacelle, et nous moquant des uhlans, des cuirassiers blancs et de tous les Prussiens du monde, nous nous laissons mollement bercer par les ailes de la brise jusqu'au-dessus de la forêt d'Armanvilliers.

« Là un spectacle plein de désolation s'offre à nos yeux. Les maisons, les habitations, les châteaux, sont déserts, abandonnés :

nul bruit ne s'élève jusqu'à nous, si ce n'est celui de l'aboiement rauque et sinistre de quelques chiens abandonnés.

« Plus loin, au milieu même de la forêt de Jouy, c'est un camp prussien qui s'étend sous notre nacelle ; on remarque des travaux de défense habilement organisés pour répondre à toute surprise. Les tentes forment deux lignes parallèles aux extrémités desquelles s'élèvent des remparts de gabions et de fascines. Près de là nous apercevons un immense convoi de munitions qui couvre les routes entières ; il est suivi d'une infinité de petites charrettes couvertes de bâches blanches ; des uhlans l'accompagnent en grand nombre. A la vue de notre aérostat, ils s'arrêtent, et nous devinons, malgré la distance qui nous éloigne, qu'ils nous jettent un regard de haine et de dépit.

« Cependant le soleil échauffe nos toiles, et dilate le gaz qui les gonfle ; les rayons ardents nous donnent des ailes, nous bondissons vers les plages aériennes supérieures, et bientôt la terre disparaît à nos yeux. Quelle splendeur incomparable, quelle munificence innommée dans cette mer de nuages que semblent terminer des franges argentées aux éclats vraiment éblouissants ! Au milieu du silence et du calme, nous admirons ces sublimes décors du ciel, et pendant quelques secondes nous perdons de vue les misères terrestres. Je charge M. Ferrand de surveiller le baromètre pendant que je dessine la scène grandiose qui s'offre à ma vue.

« Mais voilà la nuit qui couvre de son manteau le ciel et la campagne. Il faut songer à revenir à terre, regagner le plancher des braves défenseurs de la patrie. Nous voyons accourir des paysans qui nous crient à tue-tête : « Il n'y a pas de Prussiens ici ! Vous êtes près de Nogent-sur-Seine, à Montpothier ; descendez vite ! »

Tous ces cris nous décident enfin, et nous tombons pour ainsi dire dans les bras de nos braves amis, sans aucune secousse.

« Grâce à leur aide obligeante, à celle de leur curé, dont nous ne saurions oublier l'accueil touchant, nous emportons vivement dépêches et ballon. « Les Prussiens ne sont pas loin, disent-ils ; ils vous ont vu descendre, et peuvent vous surprendre. Allez-vous-en au plus vite. » C'est ce que nous nous empressons de faire, et nous arrivons chez le sous-préfet de Nogent, M. Ebling. Une réception enthousiaste nous est offerte; nous le quittons bientôt, ne voulant pas perdre un seul instant pour gagner Tours, où notre devoir nous appelle.

« Nous sommes obligés de faire un détour immense, de passer par Troyes, Dijon, Nevers, Bourges, pour arriver enfin à bon port. »

Albert Tissandier.

A peine nous sommes-nous retrouvés, mon frère et moi, que nous ne parlons plus que du retour à Paris, — notre enthousiasme partagé se multiplie par deux, nous voudrions déjà être en l'air !

Comme certains détails d'organisation pour le retour aérien ne marchent pas à mon gré, je me décide à demander une entrevue à Gambetta.

Le mercredi 12 octobre, à 10 heures du matin, je vais au ministère de l'intérieur, installé dans le palais de la préfecture à Tours. Les salles d'attente sont encombrées de monde. Je vais trouver le secrétaire de Gambetta et je le prie de faire passer au Ministre une note ainsi conçue :

— M. Gaston Tissandier, venu de Paris à Dreux en ballon, le 30 septembre 1870, demande à parler à M. le Ministre, pour affaire importante, relative au retour à Paris par ballon monté.

Gambetta me fait entrer immédiatement, et me reçoit avec beaucoup de cordialité et de bonne grâce. Il était debout devant son bureau, sa physionomie expressive me frappa; cependant il paraissait préoccupé et surexcité. Il ne m'en écouta pas moins

Gambetta me reçoit avec beaucoup de cordialité...

fort attentivement et ne me parla que pour me féliciter de mon projet et me faire quelques questions rapides.

— M. Steenackers, me dit-il, est directeur général des Postes et Télégraphes depuis hier, il sera chargé du service des aérostats. Je vais vous donner un mot pour lui. Prenant un papier, il y traça les lignes suivantes :

« Je prie M. Steenackers d'activer si possible la réalisation du
« projet si courageux de M. Tissandier.

« L. GAMBETTA. »

Nous en donnons d'ailleurs la reproduction :

Reproduction de l'autographe de Gambetta.

Cela fait, Gambetta me remet le papier, puis il me serre la main en me disant : « Bonne chance et bon vent ! »

Depuis ce jour, tous les chemins nous ont été ouverts pour activer nos projets !

En quittant le ministre de l'Intérieur et de la Guerre, je fis connaissance avec son chef du Cabinet qui n'était autre que M. Cavalier, depuis longtemps célèbre dans le quartier latin à Paris, sous le nom de *Pipe-en-bois*.

On a reproché souvent à Gambetta son entourage parfois un peu *bohème;* mais Gambetta en venant au pouvoir avait peu de relations personnelles, il s'entourait des hommes qu'il connaissait, et dans les capacités desquels il pouvait avoir confiance. Assurément *Pipe-en-bois* n'était pas sous le rapport de la tenue le modèle des chefs de Cabinet ; il avait une chemise de flanelle et manquait d'élégance, mais c'était un homme honnête et travailleur. On ne sait pas généralement que M. Cavalier était un ancien élève de l'École polytechnique, où il avait été reçu dans un des premiers rangs. Il pouvait donc rendre des services par son instruction spéciale.

On ne tarda pas d'ailleurs à s'habituer à ces étrangetés du Gouvernement. On voyait que Gambetta dirigeait tout avec une énergie peu commune, et une capacité que l'on admirait partout. Il était l'âme de la résistance, et au fur et à mesure qu'on le voyait à l'œuvre, le respect venait à lui.

Les Allemands ne tardèrent pas à s'apercevoir que la défense s'organisait, et plus tard le roi Guillaume rendit hommage à celui qui l'inspira, en s'écriant avec dépit, alors qu'il venait d'apprendre que l'armée du Nord, commandée par Faidherbe, avait pris l'offensive : « Ce Gambetta sait improviser les armées, on dirait qu'il les fait sortir du sol. »

CHAPITRE QUATRIÈME

Construction des ballons-poste à Paris. — Aérostats à Tours. — Lettres pour Paris par ballon monté. — Le bon vent souffle à Chartres. — Cernés par les Prussiens. — Évasion nocturne. — L'hôtel du Paradis. — Allons chercher le Nord-Ouest.

Pendant que nous allions nous occuper à Tours de la confection d'aérostats militaires, la fabrication des ballons messagers se poursuivait très activement à Paris. On peut dire que les quatre premiers voyages aériens exécutés du 23 au 30 septembre, ont réellement fondé la poste aérienne. A compter de ce jour, l'administration décida que des ballons neufs, fabriqués dans de bonnes conditions, devaient sortir régulièrement de Paris. La plus vigoureuse impulsion fut donnée à la construction de ces aérostats.

M. Rampont, d'accord avec le gouvernement, confia l'organisation de deux ateliers de fabrication aérostatique à M. Eugène Godard d'une part, et à MM. Yon et Camille d'Artois d'autre part.

M. Eugène Godard est un praticien d'un mérite incontestable ; il a exécuté dans sa vie plus de 800 voyages en ballon, et construit un nombre considérable d'aérostats. On ne pouvait mieux choisir pour accélérer une construction si spéciale. Eugène Godard s'installa à la gare d'Orléans.

MM. Yon et Camille d'Artois organisèrent à leur tour un atelier aérostatique à la gare du Nord. M. Yon est l'habile constructeur des ballons captifs créés par M. Giffard ; c'est en même temps un aéronaute distingué. Quant à M. Camille d'Artois, ses ascensions publiques, à l'hippodrome et à bord du *Géant*, lui ont acquis un juste renom dans l'art de la navigation aérienne. Nadar s'était d'abord chargé des opérations aérostatiques de la gare du Nord, mais il se retira bientôt. Il s'occupa avec beaucoup de zèle et d'ardeur de l'organisation d'aérostats captifs, pour les observations militaires autour de Paris.

Voici quelles étaient les conditions des traités acceptés entre ces messieurs et l'administration des postes :

« Les ballons doivent être de la capacité de 2 000 mètres
« cubes, en percaline de première qualité, vernie à l'huile de lin,
« munis d'un filet en corde de chanvre goudronné, d'une nacelle
« pouvant recevoir quatre personnes et de tous les apparaux néces-
« saires : soupape, ancres, sacs de lest, etc.

« Les ballons doivent supporter l'expérience suivante : remplis
« de gaz, ils resteront pendant dix heures suspendus, et, après
« ce temps d'épreuve, ils devront soulever encore un poids net
« de 500 kilogrammes.

« Les dates de livraison seront échelonnées à époques fixes :
« 50 francs d'amende seront infligés aux constructeurs pour
« chaque jour de retard. Le prix d'un ballon remplissant ces con-
« ditions est de 4 000 francs, dont 300 francs pour l'aéronaute,
« que devra procurer le constructeur. Le gaz est livré à part. »

C'est ce prix qui a été primitivement payé par la direction générale des postes, au comptant, aussitôt l'ascension effectuée, le ballon hors de vue. Il a été réduit postérieurement à 3 500 francs, plus

500 francs, dont 300 francs pour le gaz et 200 francs pour l'aéronaute. A ces frais il faut ajouter des sommes pour valeur d'accessoires, dont le montant a varié de 300 à 600 francs par ascension. Le *Davy*, ne cubant que 1 200 mètres cubes, n'a coûté que 3 800 francs[1].

La construction des ballons, une fois mise en train, s'exécuta avec une grande rapidité.

L'étoffe qui convient le mieux pour la construction d'un aérostat est sans contredit la soie; mais la soie est d'un prix très élevé; on la remplace souvent par un tissu de coton (percaline) qui, une fois verni, est suffisamment imperméable pour contenir sans déperdition les masses de gaz d'éclairage ou d'hydrogène qui doivent l'emplir. C'est ce qui a été fait pour les ballons du siège.

La forme à donner à un aérostat peut être variable; mais il est certain que la sphère offre de grands avantages et une incontestable supériorité, puisqu'elle est la figure qui offre le moins de surface sur le plus grand volume.

On adopta la forme sphérique pour les ballons du siège qui avaient tous un volume de 2 000 mètres cubes. Ils avaient ainsi une grande force ascensionnelle et pouvaient facilement enlever plusieurs voyageurs avec 200 kilogrammes de ballots de lettres.

MM. Eugène Godard, Camille d'Artois et Yon, comme nous venons de l'indiquer, étaient chargés de trouver des aéronautes destinés à s'élever dans les ballons-poste. Les braves marins jouèrent ici un rôle très important, car sur soixante-quatre ballons, il y en eut trente qui furent conduits dans les airs par nos loups de mer, transformés en *loups aériens*.

[1] Extrait du *Journal officiel*, n° du 2 mars 1871.

On donnait quelques leçons préliminaires aux novices, mais quelles leçons ! Une nacelle était pendue à une des poutres de fer de la gare, l'élève y grimpait et criait le « lâchez tout ». Il va sans dire qu'il restait en place. On lui faisait jeter du lest et tirer une corde de soupape. Puis il lançait son ancre et simulait l'atterrissage. Singulier apprentissage qui rappelle les leçons de natation à calle sèche.

Le jour de l'ascension désigné, les passagers arrivaient au lieu du départ, et remettaient leur destinée entre les mains de l'apprenti aéronaute. Ils s'élevaient dans les airs, quelquefois par une nuit noire, marchant à l'inconnu. Quand on a pratiqué les ballons, qu'on a souvent gravi les hautes régions de l'air, on ne peut s'empêcher d'admirer le courage et le dévouement de ces hardis explorateurs. Ici le mot dévouement n'est pas exagéré, car les aéronautes sont partis de Paris en ballon pour une somme insignifiante, puisque nous venons de voir qu'ils ne touchaient souvent que deux cents francs Je n'oublierai jamais la stupéfaction d'un Anglais que j'ai vu à Tours et qui me disait :

— O monsieur ! comme on doit vous payer pour entreprendre de tels voyages ! Une ascension faite au-dessus des Prussiens, cela vaut deux mille livres sterling.

— Je ne sais ce que cela vaut, monsieur, mais en France ces choses-là se font pour rien.

Au moment du départ d'un ballon-poste, MM. Bechet, sous-directeur des postes, ou Chassinat, directeur des postes de la Seine, apportaient les ballots de lettres et les dépêches. Enfin M. Hervé-Mangon, de l'Institut, que la mort a depuis enlevé à son pays, donnait avec un zèle bien louable, les renseignements météorologiques sur la direction du vent, son intensité, etc. MM. Chassinat et Hervé-Mangon ont passé le temps du siège à se lever la nuit, pour assister aux départs ; la part qu'ils ont prise à la poste aérienne ne sera pas oubliée : mais que de dérangements inutiles, que de peine perdue ! Souvent le vent n'était pas assez vif, on ne pouvait

Boîte aux lettres pour Paris par *ballon monté*. (P. 72.)

pas partir ; ou il était trop violent, et au dernier moment l'aérostat volait en éclats.

L'organisation du service des ballons-poste a été en définitive créée avec la plus grande régularité, la plus remarquable précision. Cette création restera un vrai titre de gloire pour la mémoire de M. Rampont qui n'est plus, et pour les administrateurs de la poste française.

Cependant, la nouvelle de la construction d'un ballon s'est répandue à Tours ; comme nous ne voulons pas renseigner l'ennemi sur nos projets, nous nous gardons bien de rien publier à cet égard ; aussi l'imagination du public se livre-t-elle à toutes les fantaisies. Les mieux renseignés prétendent que l'on construit un ballon dirigeable, qui, à coup sûr, va rentrer à Paris. L'apparition au bureau du télégraphe d'une vaste boîte aux lettres avec cette inscription : LETTRES POUR PARIS PAR BALLON MONTÉ, accrédite singulièrement cette manière de voir : j'ai beau dire partout que nous voulons seulement essayer un voyage périlleux, incertain, que la réussite est douteuse, personne ne veut ajouter foi à cette opinion. On se répète de toutes parts : Un ballon va partir pour Paris, il va rentrer à Paris. Comment ? On l'ignore, mais on oublie que les deux mots tentative et succès, sont souvent séparés par un abîme. L'esprit humain est ainsi fait qu'il croit toujours ce qu'il désire, et souvent, sans réflexion, il se plaît à transformer le projet en fait accompli.

Mon frère et moi nous recevons sans cesse de véritables ovations ; on nous montre du doigt : « Voilà, dit-on, les aéronautes qui vont rentrer à Paris. » J'enrage parfois, car je sais bien, hélas ! que nous ne sommes pas encore dans l'enceinte des fortifications. « Nous n'allons pas à Paris, disons-nous, nous allons essayer d'y aller, c'est bien différent. » Mais rien n'y fait. Nous recevons des lettres innombrables ; ce sont des amis et des inconnus qui nous écrivent : « Voulez-vous être assez bons pour vous charger de porter à Paris la petite lettre que vous trouverez sous ce pli ? » En quelques jours, j'ai rempli de lettres pour la capitale, tout un tiroir de ma commode. Les gens plus osés, plus indiscrets, viennent nous voir à l'hôtel et nous demandent à porter des paquets. On se figure qu'à nous seuls

Construction des ballons-poste à la gare d'Orléans, pendant le siège de Paris. (Page 68.)

nous représentons les messageries. Je n'oublierai jamais un monsieur que je n'avais jamais vu et qui vient me réveiller à six heures du matin. Il me supplie de prendre la clef de son appartement à Paris pour visiter ses meubles, et de lui dire à mon retour si son mobilier est en bon état. Il me charge en outre de rassurer sa bonne, qui doit être très inquiète sur son sort. Je n'avais jamais fermé une porte sur le nez de personne, mais ce jour-là, je me suis offert avec délices cette petite satisfaction.

Pendant que les lettres pleuvent sur nos têtes comme la grêle au mois de mars, mon frère et moi nous nous occupons de faire tous nos préparatifs. La construction du ballon de soie, malgré les efforts de Duruof, traîne en longueur; la commission scientifique nous engage à ne pas attendre plus longtemps. Mon frère va chercher son ballon *le Jean-Bart* qui est resté à Dijon, et M. Revilliod, qui a appris nos projets, se propose spontanément pour tenter un voyage. D'après les renseignements fournis par l'Observatoire, il y a des chances pour que le vent sud-ouest règne longtemps en France à cette époque; c'est à Chartres que s'exécutera la première tentative.

La commission me prie de fournir mon concours au départ de M. Revilliod qui vient de se rendre dans cette ville avec l'aéronaute Gabriel Mangin; pendant ce temps mon frère court après le ballon qui devra plus tard nous servir à nous-mêmes.

Je fais l'acquisition d'une bonne boussole. M. Marié Davy, de l'Observatoire, me donne l'angle de route de Paris, à Chartres. Je prépare une provision de ballons en papier qui serviront à examiner la direction du vent. Je vais voir M. Steenackers qui me confie des dépêches, me donne toutes les lettres de recommandations, de réquisitions, propres à faciliter le départ, et le 19 à six heures du soir, je me mets en route. Je passe une partie de ma nuit en chemin de fer, avec une dame à laquelle j'avais été présenté par un de ses parents. C'est la sœur de M. Etienne Arago; toute vêtue de noir, elle était en larmes et manifestait le plus grand chagrin. Son jeune frère qu'elle chérissait, venait d'être tué au champ d'honneur à la bataille d'Orléans. Sa douleur me déchirait le cœur. La nuit était noire et le vent soufflait avec rage.

— Pourvu qu'il n'y ait pas de ballon en l'air par cet ouragan, disait ma compagne. Pauvres jeunes gens, que d'existences sacrifiées pour cette guerre maudite... et les sanglots étouffaient ses paroles.

Le jeudi 20 octobre, je suis à Chartres; Revilliod vient à ma rencontre. L'Observatoire s'est montré prophète. Le vent souffle du sud-ouest, Mangin gonfle de suite le ballon; malheureusement le vent continue à être très violent. Il a fallu se donner bien du mouvement pour obtenir douze cents mètres de gaz séance tenante, car les gazomètres, à Chartres, ne sont pas volumineux. La veille, le directeur de l'usine a déclaré que le gonflement était impossible, mais le préfet a pris notre parti avec beaucoup d'énergie, de patriotisme, et nous a tirés d'un grand embarras. Il fait venir le directeur de l'usine.

— Il faut absolument, lui dit-il, que vous fournissiez à ces messieurs 1 200 mètres cubes de gaz.

— Mais, monsieur le préfet, je n'ai que ce volume de gaz dans mes gazomètres, et c'est précisément ce que la ville va m'absorber pour l'éclairage de la nuit.

— Eh bien! vous n'éclairerez pas la ville, on ne vous fera aucun procès, je me charge de tout.

Voilà comment les becs de gaz, à Chartres, n'ont pas été allumés

LE « CÉLESTE » ET LE « JEAN-BART »

dans la nuit du 19 au 20 octobre. étaient noires four éteint, mais ne songeait à se on savait dans fallait se passer A midi, le bal- flé, mais le vent violence ex- commandant est récem- à Char- 1 200 nous a tren- matelots, qui ont peines du monde

Les rues comme un personne plaindre : quel but il de lumière. lon est gon- est d'une trême. Le Duval, qui ment arrivé tres avec marins, envoyé une taine de toutes les à maîtriser

Arrivée à Chartres de 1 200 marins...

l'aérostat. On nous dit en ville que les Prussiens ne sont pas loin, qu'il est temps de partir; d'ailleurs, depuis quelques jours, les événements sont accablants, désastreux; Orléans vient d'être pris par l'ennemi; Dreux a été envahi; Soissons a capitulé, et au moment où nous faisons les préparatifs du départ, Châteaudun est impitoyablement bombardé.

Mais sa résistance a été héroïque. Cette ville n'avait pour se défendre que 800 francs-tireurs parisiens et nantais, 300 gardes nationaux dunois. La division prussienne comptait 12 000 hommes et disposait de 24 pièces de canon. Châteaudun est bientôt couvert d'obus, mais des barricades s'élèvent dans la plupart des grandes rues; bientôt on se bat partout aux extrémités de la ville, et tout à l'heure ce sera au cœur même de la cité que se continuera jusqu'à la nuit la lutte acharnée.

Les traits de courage abondent pendant cette terrible journée. A la barricade de Saint-Aubin, un brave ouvrier plâtrier, nommé Alran, combat entouré de ses trois fils : l'un d'eux est tué à ses côtés, et lui-même est deux fois blessé. Une jeune fille, Léontine Proust, avec une vaillance rare, court au milieu des rues pour porter des munitions aux combattants, à travers le feu de l'ennemi.

Après la bataille, les Allemands livrèrent Châteaudun à un pillage monstrueux, incendiant les maisons au pétrole et allant jusqu'à brûler dans sa demeure un malheureux paralytique que venaient d'insulter des soldats ivres.

Les habitants de Châteaudun, après avoir été décimés et incendiés furent ruinés par des réquisitions. Mais leur exemple enflamma les courages, et le nom de la ville glorieuse est devenu pour l'histoire le synonyme de sacrifice à la patrie.

L'un de ses fils est tué à ses côtés... (P. 78.)

D'autre part des nouvelles réconfortantes venues de Paris ont affermi le courage de tous; on a foi dans le triomphe final; Gambetta vient de nous dire : « A Paris, le peuple, de jour en jour plus héroïque, prépare le salut de la France. »

Mais revenons à Chartres, où nous retrouvons notre ballon gonflé. A deux heures, les rafales s'élèvent puissantes et terribles; le ballon est tellement torturé, secoué, penché, que c'est un miracle s'il ne se crève pas. M. Revilliod est calme, plein de résolution; malgré la tempête, il va partir. Au moment où il se dispose à monter dans la nacelle, un officier nous aborde et nous remet une lettre du commandant. — « M. l'aéronaute est prévenu que s'il ne peut partir immédiatement, il doit brûler son ballon et ses dépêches, s'il veut les sauver des mains de l'ennemi. » Le commandant demeure à deux pas; nous courons chez lui. Nous le trouvons avec ses officiers.

Un grand feu flambe dans la cheminée, il y jette une quantité de lettres et de papiers.

— Messieurs, nous dit-il, j'ai ordre d'évacuer Chartres, qui ne sera pas défendu; si vous ne pouvez partir, brûlez tout, les Prussiens peuvent être ici dans un quart d'heure.

Nous revenons vers le ballon; les marins sont déjà partis, et les rues sont sillonnées de bataillons de mobiles qui se retirent. Par surcroît de malheur, le vent a été si violent qu'un accident irréparable est survenu. Le ballon, soulevé par la rafale, s'est heurté contre les arbres; les caoutchoucs de la soupape ont été enlevés, les clapets se sont ouverts, et l'aérostat se vide; Gabriel Mangin achève le dégonflement. On nous avertit que les Prussiens vont arriver. Nous nous demandons s'il n'est pas prudent de mettre immédiatement le feu à tout le matériel. Mais comment des aéronautes auraient-ils le courage de brûler leur navire? Nous préfé-

Des habitants croient déjà voir au loin la poussière soulevée par l'avant-garde ennemie...
(Page 83.)

rons cacher le ballon dans l'usine, derrière un gros tas de charbon. Le directeur nous avertit qu'il ne veut pas prendre la responsabilité de ce qui surviendra, mais brûler pour brûler, n'est-il pas préférable d'attendre au dernier moment.

Nous allons à la gare du chemin de fer.

— Tout est coupé nous dit-on, les trains ne partent plus.

Le bureau du télégraphe est désert. A la préfecture, nous apprenons que le préfet est parti. Aux portes de la ville, on nous dit partout que les Prussiens cernent Chartres, et les habitants croient déjà voir au loin sur les routes la poussière soulevée par l'avant-garde ennemie. Nous voilà pris comme dans une souricière, et en notre qualité d'aéronautes, nous ne tenons que médiocrement à faire connaissance avec les Allemands.

C'est ainsi que j'assiste à une première débâcle, bien loin de me douter alors que ce spectacle n'est que le prélude d'un drame épouvantable, dont nous allions voir les tableaux navrants se dérouler devant nous pendant des mois. Les boutiques se ferment, les habitants rentrent, Chartres est un désert. Derrière chaque porte, les cœurs palpitent, les femmes tremblent, et sans défense, sans moyens de secours, chacun attend avec anxiété.

Le jour est bientôt à son déclin ; il est certain que les Prussiens n'entreront ici que demain matin. Nous avons devant nous toute une nuit pour nous évader. Malgré l'avis du commandant nous voulons au moins sauver notre matériel, et nous courons la ville pour trouver une voiture à notre usage et une charrette pour le ballon. Mais le problème est bien plus difficile à résoudre que nous ne pouvions le croire. Un premier loueur nous répond avec beaucoup de flegme :

— Vous comprenez, messieurs, que ma voiture escortée d'un ballon pourra certainement quitter Chartres, mais je ne suis pas bien sûr qu'elle y rentre; je préfère la garder dans ma remise.

Le cocher qui entendait ces paroles ajoute avec vivacité :

— D'ailleurs ce n'est pas moi qui me chargerai de vous conduire, les Prussiens entourent la ville, nous serons pris !

Malgré nos instances, le loueur de remises est inflexible; il nous abandonne à notre sort.

Nous finissons par rencontrer un voiturier intelligent et courageux qui se charge de nous tirer d'affaire.

— J'ai un de mes amis, nous dit-il, qui arrive de Dreux, où les Prussiens ne sont plus. Je vous affirme que l'on peut passer sur la route de Dreux, à moins que les uhlans n'y aient paru depuis deux heures; mais le gros de l'armée ennemie est de l'autre côté de Chartres. Nous partirons à dix heures du soir, sans lumière, sans bruit, nous trouverons bien quelque bon chemin. Je connais le pays.

A dix heures, Chartres était désert; si vous aviez passé près de l'usine à gaz à ce moment, vous auriez vu sur la route un petit omnibus à quatre places, attelé d'un bon cheval. Vous auriez aperçu plus loin une charrette, sur laquelle une dizaine d'hommes chargeaient un gros ballot lourd et massif. C'était notre ballon. Une nuit obscure vient nous donner son aide. Nous filons au trot dans l'omnibus, un voiturier nous suit dans la charrette chargée de l'aérostat. Nous avons donné nos instructions au cocher.

— Si vous voyez des Prussiens, filez au grand galop; s'ils sont en petit nombre et s'ils veulent vous arrêter, nos revolvers feront leur service. Nous sommes quatre avec l'aide-aéronaute; nous avons vingt-quatre balles à notre disposition.

Le cocher est d'ailleurs un gaillard énergique en qui nous avons toute confiance.

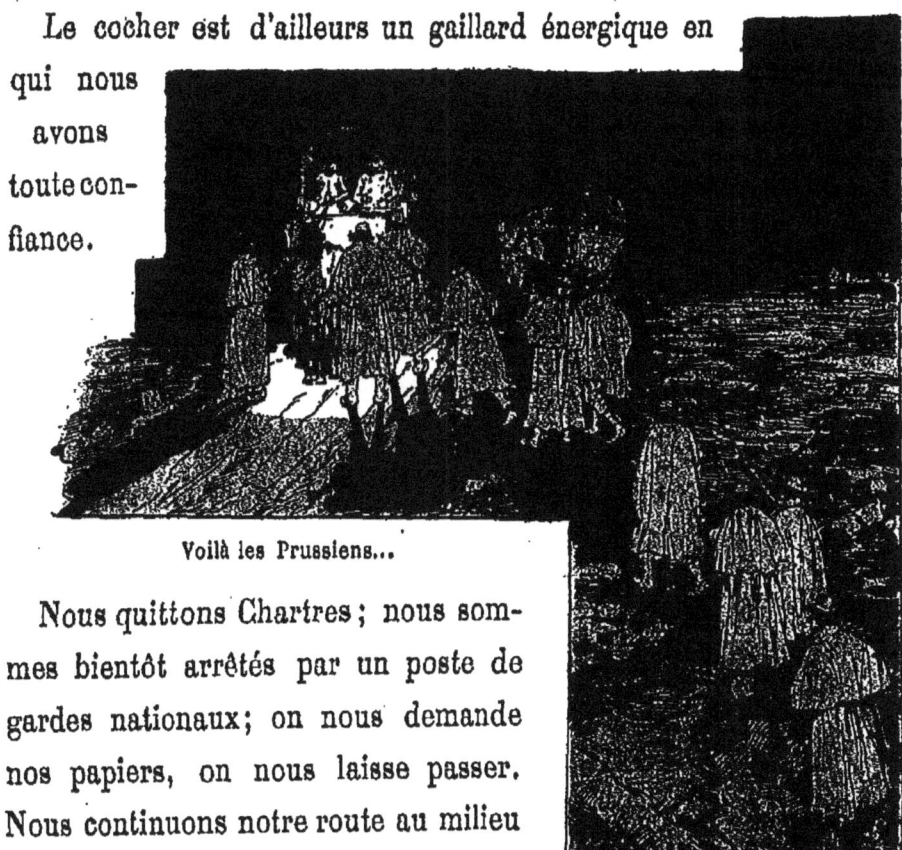

Voilà les Prussiens...

Nous quittons Chartres ; nous sommes bientôt arrêtés par un poste de gardes nationaux ; on nous demande nos papiers, on nous laisse passer. Nous continuons notre route au milieu de l'obscurité et, pendant une heure, le silence de la nuit n'est troublé que par le roulement de nos voitures. La fatigue nous fait fermer les yeux ; nous commençons à nous endormir, quand notre véhicule est arrêté brusquement.

— Voilà les Prussiens, s'écrie d'une voix étranglée notre aide-aéronaute.

Je me réveille en sursaut et j'aperçois une dizaine d'hommes couverts de grands manteaux blancs. Ils ont saisi notre cheval par la bride !...

Ces Prussiens étaient simplement de braves mobiles normands, qui nous prenaient eux-mêmes pour des ennemis, et se figuraient que nous emportions dans notre charrette les richesses de la ville de Chartres.

Nous rions bien de notre double méprise, et nous continuons gaiement notre chemin. A une heure du matin, nous arrivons à Dreux, nous traversons la ligne des avant-postes français sans que le moindre « qui vive » retentisse.

— Voilà, disons-nous, une ville bien gardée.

Nous arrivons, en effet, sur la place sans rencontrer un factionnaire. Un corps de garde s'offre à notre vue. Nous y entrons. Je montre au chef de poste nos papiers, les lettres de réquisition s'adressant à l'autorité militaire, je le prie de nous aider à trouver un asile. Les chevaux n'ont pas mangé, il leur faut une place dans une écurie.

— Dreux est bien encombré, nous dit-on, et je ne sais si vous aurez de bons lits, mais on vous donnera toujours bien un abri. Je vais vous mener à l'*Hôtel du Paradis*.

Nous frappons à la porte. Une vieille mégère arrive, de très mauvaise humeur. — Madame, dit très poliment l'officier qui nous sert de guide, ces messieurs ont des lettres de recommandation du gouvernement, ils sont chargés d'une mission importante, ils sont fatigués et désirent une chambre, une place à l'écurie pour leurs chevaux.

La patronne réplique très insolemment : — On ne vient pas chez les gens à deux heures du matin. Je n'ai pas de place. Et puis je ne connais pas ces hommes-là, dit-elle en nous montrant, je ne peux pas loger les premiers venus.

L'amabilité de la patronne du *Paradis* nous fait monter la moutarde au nez. Nous ne répliquons rien; l'officier, comme nous, est furieux; nous partons et nous revenons avec quatre hommes et un caporal. Nous frappons une seconde fois à la porte de l'hôtel, et toujours très poliment, nous disons à la patronne :

— Ouvrez vos portes, nous allons fouiller votre maison. Nous allons voir si la place manque.

La dame de l'*Hôtel du Paradis* est devenue muette sous l'effet d'une exaspération rentrée. Mais bientôt sa langue a retrouvé le mouvement.

— Monsieur, dit-elle à l'officier, c'est indigne; je préférerais recevoir les Prussiens que tous les mobiles comme vous qui nous maltraitent. Vous êtes étranger à Dreux; si vous étiez de la garde nationale, les choses se passeraient différemment.

On ne vient pas chez les gens à 2 heures du matin... (P. 86.)

— Vous traitez bien, madame, m'écriai-je, un officier français qui vient ici défendre votre ville, votre maison; je vous félicite de votre patriotisme.

Cependant, nous nous assurons que l'hôtel est plein ; mais il y a bel et bien des places à l'écurie, et nos chevaux y prennent le repos jusqu'au lendemain.

Je n'ai cité cette histoire que pour montrer comment certains Français comprenaient la guerre ; le fait malheureusement n'est pas isolé, et ce n'est pas sans raison que l'on a dit que bien des paysans, bien des habitants de province, préféraient ouvrir leurs bras à l'ennemi qu'à ceux qui combattaient pour la patrie. Nos soldats ont parfois trouvé un mauvais accueil, bien des officiers me l'ont affirmé ; il aurait fallu, dans ces cas-là, ne pas craindre de parler le revolver à la main ; on n'aurait pas dû avoir de pitié pour les faux Français qui, par un sentiment d'égoïsme inqualifiable, se refusaient d'apporter leur concours à l'œuvre de la défense nationale.

Revilliod, Mangin et moi, nous passons la nuit au poste où l'on nous a donné asile.

Le lendemain, nous faisons une visite au sous-préfet de Dreux. Il apprend avec désespoir que Chartres n'a pas résisté.

— Que voulez vous que je fasse, je n'ai que 8 000 mobiles à Dreux ? Chartres avait 12 000 soldats !

— Mais n'y a-t-il pas ici de l'artillerie, des canons ? On le dit en ville.

— Chut ! s'écrie le sous-préfet en me parlant bas à l'oreille. Nous avons deux canons, mais il n'y a de munitions que pour les charger sept fois chacun !

Deux jours après, nous étions revenus à Tours. Je retrouve mon frère qui a lui-même retrouvé son ballon. Chartres a été occupé le lendemain de notre départ. — C'est au Mans que vont maintenant

Un ballon plié dans sa nacelle a été ainsi enlevé sur une barque... (Page 94.)

commencer nos tentatives. Revilliod et Mangin seront des nôtres ; il y aura ainsi deux ballons prêts à partir ensemble quand le vent sera favorable.

Nous arrivons au Mans le 22 octobre dans la nuit, le ballon est débarqué à la gare.

— Surveillez-le bien, dis-je au sous-chef de gare. Nous viendrons le prendre demain matin de bien bonne heure.

A 6 heures du matin nous demandons le ballon. — Pas de ballon. Un employé maladroit l'a expédié à Tours croyant qu'il venait directement de Paris. Me voilà forcé d'aller à Tours avec Revilliod. Je commence à avoir une véritable indigestion des chemins de fer surchargés de trains qui font des courses de lenteur. Il a fallu 40 heures pour aller à Lyon. Nous mettrons cette fois 6 heures pour nous rendre à Tours. Chaque gare est encombrée de troupes, de francs-tireurs, c'est un remue-ménage inouï; à chaque station, on ajoute des wagons, et on attend une heure. Revilliod reprend son ballon le *George Sand* qu'il reporte au Mans.

Le 23, nous rejoignons notre collègue avec le *Jean-Bart*. Nous voilà dans le département de la Sarthe; c'est la patrie de Coutelle. le célèbre aérostier de la première République qui, du haut des airs, assista à la victoire de Fleurus. A une station, nous sommes croisés avec les voyageurs d'un nouveau ballon descendu récemment. L'un d'eux est un de mes amis d'enfance Gaston Prunières, que je n'avais pas vu depuis 12 ans ! Il m'a montré le *Journal Officiel* de Paris, où est insérée une dépêche que nous avons envoyée par pigeons, prévenant les Parisiens de donner aide et protection aux ballons qu'ils pourront apercevoir au-dessus de leurs têtes.

Les ballons-poste de Paris continuaient en effet à faire régulièrement leur service presque tous les deux ou trois jours. Le 27 octobre, nous devons signaler l'ascension du ballon *la Bretagne*, qui pour la première fois fut capturé par les Prussiens. Son aéronaute était M. Cuzon, qui avait avec lui dans sa nacelle trois passagers : MM. Wœrth, Manceau et Hudin.

Le 27 octobre a été un jour fatal à la France; car c'est alors que Metz capitula, et que l'armée cernant Bazaine put se rendre autour de Paris pour prendre une part active tant à l'investissement de la capitale qu'à la défaite des armées de secours. Au point de vue aéronautique, le résultat ne fut guère meilleur.

M. Manceau, l'un des passagers de *la Bretagne*, a raconté l'histoire de sa malheureuse ascension; nous la résumerons ici.

Au moment du départ, le vent poussait le ballon vers le nord-est.

Après être resté deux heures à planer dans une direction favorable, M. Cuzon eut envie de descendre. Malgré les protestations de M. Manceau, il donna deux coups de soupape, et le ballon ne tarda point à se rapprocher de la surface de la terre... terre inhospitalière s'il en fut; car les voyageurs aériens furent reçus par une vive mousqueterie. Ils étaient tombés au milieu de Prussiens qu'ils n'avaient pas vus, quoiqu'ils eussent huit yeux et des lunettes à bord! Comme on était près de terre, au-dessus d'une prairie, M. Wœrth s'élance de la nacelle, contrairement aux règles de la discipline et de la solidarité.

Il tombe au milieu des ennemis, auxquels il fait signe en agitant un mouchoir blanc au-dessus de sa tête. On lui fait grâce de la vie et on l'entraîne en prison.

Malgré ses pressantes réclamations, celles de sa famille et celles de son gouvernement, car il était sujet anglais, il fut retenu jusqu'à la fin de la guerre.

Le ballon, allégé du poids de ce déserteur, se redressa avec rapidité ; il aurait remonté à une grande hauteur si M. Cuzon n'avait donné de nouveaux coups de soupape. Le ballon ne tarda point à redescendre. Quand M. Cuzon et M. Hudin se voient à portée, ils se hâtent de sauter à terre, laissant dans la nacelle M. Manceau, qui est entraîné avec la rapidité d'une flèche dans la région des nuages. Il ne tarde point à pénétrer dans une zone où règne une pluie abondante. Il éprouve un froid intense ; le sang lui sort par les oreilles... Il a le sang-froid de tirer de toute sa force la corde, et il retombe avec rapidité. Bientôt il arrive à une prairie ; mais, entraîné par l'exemple, il saute. Il a mal calculé la hauteur : il tombe de dix mètres de haut et se casse la jambe. Le ballon rebondit et redescend ; il s'aplatit à quelque distance.

Le malheureux Manceau souffre horriblement, il patauge en plein marécage, au milieu des ténèbres, car la nuit est venue. Il se traîne péniblement moitié nageant, moitié à quatre pattes, vers un endroit où il aperçoit de la lumière... Ce sont des paysans, mais en le voyant sortir de l'obscurité, ces brutes veulent le mettre en pièces. Le curé du village arrive et le sauve. On le transporte dans une cabane ; on le couche ; on le soigne, et le curé commande une escouade de paysans, qui va à la recherche du ballon pour sauver les dépêches. La nuit même, le curé part chargé de ce précieux fardeau... et bien lui en prit, car pendant qu'il partait, un traître allait à Corny, au quartier général du prince Frédéric-Charles, prévenir de ce qui était arrivé à quelques kilomètres de Metz !

Le lendemain matin, des hommes du 4º uhlans viennent enlever

Manceau. Ces soldats l'obligent, à coups de crosse de fusil, à se traîner, malgré sa blessure. On le mène ainsi à Mayence, où il arrive dans un état affreux. Pour le guérir, on le jette dans un cachot où l'on oublie pendant deux jours de lui donner à manger. Puis on le fait paraître devant le général qui procède à son interrogatoire. Le malheureux était fusillé, s'il n'avait eu dans sa poche un contrat d'association prouvant qu'il était simple négociant.

Les Prussiens ont fini par s'humaniser ; on a donné à Manceau des éclisses pour guérir sa jambe cassée, et, au lieu de le garder en prison, on l'a interné dans la ville. De plus, M. de Bismarck a daigné faire prévenir Mme Manceau de la captivité de son mari, tombé vivant entre les mains des Prussiens et détenu dans la forteresse de Mayence.

Les Allemands n'ont en somme capturé que fort peu de ballons pendant le siège, car les habitants faisaient tous leurs efforts pour aider les aéronautes. Une fois le ballon dégonflé, le matériel aéronautique tout entier peut tenir dans la nacelle, et plus d'une fois l'esquif aérien a été soustrait à l'investigation prussienne. En Normandie, sur les bords de la Seine, un ballon plié dans sa nacelle a été ainsi enlevé sur une barque au moment même où les soldats prussiens le recherchaient dans le pays.

Le lendemain de notre arrivée au Mans, nous rendons visite au préfet, M. Georges Lechevalier, qui est un ancien camarade de collège de mon frère ; il nous accueille de la façon la plus obligeante, et nous prête le plus utile concours. Une fois nos dispositions prises pour le gonflement, il faut bon gré mal gré patienter, car le vent est défavorable : il souffle du nord, et il n'y a guère de chance de le voir tourner rapidement vers le sud-ouest.

Je ferai remarquer ici que le projet adopté à l'origine n'a pas été réalisé. Pendant notre séjour au Mans, le vent ne nous a pas favorisés. Mais il aurait dû y avoir un ballon à Amiens, à Rouen, et, à cette époque, ceux-là auraient pu plusieurs fois tenter le voyage dans d'excellentes circonstances.

Le dimanche 30 octobre, notre aérostat est gonflé sur les bords de la Sarthe. On exécute plusieurs ascensions captives pour sonder l'air.

Nous montons d'abord, Revilliod, mon frère et moi : nous nous élevons à 200 mètres d'altitude; et le panorama du Mans, au milieu des campagnes, forme un splendide tableau. Nous apercevons de toutes parts les habitants qui accourent pour assister à nos expériences. Le préfet, le commandant de place, ne tardent pas à se joindre à nos visiteurs.

Nous enlevons dans la nacelle quelques officiers, bien loin de soupçonner alors que, plus tard, nous devions nous retrouver à la même place, comme aérostiers militaires, sous les ordres du général Chanzy. Le temps est calme et le ballon plane, immobile, au-dessus de la Sarthe, où il se reflète comme dans un miroir. Une foule considérable assiste à nos ascensions captives et attend avec impatience le moment du départ. Mais le vent est toujours impitoyablement tourné au nord-ouest.

L'aérostat est confié à la garde d'un poste de zouaves pontificaux; ces braves soldats viennent d'arriver de Rome avec le général Charette. Ils forment un solide régiment dont tout le monde admire la vigueur et l'entrain.

Les journées se passent et le bon vent n'arrive pas. Toujours vent nord-ouest. M. Marié Davy nous télégraphie que les circonstances atmosphériques ne changeront probablement pas avant longtemps.

« Ah ! si nous étions à Rouen, nous pourrions partir et les courants aériens nous entraîneraient doucement sur Paris. » En faisant cette réflexion, il me prend l'idée d'imiter Mahomet, qui marche vers la montagne. Le vent ne veut pas venir nous trouver. Allons le chercher.

J'écris à Tours pour exposer la situation, et je reçois par dépêche une réponse m'annonçant que ma proposition est acceptée.

Revilliod et Mangin restent au Mans avec un ballon et nous voilà partis avec l'aérostat *le Jean-Bart*, qu'il faut traîner péniblement, de gare en gare, car le chemin de fer continue à fonctionner difficilement. Le train s'arrête toutes les dix minutes, et, passant par des voies détournées, il met vingt-quatre heures pour gagner le chef-lieu de la Seine-Inférieure.

Notre voiture est suivie dans la rue... (Page 101.)

CHAPITRE V

Première tentative de retour à Paris par ballon. — Préparatifs du voyage. — Le bon vent. — L'ascension. — Le bon chemin. — Le brouillard. — Le déjeuner en ballon. — Le vent a tourné. — En ballon captif.

Nous arrivons à Rouen, mon frère et moi, avec le ballon *le Jean-Bart*. Le préfet a été prévenu de nos projets ; il a eu l'obligeance de faire mettre à notre disposition un grand local où l'aérostat pourra être ventilé et verni à neuf. C'est la grande salle de bal du Château-Baubet, le Casino de l'endroit, qui se transforme ainsi en atelier aérostatique. L'inspecteur du télégraphe, M. Chantelous, nous reçoit avec la plus grande affabilité ; il nous envoie ses facteurs qui nous aident avec beaucoup de zèle dans l'opération de vernissage, vilaine besogne qui consiste à enduire l'aérostat d'huile de lin cuite, sur toute sa surface. Le ballon ventilé est gonflé à l'air, on pénètre dans son intérieur, afin d'examiner, par transparence, l'étoffe dans toute son étendue.

Chaque fois qu'un petit trou se montre, il est bouché avec une pièce : la plus petite piqûre est cachée sous une feuille de baudruche.

Pendant quelques jours, le vent n'est pas favorable ; il souffle plein nord et nord-est. La patience est devenue, de notre part, une ferme résolution. L'accueil que nous recevons à Rouen est des plus gracieux. Le temps se passe assez vite, malgré les nouvelles de la guerre, toujours désastreuses, qui accablent le pays. Nous avons appris au Mans l'infâme trahison de Bazaine, qui a soulevé dans toute la foule un cri d'horreur et de dégoût. Voilà que Dijon vient de succomber sous les coups d'une armée de 10 000 Badois. Quand s'arrêtera donc la série des malheurs qui frappent la France sans trêve, sans pitié? Parfois le découragement trouble notre esprit, mais ce n'est qu'une impression fugitive; non, la France ne peut pas tomber, Paris résiste, et l'ennemi sera écrasé sous ses murs. Voilà ce que nous disions tous au mois de novembre. Voilà ce que l'on répétait alors dans toute la France.

Quand nous avions quelques moments de loisir, nous les passions en compagnie de l'aimable directeur des télégraphes, M. Boutard, et d'un ingénieur d'un grand mérite, M. Raynaud, qui avait tenté sans succès le retour à Paris, à pied. C'était un homme d'élite et de grande énergie; son mérite devait plus tard, après la guerre, l'appeler à de hautes fonctions dans l'administration des télégraphes. Il fut assassiné par un misérable fou qui se disait persécuté.

Le vent a passé momentanément au nord-est. D'après les avis que nous recevons de l'Observatoire, le 6 novembre il faut ouvrir l'œil, le vent nord-ouest favorable pourrait bien régner d'une façon durable, d'un moment à l'autre. Pour être prêts à toute heure du jour et de la nuit, nous prenons la résolution de gonfler le *Jean-Bart*, afin qu'il puisse partir subitement, à l'instant voulu. Une foule considérable assiste au gonflement, qui s'opère dans d'excellentes conditions près de l'usine à gaz, avec le concours d'une vingtaine de mobiles. Voilà les lettres pour Paris qui recommencent à surgir de toutes parts. Il nous arrivait parfois pour rentrer, de prendre une voiture afin d'éviter les solliciteurs, mais on nous suivait encore, et nombre de braves gens couraient après nous en nous suppliant de prendre une lettre bien légère. A l'hôtel où nous demeurions, il y avait toujours à notre adresse un paquet de petites lettres, qui, quoique bien légères, finissaient par faire un ballot très lourd. Nous prenons des deux mains, bien heureux de faire des heureux, mais ayant toujours soin d'ajouter : « Votre lettre suivra notre destinée, il n'y a pas de garantie pour le succès. Nous essayons, voilà tout ! » Le directeur du bureau de la poste ajoute à ces paquets quatre sacs de lettres pesant 250 kilogrammes, ce qui met entre nos mains une centaine de mille lettres venant des quatre coins de France. Ah ! si nous pouvions les apporter à Paris. Que de bénédictions, que de marques de reconnaissance nous seraient données ! Comment songer sans émotion au succès d'une telle entreprise.

L'opération du gonflement est assez longue, car nos hommes d'équipe improvisés n'ont jamais touché un ballon. Il faut tout surveiller de près. J'ai été obligé de préparer le *cataplasme* aérostatique, formé de suif fondu et de farine de lin, et destiné à boucher les joints de la soupape ; en ma qualité de chimiste, j'ai parfaitement réussi cette petite cuisine. Nous descendons nous-mêmes les sacs de lest autour du filet ; l'aérostat encore frais verni est couvert d'huile, et nos vêtements ne tardent pas à être aussi luisants que notre aérostat.

Mon frère montre le ballon à un inventeur avec lequel nous avons dîné la veille, à l'*Hôtel d'Angleterre*. Il nous expliquait son système avec un enthousiasme fougueux.

— Je veux réunir, disait-il, un grand nombre de ballons, dans une charpente légère ayant forme de navire ; mon appareil, muni de mâts, de voilures, pourra louvoyer dans les airs ! En face de nous, un Anglais souriait. J'ai su depuis que c'était un des plus célèbres ingénieurs de la Grande-Bretagne. En voyant le *Jean-Bart*, la ténuité de l'étoffe aérostatique, en s'apercevant que l'appareil oscille si facilement sous le moindre souffle de l'air, l'inventeur a enfin ouvert les yeux. Il est guéri de sa folie. Je ne m'attendais pas à voir mon frère faire une cure aussi merveilleuse.

A cinq heures, le *Jean-Bart* est gonflé.

J'observe attentivement les nuages, leur direction, ma boussole et ma carte à la main. Connaissant l'angle de Rouen avec le méridien astronomique, et la déclinaison, je puis tracer sur le sol une ligne qui s'étend vers le centre de Paris. Nous partirons quand les nuages se dirigeront suivant cette ligne, quand nos petits ballons

Quand le vent Nord-Ouest soufflera-t-il ?

d'essai prendront bien cette direction. Les conditions atmosphériques ne permettent pas encore de lancer le ballon dans l'espace, Attendons le nord-ouest ; beaucoup d'habitants de Rouen qui suivent avec intérêt nos tentatives, regardent comme nous le ciel, les girouettes, et se demandent : « Quand le vent nord-ouest soufflera-t-il ? »

Les nouvelles que l'on apprend le soir au bureau du télégraphe ne sont pas très rassurantes. Les Prussiens sont à sept lieues de Rouen. Si notre départ est ajourné, il serait bien possible que les aéronautes soient éloignés de Rouen comme ils l'ont été de Chartres.

Le lendemain, 7 novembre, nous sommes réveillés en sursaut. C'est un ancien marin qui a surveillé le gonflement et qui entre précipitamment dans notre chambre.

— Messieurs, dit-il tout ému, je crois que le vent souffle vers Paris ; voyez donc si je ne me trompe pas !

D'un bond je me précipite sur le balcon de l'hôtel où nous logeons. Les nuages se reflètent dans la Seine qui s'étend sous mes yeux ; ils se dirigent bien, en effet, vers le sud-est, mais il est de toute nécessité de confirmer cette observation en lançant des ballons d'essai.

Nous courons à l'usine à gaz. Un petit ballon de caoutchouc est gonflé, lancé dans l'espace, le vent de terre le jette d'abord au-dessus de nos têtes, mais le courant supérieur lui fait décrire dans le ciel une ligne parallèle à celle que j'ai tracée sur le sol et qui donne la route de Paris. Nos cœurs bondissent de joie, d'émotion, d'espérance.

L'inspecteur du télégraphe est prévenu à la hâte, il annonce à

Tours notre départ ; une heure après on remet entre nos mains la dernière instruction du gouvernement[1].

Le directeur de la poste ne tarde pas à accourir avec un nouveau sac de lettres importantes. Nous rentrons précipitamment à l'hôtel prendre nos paquets : notre voiture est suivie dans la rue par une foule considérable, et grand nombre de Rouennais nous mettent dans la main leurs dernières lettres pour Paris.

A onze heures, mon frère et moi nous montons dans la nacelle. Le vent n'a pas varié depuis le matin. Nos sacs de dépêches sont attachés au bordage extérieur. Notre malle, nos couvertures pendent au cercle du ballon. Une foule si compacte entoure l'aérostat que nous procédons avec peine à l'équilibrage. On jette à même dans la nacelle les dernières lettres. Une vieille dévote remet à mon frère une médaille bénite et une prière qui, dit-elle, nous porteront bonheur.

Un monsieur très bien mis me donne un papier plié que j'ouvre. C'est le prospectus d'un magasin de confection rouennais. Cette plaisanterie de mauvais goût me fait fâcher tout rouge et met fin à la pluie de missives. On fait reculer la foule. Les mains qui retiennent la nacelle se soulèvent sous nos ordres, bientôt le ballon s'élève avec majesté au milieu des cris d'enthousiasme d'une population enthousiasmée.

Le public suit de terre notre direction, et trois quarts d'heure après l'ascension, le gouvernement recevait à Tours le télégramme suivant qu'il publiait le lendemain dans son *Journal officiel :*

---

[1] Voici la dépêche qui nous a été remise au moment du départ : « Extrême urgence, Rouen de Tours — Directeur général à inspecteur Rouen — Dites à Tissandier de partir et de dire à Paris, à nos amis, que nous sommes prêts à mourir tous pour sauver l'honneur du pays. »

« Rouen, 7 novembre 1870, midi.

« Inspecteur Rouen à directeur général Télégraphes à Tours. — Le ballon *le
« Jean-Bart* monté par MM. Tissandier frères, est parti à 11 heures et demie
« se dirigeant sur Paris, au milieu des acclamations.

« Vent favorable. Temps brumeux, ils font bonne route. Ces messieurs
« emportent lettres, paquets et dépêches. »

La ville de Rouen est vraiment admirable vue de notre observatoire aérien... (P. 106.)

Le ballon *le Jean-Bart*, après avoir quitté terre, passe au-dessus des gazomètres de l'usine ; il bondit mollement au-dessus des nuages, en traçant dans l'espace une courbe gracieuse ; puis il s'arrête un instant, immobile, hésitant, comme l'oiseau qui cherche sa route. Il tourne sur son axe, oscille lentement et s'abandonne enfin au courant aérien qui l'entraîne.

Nous sommes à 1 200 mètres d'altitude : la ville de Rouen est vraiment admirable, vue du haut de notre observatoire flottant. A nos pieds, l'île Lacroix d'où nous venons de quitter la terre, se baigne dans l'onde azurée de la Seine. Plus loin, le fleuve traverse la ville, comme un ruban jeté au hasard au milieu des maisonnettes d'une boîte de jouets de Nuremberg. Un soleil d'automne colore de tons vigoureux ce délicieux tableau qu'encadre un cercle de brume ; l'air est semi-transparent, mais le coloris de la scène terrestre, pour être moins vif, moins éclatant qu'au milieu de l'été, n'en est pas moins pur et moins beau.

La plaine où le ballon s'est gonflé tout à l'heure, est littéralement cachée sous les têtes humaines, qui toutes sont dirigées vers nous. Les hommes lèvent les bras vers le ciel, les femmes agitent leurs mouchoirs. Les vœux de tous nous accompagnent. Comment ne pas être profondément ému de ces marques de sympathie qui sont envoyées de si loin !

Cependant le *Jean-Bart* domine bientôt le sommet d'une falaise dont le pied est arrosé par les eaux de la Seine. Au même moment, mon frère fait une observation qui devient une révélation sans prix ! Le ballon plane juste au-dessus de la chapelle de Notre-Dame de Bon-Secours, qui, droite comme un I, est perchée sur le rocher..., et cette chapelle, — nous l'avons remarqué à terre, — est précisément située sur la ligne qui conduit de notre point de départ à Rouen au centre de Paris.

Mon émotion est si vive, ma joie si grande, que j'en ai la respiration momentanément arrêtée. Quant à mon frère, il regarde, ébahi comme moi, le clocher dont la pointe aiguë apparaît, comme le merveilleux jalon placé sur le bord de la route. Tous deux immobiles, silencieux, suspendus dans l'immensité céleste, nous avons la même pensée ; la même espérance fait battre nos cœurs. Notre imagination nous ouvre, dans le lointain, l'imposant tableau de la capitale assiégée et le spectacle de nos amis qui nous accueillent ; elle fait tomber à nos yeux la muraille de brume, immense toile de fond qui nous cache l'horizon.

Derrière ce rideau de vapeurs se dressent l'enceinte des forts hérissés de canons, la ligne des bastions de Paris couverte de combattants ; c'est comme une apparition féerique qui surgirait au milieu des nuages... Là-bas sont nos frères, prêts à mourir pour la patrie ; ils nous aperçoivent dans le ciel ; ils tendent les bras avec attendrissement vers la nacelle aérienne qui leur apporte la consolation avec l'espérance, comme la colombe au rameau béni !

. . . .

Il est midi. Le soleil est au zénith. Il y a bientôt une heure que le *Jean-Bart* plane au-dessus des nuages, nous n'avons pas encore perdu de vue la ville de Rouen. Nous marchons dans le bon chemin, mais avec une lenteur désespérante ! Le ciel au lieu de s'éclaircir, se couvre partout d'une brume épaisse qui paraît s'abaisser lentement vers la terre, comme un immense couvercle de vapeurs. Mon frère observe attentivement la carte et la boussole pour trouver notre route au milieu des détours de la Seine.

Je ne quitte pas de vue mon baromètre, dont l'aiguille tourne rapidement autour de son cadran. La descente est rapide, le *Jean-Bart*, au milieu de la brume, s'est couvert d'humidité qui charge ses épaules. Je vide par-dessus bord un demi-sac de lest, nous remontons bientôt à deux mille mètres de haut.

Le ballon est plongé au milieu d'un brouillard foncé, si épais qu'il disparaît à nos yeux. Il ne faut pas songer non plus à distinguer la terre noyée sous une brume opaque ; impossible de suivre de l'œil les contours de la Seine, précieux points de repère échelonnés sur notre route. Nous laissons l'aérostat descendre bientôt pour chercher à revoir le sol ; mais le brouillard est compact dans toute l'épaisseur de l'atmosphère.

— Il faut, dis-je à mon frère, attendre patiemment. Dans une heure, nous nous rapprocherons de terre pour reconnaître le pays.

Le lest est semé sur notre route pour maintenir le ballon à une altitude de 1 800 mètres. Ce n'est plus dans l'air que nous nous trouvons, c'est au milieu d'une véritable étuve de vapeur. Il n'y a plus rien à voir, rien à faire qu'à attendre... et à espérer. Car notre marche initiale a été si favorable, que nous ne doutons pas encore du succès. Nous causons de nos projets, nous nous répétons ce que nous ferons à Paris, ce que nous dirons ; nous allons même jusqu'à penser à un nouveau départ aérien de la gare du Nord ou de la gare d'Orléans. Et cependant nous connaissons la *peau de l'ours* de la fable ! Mais on oublie trop souvent dans la vie les préceptes du bonhomme La Fontaine.

Le ballon est équilibré à 2 300 mètres d'altitude. Nous réparons le désordre de notre nacelle, le guide-rope est largué, les sacs de dépêches et les sacs de lest sont soigneusement rangés ; l'appétit ne nous fait pas défaut malgré nos émotions : le déjeuner nous attend. Un morceau de poulet et un bon verre d'un vin de Sauterne qui nous a été donné par un ami, voilà notre repas. Le couvert est simple, il se compose d'un journal étalé sur nos genoux, où le repas est servi. Nous mangeons, ma foi, très gaiement, au-dessus des nuages, oubliant notre navigation dans les hautes régions de l'atmosphère, oubliant presque par moments au milieu des nuages, et les Prussiens et les malheurs de la Patrie.

Quelle sensation bizarre et charmante tout à la fois, que celle de planer dans les airs, au milieu d'un brouillard épais! La nacelle paraît immobile, et quand on ne remue pas soi-même, pas la moindre trépidation ne vous dérange. C'est le sentiment du calme absolu, inconnu sur la terre, même dans le désert, où le vent frôle le sable et produit un bruissement monotone.

Ici le silence complet règne dans ces régions aériennes; pas un être vivant ne trouble la sérénité de ces plaines vaporeuses que l'on sillonne, mollement bercé par l'air.

Que ne pouvons-nous fixer là notre demeure, oubliant les misères terrestres, la guerre et ses calamités.

Je regarde ma montre, et je m'aperçois que le temps s'est écoulé vite; il est bientôt deux heures. Il y a une heure que nous voguons dans le brouillard, dans une véritable étuve.

Se trouver pendant cinquante ou soixante minutes dans un bain de vapeur épais et compact, n'offre rien de bien émouvant. Si l'on a entre les mains un baromètre qui vous rappelle que dans votre bain de vapeur, vous êtes à 2 000 mètres au-dessus de la terre, si l'on se souvient qu'un ballon presque caché dans la brume est suspendu au-dessus de votre tête, on n'a certes pas encore lieu d'être inquiet, quand on a quelque peu l'habitude des voyages aériens.

Mais où l'impression peut changer, c'est quand on vient à se rappeler que l'on a quitté une ville, où les Prussiens allaient bientôt entrer, c'est quand on se demande si dans le fond de son bain de vapeur on ne trouvera pas des fusils ennemis, l'emprisonnement et peut-être l'horrible mort d'un espion, car on nous a dit que les Allemands considéraient comme tels les aéronautes du siège de Paris. Si ce n'est la crainte qui vous agite, c'est au moins une curiosité bien légitime qui vous pousse à jeter les yeux sur le plancher du commun des mortels.

Aussi, quand, après trois heures de voyage, le *Jean-Bart* descendit vers la terre qu'il avait complètement abandonnée pendant une grande heure, le lecteur ne s'étonnera pas quand il apprendra que les deux voyageurs dont il suit les péripéties se sont dit mutuellement :

— Si nous laissions revenir l'aérostat en vue du sol ? Nous ne serions pas fâchés de voir où nous sommes.

Notre ballon descend lentement dans l'atmosphère, il traverse le manteau de brouillard qui s'étend sur la campagne ; nous apercevons la terre. Une inspection rapide nous fait connaître sur les replis de la Seine les hauteurs des Andelys. Le *Jean-Bart* a plané sans presque avancer ; il n'a guère marché plus vite qu'une mauvaise charrette. Mais la lenteur de notre course n'est pas notre seule remarque ; le vent a changé de direction, car nous avons laissé la Seine déjà bien loin sur la gauche, et c'est toujours à notre droite que nous aurions dû l'apercevoir, si nous avions continué à nous diriger vers Paris. C'est ainsi que, tout à coup, nos beaux rêves s'envolent en fumée !

— A quoi bon continuer le voyage ? disons-nous ; en passant la nuit en ballon, nous serons jetés vers le sud, sur Orléans peut-être ! Là n'est pas notre but. Revenons à terre, peut-être un second essai sera-t-il couronné par le succès. Ce n'est que partie remise.

Un coup de soupape nous jette à cent mètres au-dessus des champs ; notre guide-rope touche terre ; une foule de paysans accourent de toutes parts. Le vent est si faible, l'air si calme qu'ils rattrapent la nacelle en courant. Les voilà qui touchent notre câble traînant.

— Tirez la corde ! leur crions-nous.

Une centaine de bras vigoureux font descendre le *Jean-Bart* lentement, sans secousse, sans que nous ayons eu la peine de jeter notre ancre. Jamais meilleure descente n'est venue seconder nos efforts ; mais combien n'aurions-nous pas préféré un traînage, au milieu de la tempête, pourvu qu'il ait eu lieu sous les murs de Paris.

Des centaines de spectateurs nous entourent, une nuée de mobiles arrive, car la nacelle a touché terre au milieu des avant-postes français. A quelques milliers de mètres plus loin nous tombions chez les Prussiens ! Nous demandons où nous sommes.

— A Pose, nous dit-on.

— Y a-t-il près d'ici une usine à gaz où

« Tirez la corde ! » leur crions-nous... (P. 111.)

notre aérostat qui a perdu du gaz dans le trajet, puisse s'arrondir ?

Un chef d'usine des environs, M. L..., met gracieusement à notre disposition sa maison pour nous recevoir, son gazomètre pour nous fournir une centaine de mètres cubes de gaz. — Mais pour aller jusque chez lui, il faut traverser une ligne de chemin de fer, un fil télégraphique et passer la Seine ! C'est bien difficile de faire arriver jusque-là un ballon captif d'aussi grand volume que le nôtre. Toutefois nous voulons essayer quand même.

Je harangue la foule et lui demande son aide. Mille hourrahs répondent à ma proposition. Je descends de la nacelle une corde de 50 mètres, pendant que mon frère en attache une autre au cercle. Nous attelons une cinquantaine d'hommes à chaque câble et le ballon captif s'élève à 30 mètres de haut. Après nous être renseignés sur l'itinéraire à suivre, on nous traîne dans la nacelle jusqu'au petit village de Pose, où le maire reçoit les voyageurs tombés des nues. — Nous voici arrivés sur les rives de la Seine, où de vieux bateliers se concertent pour le passage de l'aérostat sur l'autre rive. Le temps est calme, et malgré la largeur du fleuve, le ballon est attaché par deux cordes à un bachot solide, où huit rameurs prennent place. Ils se lancent au large ; c'est merveille de nous voir dans notre panier d'osier à 30 mètres au-dessus du courant rapide, remorqués par les solides biceps de nos mariniers, qui font parvenir le *Jean-Bart* sur l'autre rive, après un travail pénible et plein de danger pour eux. Car la moindre brise eût soulevé le ballon et fait chavirer l'embarcation ! Mais ces braves gens sont si heureux de nous venir en aide, qu'ils ne veulent pas connaître d'obstacles.

Nous continuons notre route jusqu'à la voie du chemin de fer où les fils télégraphiques se dressent, comme ces dragons des *Mille et une Nuits* qui crient au voyageur téméraire : « Tu n'iras pas plus loin ! » Comment en effet faire passer un ballon captif retenu par des câbles à travers des fils tendus à quelques mètres du sol ? — Cet obstacle est surmonté. Suspendus à une vingtaine de mètres, nous jetons au delà des fils une corde que saisissent nos conducteurs, tandis que l'on abandonne le câble qui est de l'autre côté des poteaux. Bientôt une petite rivière arrête encore notre marche, mais l'aérostat passe ce dernier Rubicon et arrive enfin à Romilly-sur-Andelle. Notre ballon est attaché à des masses de fonte pesantes, nous le clouons au sol, où des gardes nationaux le surveillent. Il passe la nuit dans la prairie, tandis que nous jouissons des douceurs de la plus charmante hospitalité que puissent recevoir des voyageurs tombés du ciel.

Notre hôte, M. L..., est un lamineur en cuivre, grand industriel de la localité ; nous dînons avec sa nombreuse et charmante famille, fils, filles, gendres et petits-enfants ; tandis que notre ballon reste à l'état captif sur les bords de l'Andelle, nous visitons son usine fort intéressante. La garde nationale est bientôt convoquée pour veiller la nuit auprès de notre matériel aérostatique. Un grand nombre de paysans sont venus de tous les points de l'horizon, et si la malveillance n'est pas à craindre, on doit éviter les indiscrétions des curieux.

La plupart des braves gens qui nous entourent sont dans l'anxiété, car ils s'attendent d'un jour à l'autre à recevoir la visite de l'ennemi. Les Prussiens, d'après ce que nous confirment les habitants de Romilly, ne sont assurément pas loin ; il paraît toutefois que, pour le moment, leurs bataillons avant-coureurs sont tenus en respect aux Andelys par un fort détachement de mobiles.

Il nous fut donné de voir dans la localité un ancien employé des postes qui venait de séjourner à Versailles et qui nous communiqua des nouvelles très intéressantes qu'il y avait recueillies. Il avait assisté le 30 octobre à une revue à laquelle le roi Guillaume était présent. Sa Majesté prussienne était à cheval, et la landwehr de la garde défilait devant lui. Les troupes allemandes étaient admirablement équipées et dans un état excellent. Notre homme avait entendu dire qu'il y avait de grandes divergences au quartier général prussien sur le moyen le plus décisif pour vaincre la résistance prolongée de Paris. Les Allemands ne doutaient pas, paraît-il, du succès final de la guerre, mais ils commençaient à s'inquiéter de la prolongation imprévue de la résistance, après les premières défaites de l'armée du Rhin. Les officiers prussiens disaient parfois à Versailles que le génie militaire à Paris poussait toujours en avant les travaux de défense, et qu'ils tenaient des rapports des troupes placées aux premières lignes d'investissement, que, si les choses continuaient, ce seraient les Parisiens qui allaient assiéger les Allemands.

On conçoit combien de tels récits nous apportaient la joie et l'espérance. Il y avait assurément du vrai dans ce que nous venions d'entendre et, pendant les longs mois du siège de Paris, les Allemands n'ont pas toujours été sans inquiétude à Versailles.

CHAPITRE VI

Seconde tentative de retour à Paris. — Le coucher du soleil et le lever de la lune. — La Seine et les forêts. — Adieu Paris ! — Descente dans le fleuve. — Les pays normands.

Le lendemain, le *Jean-Bart* a reçu une petite ration de gaz qui lui a donné des ailes. Mon frère et moi nous observons avec attention l'atmosphère. Le vent de terre est du sud-est, mais nous croyons remarquer que des nuages très élevés se dirigent dans la direction de Paris. Nous sommes dans le feu de l'action ; comme les soldats au milieu des fumées de la poudre, nous voulons marcher en avant, décidés à tenter un nouveau voyage à de grandes hauteurs, sans nous soucier de la nuit qui tombe, ni des Prussiens qui nous entourent.

Cette fois, ce n'est plus la confiance qui anime notre esprit, car le courant inférieur est complètement défavorable ; mais il semble devoir nous pousser sur Rouen, où de toute façon il faut revenir. Dans le cas d'insuccès, ce trajet serait accepté comme un pis-aller favorable. Quand au courant supérieur, il est très élevé ; comment se dissimuler les difficultés à vaincre pour s'y maintenir, pendant un temps d'une longue durée ? Nous faisons la part du possible et du probable, comptant beaucoup sur ce je ne sais quoi, qui parfois vous vient en aide. Partons toujours, disons-nous, on avisera en l'air. *Audaces fortuna juvat!* ce qui veut dire, en style aérostatique, qu'il faut s'élever en ballon pour que le bon vent vous favorise.

A quatre heures trente, nous prenons les dispositions de départ. Nos valises bouclées à la hâte, sont attachées au cercle du filet, un dernier paquet de lettres qu'apporte le maire de Romilly est placé dans la nacelle. Nous montons dans notre esquif d'osier; il fait un temps magnifique, de grands nuages blancs se bercent dans l'air, l'heure du crépuscule va sonner, la nature est calme et majestueuse.

Le départ s'exécute dans les meilleures conditions, en présence d'une foule complètement étrangère aux manœuvres aérostatiques. Elle manifeste son étonnement par le silence et l'immobilité. Tous les spectateurs ont les yeux fixés sur l'aérostat; quand il quitte terre, les têtes qui se dressent, les bras se lèvent, les bouches sont béantes.

Je ne me rappelle pas avoir jamais fait d'ascension dans des circonstances si remarquables. Nous quittons lentement les prairies verdoyantes, les lignes de peupliers qui les encadrent. Une légère vapeur, opaline, diaphane, couvre ces richesses végétales, avant que le manteau de la nuit ne s'y étende. Une indicible fraîcheur, odorante, pénétrante, monte dans l'air comme la plus suave émanation, elle nous enveloppe jusqu'au moment où le *Jean-Bart* s'enfonce dans la zone des nuages; jamais je n'avais éprouvé cette volupté secrète du voyage aérien, ce vertige merveilleux de l'esprit qui s'abandonne à la nature.

On croirait, en se séparant du plancher terrestre, qu'on y laisse quelque chose de soi-même, la partie physique, matérielle : ce qu'on emporte avec soi, c'est l'idéal. Lisez Gœthe : le poète décrit, quelque part, l'impression qu'éprouve l'âme lorsqu'elle se sépare du corps au moment du trépas; il y a dans cette description poétique, imagée, écrite en un style puissant, quelque chose qui rappelle cet abandon des choses terrestres, dans la nacelle de l'aérostat.

Nous traversons comme la flèche le massif des nuages. Impression vraiment curieuse. Pendant ce passage rapide, c'est une buée légère qui vous entoure, une nébulosité semi-transparente. Puis au-dessus, c'est la lumière resplendissante, c'est le spectacle du soleil, qui lance ses rayons ardents sur les montagnes de vapeurs, Alpes célestes aux mamelons escarpés, arrondis. Sous les nuages, nous avons laissé la nature presque endormie, somnolente à l'heure du crépuscule. Au-dessus, nous la retrouvons éveillée, pleine de vie, ivre de lumière. Quels tons puissants dans ces rayons qui s'échappent du soleil au déclin, quand on les contemple à la hauteur de trente pyramides! Quels reflets magiques au milieu de ces vallées vaporeuses, aussi blanches que la neige des montagnes, aussi étincelantes que des paillettes adamantines!

Dans un de nos précédents voyages, nous avons pu montrer un spectacle analogue à un navigateur qui avait sondé tous les coins du globe; juché dans la nacelle, il admirait, muet d'étonnement.

— J'ai vu, nous disait-il, le soleil se coucher au milieu des glaciers polaires, se perdre dans la mer d'azur de la baie de San-Francisco, j'ai vu les grandes scènes que la nature dessine au cap Horn, j'ai fait le tour du monde, mais jamais pareille scène ne m'avait tant ému.

Qu'on ne nous accuse pas d'enthousiasme facile, ou d'exagération. Quand la nature se mêle de faire du beau dans ce monde aérien, elle enfante d'incomparables merveilles. Là-haut, il y a toute une révélation de couleurs et de lumières, qui défieront à jamais le pinceau des Michel-Ange futurs aussi bien que la plume des Victor Hugo de l'avenir.

Peu à peu le soleil s'abaisse à l'horizon. Quand il va se noyer dans la mer des nuages, il y jette ses derniers feux. L'immensité s'embrase, pour s'éteindre tout à coup.

Ces rayons ardents nous évitent de jeter du lest; mon frère retrace sur son album aérostatique, ce tableau céleste aussi fidèlement que le crayon peut le faire. Quant à moi, je surveille l'aiguille du baromètre. Le soleil nous aspire, nous appelle à lui, et de couches d'air en couches d'air, nous atteignons l'altitude de 3 200 mètres.

A 5 heures, l'obscurité est presque complète. Le froid ne tarde pas à se faire sentir; aussi l'aérostat, plus impressionnable que l'organisme humain, est brusquement saisi; son gaz se contracte, sa force ascensionnelle diminue. Il descend avec une grande rapidité, revient en vue de terre, où le vent le jette sur la Seine, qu'il traverse lentement à 500 mètres de haut. Bientôt nous planons au-dessus d'une campagne couverte d'arbres, comprise entre deux bras du fleuve. C'est la forêt de Rouvray, qui s'étend à nos pieds comme un immense tapis de verdure.

Le vent paraît avoir changé de direction, il nous dirige vers l'Océan. Ce n'est pas encore dans l'enceinte des forts de Paris que nous toucherons terre! Ayons le courage de faire contre fortune bon cœur, abandonnons nos belles espérances, comptant bien les retrouver plus tard.

Nous descendons si près de terre que nos guide-ropes, longs de 200 mètres, touchent le sommet des arbres et impriment de violentes secousses à notre nacelle. Nous entendons distinctement le frôlement des cordes contre les feuilles. Elles glissent dans les branches en imitant le murmure d'un ruisseau qui coule sur un lit de cailloux. Quelquefois un bruit sec se fait entendre; il est suivi d'un brusque soubresaut de l'aérostat; un de nos câbles s'est enroulé autour d'une branche qu'il a brisée comme un fétu de paille.

L'aspect de la forêt est celui d'un immense lit de mousse, car, vus d'en haut, les arbres perdent leur grandeur, on n'en aperçoit que les cimes. On serait presque tenté de sauter à pieds joints sur ce duvet qui repose la vue. Au milieu des bois, quelques lueurs paraissent comme des étoiles qui brilleraient en un ciel sombre. Ce sont des lampes que les paysans allument dans leur chaumière. Les braves gens se doutent-ils qu'un regard leur est lancé du ciel?

Nous ne voulons pas descendre au milieu de la forêt, dans la crainte de mettre en pièces le *Jean-Bart*. Quelques poignées de lest nous font remonter à un demi-kilomètre dans l'air; mais voilà qu'une circonstance inattendue va prolonger malgré nous notre voyage, en nous entraînant encore une fois dans les régions supérieures.

La lune vient de se lever au milieu de l'atmosphère. Elle dissipe les vapeurs suspendues dans l'air; enlève-t-elle aussi l'humidité fixée aux cordages, à l'étoffe du *Jean-Bart*? Nous le supposons, car nous remontons, lentement il est vrai, mais sans jeter la moindre parcelle de lest, à une hauteur de 2 400 mètres.

La scène qui s'offre à nos regards, pour avoir changé d'aspect, n'en est pas moins belle, moins saisissante. L'astre des nuits trône sous un dais d'argent, formé par une voûte de nuages étincelants. Jusqu'à perte de vue, ses rayons caressent la surface des vapeurs atmosphériques, les découpent comme en écailles irisées, et s'y reflètent sur le fond obscur des régions inférieures. Il fait ici un froid pénétrant, intense; nous nous couvrons de nos fourrures, mais nos pieds et nos mains sont littéralement gelés. L'action de l'abaissement de température se fait sentir d'autant plus qu'il y a plus longtemps que nous sommes immobiles, nous finissons par subir les épreuves d'un réel malaise. La lueur indécise de la lune lance sur notre aérostat de faibles rayons qui ne suffisent plus à éclairer notre baromètre. Nous distinguons à peine son aiguille d'acier. Navigateurs sans boussole, nous errons au hasard dans l'immensité de l'atmosphère.

A 9 heures, nous sommes revenus en vue de terre; c'est encore un bras de la Seine qui se déroule sous nos yeux, comme un serpent d'argent. A 400 mètres de haut, nous planons au-dessus du fleuve où l'ombre du ballon se découpe en une grande tache noire. Sur l'autre rive, nous apercevons encore un immense bouquet d'arbres, serrés et touffus, où pas une clairière ne se présente pour faciliter notre descente. C'est la forêt de Roumare.

La nuit est venue, il faut absolument songer à la descente; mais où trouverons-nous une plaine hospitalière pour jeter notre ancre? Voilà la Seine qui, plus loin, revient sur son cours, et, au delà, à perte de vue, une forêt, plus vaste encore que les précédentes, semble nous défier de ses cimes touffues et compactes. C'est la forêt de Mauny. — Quelle luxuriante campagne nous traversons du haut des airs, où l'eau et la végétation se disputent la nature! Quel pays riche et verdoyant! Mais quelle déplorable contrée pour le navigateur aérien, qui ne rencontre sous sa nacelle que récifs, écueils qui le menacent du naufrage.

Semant du lest sur notre route, nous maintenons le *Jean-Bart* à 300 mètres de haut. Nous épions une plaine, mais il n'y a sous nos pieds qu'un amoncellement d'arbres répandus à profusion sur toute la campagne. Le vent est calme; nous sillonnons l'espace avec une extrême lenteur.

A 9 heures 30 minutes, nous sommes en vue d'un nouveau bras de Seine que le ballon va traver-

Les rives de la Seine sont hérissées de hautes falaises... (P. 122.)

ser encore. L'espérance nous fait croire que sur l'autre versant, une terre propice à la descente viendra prêter son aide aux aéronautes. Mais nous tombons de Charybde en Scylla.

Le *Jean-Bart* s'avance en droite ligne vers le milieu de la forêt de Bretonne, qui s'étend jusqu'à la mer, où le vent nous dirige; et par surcroît de malheur, les rives de la Seine sont hérissées de hautes falaises qui nous menacent. Traverser successivement quatre bras de Seine, et trois forêts, sans apercevoir une espace vide, c'est comme une fatalité qui nous poursuit. Il n'y a peut-être pas d'autres points du globe où pareil voyage pourrait se faire. Nous sommes à 100 mètres de haut, le ballon peut être brisé contre les rochers, s'il ne gravit pas les hautes plages aériennes. Mais s'il remonte, le vent le lancera sur la forêt de Bretonne, et le poussera jusqu'à la mer où nous courrons grande chance de nous perdre. Tout en faisant ces observations peu rassurantes, le *Jean-Bart* arrive au-dessus de la Seine, en vue de Jumiège. En cet endroit le fleuve est d'une grande largeur, il s'étend comme un lac immense dont les rayons lunaires font le plus admirable miroir. Le moment de l'hésitation est passé, il faut prendre une résolution subite et décisive. Le vent va nous lancer sur la rive opposée, contre une falaise énorme ; en un instant nous nous pendons à la corde de la soupape, elle s'ouvre béante, fait entendre une musique étrange : c'est le gaz qui s'échappe. Nous rendons la main, les clapets se ferment, avec un bruit sonore qu'amplifie la rotondité de la sphère d'étoffe. Nous piquons une tête dans la Seine, mais, en aéronautes experts, nous avons calculé notre chute. Nos cordes tombent dans l'eau, y glissent, et notre nacelle s'arrête à 15 mètres au-dessus du fleuve. Sachant imiter le mouvement de l'oiseau qui se laisse tomber de haut, pour effleurer la surface liquide, le *Jean-Bart* a évité la noyade.

La falaise est un écran immense qui intercepte le vent, et l'air est si calme au-dessus de la Seine, que notre ballon reste complètement immobile à quelques mètres au-dessus du fleuve. Le courant frappe les cordes traînantes, y clapote avec un léger bruissement ;

la lune éclaire le globe aérien, qui, au milieu de ce tableau nocturne, offre un aspect merveilleux.

Nous entendons bientôt des clameurs sur le rivage. Une foule de mariniers sont venus, à l'approche de l'aérostat tombé des nues. Parmi les cris de tous, on distingue quelques voix féminines qui se détachent de ce concert humain, comme les flûtes aiguës d'un orchestre.

— Si ce sont des Prussiens, dit l'une d'elles, nous allons les tenir, ils ne nous échapperont pas !

— Tirez les cordes, répondons-nous en criant de toute la force de nos poumons. Amenez-les sur le rivage.

Sur ces entrefaites une barque montée par quatre ou cinq hommes vient de paraître à la surface de l'eau. L'un d'eux nous crie qu'il arrive à notre aide.

Bientôt en effet les rameurs nous ont rejoints au milieu du fleuve, ils saisissent un de nos câbles qu'ils amènent péniblement au rivage. On a toutes les peines du monde à se faire entendre au milieu des clameurs.

Si ce sont des Prussiens, nous allons les tenir...
(P. 123.)

— Silence, silence, crions-nous, écoutez-nous !...

Le bruit se calme en effet, et sur nos ordres, les mariniers que l'on distingue difficilement au milieu de la nuit, tirent notre corde, mais ils s'y pendent tous avec un enthousiasme qu'il est impossible de modérer. Ils s'y cramponnent si brusquement dans leur ardeur, qu'ils impriment au *Jean-Bart* de terribles secousses. Nos protestations sont vaines. Il faut nous contraindre à être secoués dans la nacelle comme des feuilles de salade qu'on égoutte dans un panier.

En quelques minutes la nacelle a quitté la Seine, nous sommes suspendus au-dessus des peupliers qui bordent le chemin de halage. Nous disons aux mariniers de conduire le ballon dans un espace libre d'arbres. Ils se mettent tous en marche aux cris du « *oh hisse !* » familier aux bateliers. Notre ancre est encore pendante et s'accroche à un peuplier, d'où il faut la déloger. C'est tout un travail. Mais nous tranchons ce nœud gordien comme l'aurait fait Alexandre lui-même. Nous faisons tirer les câbles de l'aérostat, par nos remorqueurs, de toute la force de leurs biceps. L'arbre cède et se casse, non sans une violente secousse de notre esquif. Mais en vrais *loups d'air*, il ne faut par regarder aux torgnioles.

On arrive enfin au village d'Heurtrauville, dont les maisons assises coquettement au pied d'une immense falaise, bordent le cours de la Seine. L'aérostat est ramené à terre sur la berge, les sacs de lest vides sont remplis de sable, on les entasse dans le panier d'osier, qu'ils rivent au sol. Nous mettons pied à terre.

Les femmes, qui nous prenaient pour des Prussiens, se sont vite détrompées en nous entendant parler le langage qui leur est familier. Mais elles se figurent maintenant que nous sommes envoyés par le gouvernement pour enlever *leurs hommes,* et les enrôler dans l'armée. Décidément ces braves Normandes voient dans l'aérostat un oiseau de mauvais augure. Il paraît que nos mines ne sont pas trop suspectes, car nos explications ne tardent pas à rassurer sur nos intentions la plus belle moitié du village d'Heurtrauville.

Voilà un groupe de paysans qui s'avance avec la gravité de présidents de cour. Ce sont des membres du conseil municipal précédés de M. le maire. Ils nous demandent nos papiers. Braves gens les Normands, mais un peu méfiants. L'un d'eux prend connaissance des pièces qui nous ont été données par le gouvernement, il les examine avec le sérieux d'un changeur qui flairerait un faux billet de banque.

— C'est bien, Messieurs, nous sommes à votre disposition.

Nous demandons un piquet de six gardes nationaux, pour être de faction pendant la nuit autour du ballon, pour empêcher les fumeurs d'y mettre le feu, et les curieux de s'en approcher.

M. le maire donne ses ordres au commandant de place. Il nous conduit ensuite au *Grand-Hôtel* de la localité. C'est une humble chaumière, un cabaret de village, très propret, fort bien tenu. La patronne nous fait les honneurs avec une bonne grâce, ma foi ! charmante. Elle nous offre sa chambre pour passer la nuit. De grand cœur nous la remercions, heureux de trouver un lit pour nous reposer de nos fatigues.

Nous dînons dans ce cabaret avec un appétit tout aérien. Mon frère et moi nous répondons aux questions des curieux, faisant l'un et l'autre de la propagande aérostatique.

— C'est égal, dit un vieux malin, quel fier toupet vous avez pour vous promener dans les nuages, avec une telle machine. Bonté divine ! il faut avoir envie de voir la lune pour monter si haut.

La conversation ne tarde pas à s'engager sur la guerre. La nouvelle de la levée des hommes mariés au-dessus de quarante ans, n'est pas reçue ici avec tout le patriotisme qu'on pourrait attendre. Cependant quelques hommes sont résolus, et dans leur langage un peu rude, font preuve d'énergie, de courage.

— Qu'ils y viennent donc ici, les Prussiens, avec nos falaises nous ne les craignons pas !

Mais ceux-là malheureusement sont rares, d'autres bien plus nombreux protestent contre cette ardeur belliqueuse.

— Il n'y a rien à faire, allez, mes enfants ! Les Prussiens sont plus malins que nous. S'ils viennent ici, pourvu que nous leur donnions à manger et à boire, ils ne nous feront pas de mal. A quoi bon faire brûler nos maisons, et nous faire étrangler ! Nous serons bien avancés après.

On a beau dire que ce langage est indigne, que l'Alsace, la Lorraine et d'autres provinces françaises comme la Normandie, sont envahies, qu'il faut secourir ses frères, ces raisonnements n'entrent pas dans la tête de certains paysans qui ne voient dans la France que leur toit, leur femme, leurs enfants et surtout la vente de leurs produits.

— Que diriez-vous, braves Normands, si votre pays dévasté était en proie aux brigandages de l'ennemi et que toute la France vous abandonne ?

— Eh ben ! Monsieur ! je ne suis pas assez savant pour répondre à vos beaux discours, mais si les Prussiens viennent chez moi, je leur offrirai un bon souper. Je ne connais que ça.

Après notre repas, un des plus anciens membres du conseil municipal nous invite à venir chez lui. Nous acceptons, et nous sommes contraints d'avaler un grand verre de cidre. — Nous n'avons pas la moindre soif, mais comment refuser de trinquer avec une des autorités du pays ? Notre hôte est un vieux finot, qui n'aime pas le gouvernement, mais il déteste surtout de tout cœur le maire d'Heurtrauville, le « maire de Gambetta » comme il l'appelle.

— Dans le pays, nous avions d'honnêtes gens pour nous diriger, c'est bien autre chose à présent. Not' maire, voyez-vous bien, messieurs, il ne vaut pas ça... Et le vieux faisait claquer l'ongle de son pouce contre ses dents, d'un air expressif.

Ne croyez pas qu'il y ait seulement des nuages et des clairs de lune à observer un ballon. — Le touriste aérien peut faire en route ample moisson d'observations philosophiques et sociales, car je ne sais par quel enchantement, partout où il passe, il est reçu comme un personnage. On l'accueille, on lui conte ses peines et ses joies, toutes les portes lui sont ouvertes, et s'il est *bon enfant*, les cœurs ne tardent pas à imiter les portes. Que ne ferait pas un Aroun-al-Raschild, s'il visitait ses provinces dans la nacelle d'un ballon ! Que de vérités apparaîtraient à ses yeux sous une forme saisissante ! Que d'abus à châtier, que de bienfaits à répandre il trouverait en route ! Pour ma part, toutes les fois que je suis descendu des plages aériennes, j'ai toujours pris plaisir à m'asseoir au seuil de Jacques Bonhomme. Lui ai-je appris grand'chose ? je l'ignore, mais il m'a souvent donné, le verre en main, de précieux sujets d'observation.

A 11 heures du soir, nous allons dire bonsoir à notre *Jean-Bart*. — Il est là, sur le bord de l'eau, et reluit au clair de lune. Quatre factionnaires, l'arme sur l'épaule, montent la garde. Ils ont de grandes houppelandes, et le bonnet de coton traditionnel, perché sur leurs têtes normandes, remplace le casque ou le képi. Je ne me permettrai jamais de railler la garde nationale d'Heurtrauville ; aussi je garde mon sérieux, tandis que j'aperçois mon frère, caché derrière une muraille comme un malfaiteur. Sans être vu, il fixe sur le papier l'image fidèle des quatre plus beaux bonnets de coton qu'on puisse rencontrer chez les défenseurs de la patrie.

A trois heures du matin, nous sommes réveillés en sursaut, le ballon en grande partie dégonflé fait voile sous l'effort du vent qui s'est levé. Il menace de se fendre contre un toit. — Un de nos factionnaires nous appelle à la hâte.

Le gaz s'est échappé par les fentes mal jointes de la soupape. Il est bien à regretter que l'on ait fabriqué à Paris des ballons munis d'appareils si grossiers. — Les clapets, une fois ouverts, ne se referment plus qu'imparfaitement, car ils ont fait tomber le lut grossier qui bouche les joints, souvent très distants, quand le bois a travaillé. Que n'a-t-on pas façonné d'autres soupapes, il aurait été si simple de perfectionner dans ses détails le navire aérien. Je sais bien que la hâte d'une construction faite à Paris dans des circonstances tout exceptionnelles, plaide les circonstances atténuantes. Mais notre ballon n'en a pas moins bel et bien perdu en quelques heures le gaz qui l'emplissait. Il était resté gonflé deux jours et deux nuits, quand on n'avait pas encore ouvert sa soupape.

Au lever du jour le *Jean-Bart* dégonflé, séparé de son filet, est plié dans la nacelle. Après renseignements, le plus sûr chemin pour retourner à Rouen avec un ballot de 500 kilogrammes est la Seine. Notre ballon plié dans sa nacelle est sur le bord de l'eau tout prêt à être embarqué. Nous prendrons un des bateaux à vapeur du touage qui passe à 11 heures.

Le *Jean-Bart* plié dans sa nacelle, est porté à bord d'un bateau... (Page 132.)

Les gardes nationaux, qui ont fait leur devoir, peuvent rentrer dans leurs foyers, je les remercie de leur aide obligeante. Mais voilà que l'un d'eux se détache du groupe et me demande un pourboire.
— Un pourboire, grand Dieu! on n'a donc pas lu nos lettres de

Cela vaut bien trente francs... (P. 132.)

réquisitions, la force armée doit nous prêter son aide. Paye-t-on le soldat sur le champ de bataille? Paye-t-on le factionnaire qui monte sa garde?

Bientôt le maire s'avance, je m'adresse à lui.

— Mon Dieu, me dit-il, ces braves gens ne sont pas habitués au service militaire, ils ont *travaillé* toute la nuit, ils sont dix : cela vaut bien trente francs.

— Toi, mon ami, pensai-je, tu veux faire de la popularité. Ma foi, soyons généreux. Je transige pour vingt francs que je donne aux gardes nationaux.

Je pensais bien que l'histoire en finirait là, malgré son étrangeté. Mais je comptais sans le vieux conseiller municipal qui avait assisté à cette scène. Il se chargea d'en faire jaser dans son Landerneau...

Huit jours après cette aventure, je recevais à Rouen un envoyé du conseil municipal d'Heurtrauville.

— Monsieur, me dit-il, le conseil municipal, après avoir entendu la réclamation d'un de ses membres, a blâmé très énergiquement la conduite du maire, qui vous a demandé un salaire pour quelques-uns de nos compatriotes. — Le conseil municipal n'a pas voulu qu'on puisse dire que des Français aient été payés pour un service qu'ils doivent gratuitement à l'Etat, il a décidé qu'on voterait les fonds nécessaires à votre remboursement. Voilà vingt francs que je vous apporte, avec toutes nos excuses.

A 10 heures du matin, le *Jean-Bart* plié dans sa nacelle, est porté à bord d'un bateau que le vapeur du touage va remorquer à Rouen. Le capitaine nous fait déjeuner à bord, et dans une cabine à peine grande comme une guérite, nous faisons la cuisine nous-mêmes. Mon frère confectionne une magnifique omelette aux oignons, je surveille la cuisson d'un lièvre. Le temps est très brumeux et très froid.

Bientôt le toueur passe, nous accroche à lui ; il siffle, il part. Pendant sept heures, nous voyageons au milieu de la Seine, admirant ses rivages vraiment grandioses, où de belles falaises, couvertes de verdure, encaissent le lit du fleuve, et c'est ainsi que nous revenons à Rouen.

Nous causons avec le capitaine du petit bateau à voile : c'est un homme énergique qui prend à cœur les malheurs du pays. Il nous raconte qu'il a lu dans les journaux le récit de la deuxième capture d'un ballon-messager dans le département d'Eure-et-Loir. Le fait était malheureusement vrai.

Nous avons su depuis qu'il s'agissait du ballon *le Galilée* ayant comme aéronaute le marin Husson, et comme passager M. Etienne Antonin, chargé d'une mission spéciale. *Le Galilée* était parti à 2 heures de l'après-midi le 4 novembre, emportant dans sa nacelle 420 kilogrammes de dépêches. Il descendit dans les environs de Chartres à 6 heures du soir. Les Prussiens se sont emparés de tout le matériel, de l'aéronaute et des dépêches; le passager, M. Etienne Antonin, réussit à s'échapper.

Le résultat de cette capture a été raconté longtemps après la guerre par le conseiller intime du roi de Prusse, Louis Schneider, dans son curieux ouvrage *l'Empereur Guillaume*. Ce Louis Schneider était le confident et le fidèle serviteur du souverain; il écrivait au jour le jour tout ce qu'il avait vu, tout ce qu'il avait entendu. Son récit ne comprend pas moins de trois volumes, d'un intérêt peu commun. Voici ce qu'il dit au sujet du ballon *le Galilée* :

« Il nous parvint une foule d'intéressants détails sur la situation de Paris par le ballon qui était passé le 4 novembre au-dessus de Versailles et qui tomba dans nos mains près de Chartres. Les correspondances furent dépouillées au quartier général de la 3ᵉ armée, et leur résumé forma une anthologie instructive. Elles n'indiquaient pas encore que la disette fût pressante, et malgré la chute de Metz, malgré la défaite si sensible du Bourget, qui auraient dû produire toutes deux une impression déprimante, la lutte à outrance et la certitude de la victoire finale ne cessaient d'être à l'ordre du jour.

« Les Parisiens savaient qu'il se formait sur la Loire, en Bretagne et en Normandie des corps destinés à tomber sur nos derrières et comptaient que le général Trochu ferait alors sa grande sortie avec 500 000 hommes. Toutes les lettres se plaignaient de la cherté de la vie (ainsi le beurre coûtait 45 francs la livre), mais elles ne trahissaient nul découragement.

« A propos de ces nouvelles, le roi fit cette remarque : « Ils ont bien raison ; le nœud de la question n'est pas actuellement devant Paris, mais sur la Loire. Il faut espérer que nos renforts arriveront à temps. Les Français ont toujours été habiles à s'organiser rapidement, et maintenant encore ils en donnent des preuves étonnantes. J'ai constamment répété qu'à la guerre il ne faut jamais mépriser son ennemi. »

Louis Schneider parle ailleurs des ballons du siège, et il nous dit qu'à Versailles toutes les fenêtres s'ouvraient quand il en passait un dans le ciel : « Qu'on pense ce qu'on voudra des Français, ajoute-t-il, il faut rendre justice à leur habileté pour ce qui concerne les moyens de communication. »

CHAPITRE SEPTIÈME

Rouen au mois de novembre 1870. — Histoire des tentatives de communications avec Paris assiégé. — Les courriers à pied. — La poste fluviale. — Les chiens facteurs. — La télégraphie électrique. — La défense en province. — La victoire de Coulmiers. — On nous appelle à l'armée de la Loire.

Nous retrouvons Rouen; nous n'y revenons pas à vrai dire sans quelque dépit, mais nous nous consolons en pensant que les deux voyages que nous venons de faire, n'ont pas été inutiles à notre entreprise. Ils nous ont montré l'aspect du pays que nous devons traverser pour rentrer à Paris, ils nous ont initié au louvoiement aérien, au transport terrestre du ballon captif. Pour réussir, il faudra sans doute renouveler fréquemment les ascensions jusqu'à ce que le Dieu des airs nous favorise, jusqu'à ce qu'il nous envoie un vent bien franc, bien rapide, nous poussant en droite ligne dans la direction de Paris.

Installés à Rouen dès le 11 novembre, nous y trouvons un excellent accueil. On nous félicite, on plaint nos malheurs. Les journaux que nous lisons, parlent de nos voyages. Mais ils ont commis une singulière balourdise. Ils ont fait descendre les *frères Tissandier* à Jumiège, en Belgique !

Il nous arrive souvent de passer quelques heures le soir avec

MM. Boulard et Raynaud, le directeur et l'inspecteur des télégraphes, auxquels nous racontons nos ascensions. M. Raynaud nous parle de son côté de tous les efforts qu'il ne cesse de faire pour communiquer avec la capitale investie. C'est une histoire curieuse et émouvante que celle des héros souvent obscurs qui ont été les acteurs de ces tentatives ingénieuses et hardies. Nous croyons intéressant, avant de poursuivre le récit de nos aventures, de la résumer ici.

Les ballons et les pigeons voyageurs fonctionnaient avec une grande régularité, mais les départs n'étaient point quotidiens; il y avait intérêt à multiplier le service de correspondance. On songea d'abord, malgré les insuccès du début du siège, à multiplier les tentatives des courriers à pied.

Le service des piétons porteurs de dépêches, en partant de Paris, a fonctionné pendant toute la durée de la guerre. Ce n'est ni le dévouement ni le courage qui firent défaut aux facteurs d'élite choisis dans l'administration des postes. Les essais furent multipliés, mais le nombre des réussites a été peu considérable, tant la surveillance des Allemands était active.

Nous avons dit précédemment que sur cinq piétons envoyés hors de Paris le 20 septembre, au début de l'investissement, un seul, arriva à franchir les lignes ennemies.

Sur 28 piétons envoyés le lendemain 21 septembre, un seul encore, le facteur Brare, put se rendre à Saint-Germain et y livrer à un fonctionnaire français ses dépêches pour Tours; Brare avait été momentanément gardé à vue par les soldats allemands qui n'avaient pas trouvé ses dépêches. Deux autres employés des postes furent faits prisonniers ce jour-là même; leurs dépêches furent prises, et ils durent rebrousser chemin vers Nanterre. Le facteur

L'obscur héros affronta la mort avec stoïcisme... (Page 140.)

Poulain, parti de Paris à la même époque, n'a jamais reparu.

Sept piétons envoyés le 22 et le 23 septembre furent faits prisonniers, mais, sur 4 hommes expédiés le 24, le nommé Gême réussit à franchir les lignes, à présenter ses dépêches à la mairie de Triel et à revenir le 25. Deux de ses camarades, moins heureux que lui, furent faits prisonniers.

Le 27, les mêmes facteurs, Brare et Gême, tentèrent une nouvelle percée et eurent le bonheur d'arriver à Triel et d'en revenir le 28; quatre autres piétons avaient renoncé à leur tentative.

Le 5 octobre, les facteurs Loyet et Chourrier rentrent avec 714 dépêches livrées à Triel le 30 septembre.

Brare n'hésite pas à entreprendre une nouvelle expédition le 4 octobre, et arrive à Tours après avoir été fait prisonnier et s'être évadé.

Dix-huit autres piétons font encore de vains efforts pour passer les lignes. Parmi les seize hommes envoyés dans le reste du mois, le nommé Ayrolles est fait prisonnier, jeté dans un cachot et fort mal traité ; deux autres sont gardés plusieurs jours par l'ennemi, puis mis en liberté.

Lorsqu'on réfléchit aux difficultés sans nombre qu'ont eu à affronter ces braves employés, aux périls auxquels ils se sont exposés sciemment, à l'ingéniosité des moyens employés par eux pour faire passer leurs missives, toute admiration est au-dessous de ce qui leur est dû.

Quelques-uns n'ont pas hésité à cacher des dépêches chiffrées sous l'épiderme incisé; d'autres ont imaginé de faire évider habilement des pièces de dix centimes, de manière à laisser la surface de la monnaie intacte; d'autres ont fait forer des clefs, à vis forcée pour y introduire les missives. L'artifice employé par les nègres indiens pour dissimuler les diamants volés dans les laveries, ne put être appliqué, les Allemands ne manquant jamais, assurait-on, d'administrer tout d'abord aux suspects une purge énergique.

Le facteur Brare est un de ceux qui ont réussi à passer avec le plus de succès les lignes prussiennes. Mais il fut victime de son dévouement, de son courage. Les Prussiens s'emparèrent de lui à l'île de Chatou; on trouva les dépêches qu'il avait sur lui. On l'interrogea sur sa mission; il refusa, non sans fierté, de répondre à l'ennemi. Quelques heures après, on annonça au courageux messager qu'il allait être fusillé comme espion. L'obscur héros affronta la mort avec stoïcisme.

Il laissait après lui, une femme et cinq enfants.

Il y eut en dehors de la poste, des tentatives qui furent couronnées de succès. M. François Oswald du *Gaulois*, quitta Paris à pied dans le courant d'octobre, et après avoir été menacé de la mort d'un espion, il parvint à s'échapper et à gagner Tours, où il publia le récit de ses aventures dramatiques. — M. Lucien Morel parvint aussi à quitter Paris à pied.

Il eut l'audace d'essayer d'y rentrer, en profitant d'une nuit de brume; sa tentative si hardie, si périlleuse le conduisit au but tant espéré. Il pénétra dans la ville assiégée. M. Morel, rentré à Paris, en ressortit encore par la voie des airs. Il partit en ballon le 15 décembre, mais le vent le poussa en Prusse, où il fut retenu prisonnier jusqu'à la fin de la guerre.

M. Steenackers, directeur des postes et des télégraphes à Tours, envoya de son côté vers Paris un grand nombre de courriers à pied. Toutes les ruses ont été imaginées. Les uns se déguisaient en marchands ambulants, les autres en paysans. Ils arrivaient à une première ligne d'occupation où ils étaient arrêtés et fouillés, puis on les contraignait de rétrograder.

L'inspection prussienne était pleine de péril. Malheur à celui qui laissait prendre sa dépêche, il courait le risque d'être fusillé comme espion.

Un facteur du télégraphe fait plusieurs fois prisonnier, et fouillé à nu, cachait la dépêche chiffrée dont il était porteur, dans une dent artificielle et creuse. Les Prussiens ne savaient pas dévoiler cette cachette ingénieuse, mais quelques journaux commirent l'indiscrétion de raconter le fait. Il fallut renoncer à la dent creuse.

Le 12 janvier, MM. Imbert, Roche, Perney, Fontaine et Leblanc entreprirent une expédition vraiment curieuse ; ils tentèrent de franchir les lignes ennemies en parcourant les galeries des carrières souterraines de la rive gauche. L'entreprise échoua.

Il en fut encore de même pour les plongeurs qui devaient revenir à Paris, en suivant le fond de la Seine dans des scaphandres.

Une autre tentative de communication par l'eau est digne d'être signalée.

Le 6 décembre, MM. Versoven, Delort et E. Robert s'étaient engagés à expédier par eau, au moyen de sphères dont ils étaient les inventeurs, les lettres ordinaires ou photo-micrographiques qui pourraient leur être confiées dans les départemements, pour être transmises à Paris. Il leur était accordé 1 fr. par lettre close, du poids de 4 grammes; 0 fr. 25 c. par dépêche-lettre photographique, et 0 fr. 05 c. par dépêche réponse aux cartes-poste. Les lettres ordinaires transportées par ces messieurs devaient être affranchies par timbres-poste, conformément au tarif en vigueur;

il était convenu que les dépêches officielles seraient transportées gratuitement.

Toutes les lettres devaient être concentrées au bureau de poste de Moulins (Allier). Le public, pour éviter les indiscrétions, n'aurait été informé que de l'adresse du départ, seule. MM. Delort et Robert partirent le 7 décembre par le ballon *le Denis Papin*.

Ils tentèrent de franchir les lignes ennemies en suivant les carrières souterraines... (P. 141.)

Une modification fut faite à cette convention par M. Steenackers, dans sa dépêche par pigeon du 25 décembre, c'est-à-dire dix-neuf jours après : elle portait l'affranchissement de la lettre à 1 fr. pour le poids maximum de 4 grammes ; la taxe à 0 fr. 40 par lettre déposée au bureau de Moulins, et à 0 fr 40 par lettre reçue au bureau de Paris.

Voici comment s'établissait ce transport fluvial qui à son origine avait naturellement été tenu secret ; des boules de zinc de 25 centimètres de diamètre extérieurement garnies d'ailettes étaient jetées dans la Seine ou dans ses affluents : là elles glissaient au fond des eaux roulées par le courant. Les lettres de province sont arrivées au nombre de huit cents, par la voie de Moulins, après l'armistice; mais pendant l'investissement, c'est-à-dire précisément pendant la période où elles étaient si fiévreusement attendues, et plus d'un mois durant, la pêche aux filets n'a rien produit.

Il est probable que les barrages ont arrêté le transport, si les boules ont été jetées avant l'armistice, ou que les Allemands n'ont laissé passer les sphères à hélices de MM. Versoven et Delort qu'à partir de la conclusion de l'armistice, toute surveillance ayant cessé dès lors.

Un autre système fort ingénieux avait été présenté également par M. Baylard, commis à l'Hôtel de Ville et expéditionnaire du Gouvernement. A une extrême économie, ce système joignait une grande simplicité et une grande facilité d'exécution. Au prix de quinze centimes on pouvait obtenir une centaine de petites boules de verre soufflées, creuses, terminées à la base par un petit orifice où s'introduisait la dépêche, et qu'on jetait ensuite dans l'eau. Ces boules d'un petit diamètre figuraient si merveilleusement les bulles d'air naturelles, qu'il devenait impossible de les distinguer quand on les remuait dans un bassin et qu'on cherchait à les saisir. Prenant, à cause de leur transparence le reflet même de l'eau dans laquelle elles plongent, mobiles et légères, glissant avec la plus grande facilité le long des roseaux, des tiges, des plantes et des bords de la rivière qui pouvaient leur servir d'obstacles, franchissant aisément, sans se rompre, les petits ressauts des barrages, échappant par leur petite dimension aux grosses mailles des filets prussiens et aux mains des pêcheurs ennemis, ces petites boules messagères étaient appelées à rendre de grands services à la défense pour le transport des dépêches micrographiques, M. Reboul emporta un grand nombre de ces globules en ballon et l'idée était en pleine voie d'exécution, lorsque les glaces vinrent empêcher le fonctionnement de cet ingénieux mode de transport.

Vers la même époque, M. le directeur des Postes écoutait les propositions de M. Delente qui, le 14 janvier, s'engageait à se rendre en province et à faire parvenir à Paris, à l'aide d'un bateau sous-marin dont il était l'inventeur, des correspondances privées ou autres.

Le ballon-poste *le Vaucanson* enleva M. Delente, muni d'un permis de parcours général sur tous les chemins de fer, et de lettres qui l'accréditaient auprès de la Délégation dans les départements, avec laquelle il avait à s'entendre pour les conditions de rémunération. L'investissement a pris fin avant que M. Delente ait réussi à faire arriver des lettres dans Paris.

On conçoit qu'ayant étudié tous les modes de communication possibles, on n'a pas négligé les ressources de la télégraphie électrique.

Dès l'origine du siège de Paris un câble électrique a été posé dans la basse Seine, mais la chute d'un pont le brisa quelques jours après. Toutes les tentatives faites pour l'utiliser furent vaines. On ne put relier les deux bouts de cette unique artère.

Quelque temps après cet irréparable accident, on fit un nouvel essai du même genre. Depuis longtemps un câble placé sur la route de Fontainebleau, se raccordait avec les fils aériens du chemin de fer. Il fallait pour utiliser ce fil électrique, faire une tranchée sur la route en avant de Juvisy, et souder un fil mince au câble.

La nuit il réparait les fils aériens.

M. Lemercier de Janvelle, chargé de cette mission périlleuse, partit dans le ballon *le Ferdinand Flocon*, le 4 novembre; mais sous les yeux de l'ennemi, il ne put accomplir la liaison des fils. Il la tenta cependant à trois reprises différentes, dans les circonstances les plus difficiles. M. de Janvelle, assisté de M. Forivon, capitaine des francs-tireurs, osa pénétrer jusqu'au milieu des lignes ennemies. La nuit, il réparait les fils aériens coupés par les Prussiens, en les unissant par de petits fils isolés, très minces, placés contre terre.

Quand on passait là, on voyait les poteaux brisés, les fils visiblement cassés. On ne soupçonnait pas qu'ils étaient réunis par des conducteurs presque invisibles. Mais il fallait pour réussir complètement recommencer l'œuvre de réparation sur d'autres points. Malgré leur audace, leur habileté, MM. de Janvelle et Forivon n'ont pu mener à bonne fin l'entreprise si ingénieuse qu'ils avaient si bien commencée.

L'administration des télégraphes a eu à signaler parmi ses employés des dévouements admirables. Il convient de citer ici l'héroïsme de Mlle Juliette Dodu qui, pour sa belle conduite, fut décorée de la Légion d'honneur, à l'âge de vingt-huit ans.

Mlle Juliette Dodu, originaire de l'île de la Réunion, était la fille d'un chirurgien de marine, et sœur de deux officiers de marine qui sont morts au service en mer.

Pendant la guerre, alors que se préparait la bataille de Coulmiers dont nous allons donner le récit un peu plus loin, et que l'armée de Frédéric-Charles se mettait en marche pour atteindre les environs d'Orléans et lutter contre la jeune armée de la Loire, Mlle Dodu, secondait sa mère, qui était directrice de la station télégraphique de Pithiviers. La jeune fille n'avait alors que vingt ans.

Les Allemands, arrivés à Pithiviers, s'empressèrent aussitôt de prendre possession du bureau télégraphique; ils enfermèrent dans leur appartement Mme Dodu et sa fille qui, toutes deux, furent gardées à vue. Or, dans une des chambres de l'appartement, passait le fil de la station. Mlle Dodu avait caché un appareil dans cette chambre; en attachant un fil qui arrivait aux appareils de transmission, elle pouvait facilement dérober aux Prussiens le secret de leurs dépêches et les faire connaître aux Français. C'était une manœuvre à se faire fusiller et Mlle Dodu ne l'ignorait pas.

Un jour, elle eut le bonheur de recueillir une dépêche télégraphique adressée au quartier général prussien, et qui avait une importance considérable. Cette dépêche donnait avis à l'état-major allemand que la brigade française du général Maurandy se trouvait à Gien ; elle indiquait les opérations nécessaires pour la faire envelopper par le 1er corps bavarois.

La courageuse jeune fille put aussitôt transmettre une copie de cette dépêche au sous-préfet de Gien. Celui-ci la fit traduire et en expédia plusieurs exemplaires au général français. Les Prussiens faisaient bonne garde, deux messagers furent tués, mais le troisième arriva, et le corps d'armée fut sauvé.

Mlle Dodu, dénoncée par une indigne servante qu'elle avait à son service, fut condamnée à mort ; elle allait être fusillée quand le prince Frédéric-Charles, ému de tant de courage chez une si jeune fille, voulut voir celle que l'on n'appelait plus parmi nous que l'*héroïne de Pithiviers*.

A l'exemple de Charles-Quint, il complimenta son ennemie sur sa bravoure, et lui fit grâce.

Quelques jours après, il lui faisait même proposer un poste important dans les lignes télégraphiques allemandes.

La jeune fille se contenta de regarder avec mépris le messager chargé d'une mission semblable et lui répondit :

— Dites au prince Frédéric-Charles que je suis Française.

En 1877, sept ans après seulement, Mlle Juliette Dodu fut décorée de la médaille militaire ; l'année suivante, elle reçut la croix de la Légion d'honneur, le 14 août 1878. La remise de sa croix lui fut faite au palais de l'Elysée par le colonel Robert représentant le maréchal de Mac-Mahon, alors président de la République.

La méthode qui avait été proposée par MM. de Janvelle et Forivon pour réparer d'une manière peu apparente les fils télégraphiques brisés! fut mise encore en pratique sur un grand nombre de points, mais les Allemands, très versés dans l'art de la télégraphie militaire, finirent par se douter de ces réparations, et ils avaient soin de faire visiter les lignes détruites afin de s'assurer qu'elles ne fonctionnaient point. Quand les lignes télégraphiques françaises étaient brisées, ils les faisaient parfois briser encore en d'autres points, ou enlevaient les fils sur une grande étendue du parcours. Il ne fallait donc pas songer à la possibilité de les remettre en état.

On essaya de tous les procédés imaginables pour communiquer avec Paris. Il serait injuste de ne pas mentionner le projet de M. Hurel, qui était parti de Paris en ballon avec cinq chiens destinés à revenir dans la capitale investie. Il avait emmené avec lui de gros chiens bouviers, de bonnes bêtes, à l'œil franc, à la figure intelligente. Ils étaient fort robustes, et ne se seraient pas embarrassés de dévorer un homme. Le propriétaire de ces animaux affirmait qu'ils sauraient rentrer dans la métropole d'où ils étaient sortis ; on leur aurait attaché quelques dépêches entre les deux cuirs d'un collier.

Les chiens ont été lancés, mais on ne les a jamais revus. L'expérience n'a pas été renouvelée, car peu de temps après le voyage de M. Hurel et de ses courriers à quatre pattes, l'armistice est venu mettre un terme au siège de Paris.

L'entreprise aurait-elle réussi une seconde fois ? Il est permis d'en douter. Certains chiens font de grands voyages, s'orientent, reviennent au logis, mais ils en sont partis pédestrement, ils ont examiné la route. En feraient-ils de même après un voyage en ballon ? Auraient-ils l'instinct des pigeons voyageurs ?

Notre retour à Rouen ne tarda pas à être signalé par des nouvelles moins tristes que celles qui avaient marqué notre arrivée.

Le soir, du 11 novembre, une dépêche du gouvernement est placardée à l'Hôtel de Ville. C'est la victoire de Coulmiers, la reprise

Il avait emmené avec lui de gros chiens bouviers... (P. 148.)

d'Orléans qui nous sont annoncées. L'enthousiasme est indescriptible. On a presque envie d'illuminer.

Il faut se reporter à cette époque, pour se rendre compte de la mobilité des esprits surexcités par les désastres, mais nous devons le dire, non découragés. On avait confiance en Gambetta qui avait ranimé l'ardeur, qui avait rendu la confiance. Les forteresses assiégées qui avaient été prises, étaient Strasbourg, Toul, Schelestadt et Wissembourg. On commençait à se relever de l'impression de la capitulation de Metz, sur laquelle les détails commençaient à être connus, et à remplir d'indignation tout ce qui n'était pas indigne de porter le nom de Français. Bazaine avait livré Metz à Frédéric-Charles ; il l'avait livré, avec 173 000 soldats, 3 maréchaux, 6 000 officiers, 500 pièces de campagne, 150 000 fusils, 13 000 chevaux, 5 forts armés de 643 pièces de canon, sans avoir ni rien détruit, ni rien brûlé. Jamais l'histoire n'avait enregistré un tel désastre; jamais non plus l'humanité n'avait pu concevoir un tel criminel. Et le prince Frédéric-Charles avait cru pouvoir dire dans son ordre du jour à son armée : « La puissance de la France est brisée à jamais. »

On avait la noble prétention de prouver au général prussien qu'il se trompait; Belfort était libre encore, et se défendait avec héroïsme. L'armée de la Loire, battue à Artenay et à Orléans, s'était reformée au fond de la Sologne, sous l'énergique direction de M. de Freycinet, le dévoué collaborateur de Gambetta.

La France, qui avait perdu la plupart de ses armées à Sedan et à Metz, s'était trouvée presque à la merci de l'ennemi, par le manque absolu d'armes et de munitions. Grâce à l'organisation improvisée à la hâte par le ministre de la guerre, on allait pouvoir envoyer aux armées nouvelles 1 400 pièces de canon. En trois mois, on se procura douze cent mille fusils. A Angoulême, on avait monté une fabrique de cartouches qui en produisait un million par jour.

L'armée de la Loire s'était formée en Sologne, où se trouvait le

15ᵉ corps sous le commandement du général d'Aurelles de Paladines ; elle fut complétée bientôt par le 16ᵉ corps, organisé à Blois et à Bourges sous les ordres du général Chanzy. D'Aurelles de Paladines fut bientôt nommé commandant en chef de l'armée de la Loire, et les jeunes troupes qui formaient son armée, équipées tant bien que mal, n'en étaient pas moins animées d'ardeur et du désir de lutter.

Dans les derniers jours d'octobre, la nouvelle armée de la Loire avait commencé à se porter en avant ; elle remporta sur les Prussiens quelques avantages qui eurent un excellent effet sur le moral des troupes, et le 9 novembre elle fut en état de combattre victorieusement à Coulmiers les 30 000 hommes de l'armée prussienne qui avaient pris Orléans. La bataille fut acharnée, mais le succès fut complet. A la fin de la journée, les Allemands battaient en retraite et nous leur avions fait deux mille prisonniers. Le soir même, les colonnes de notre armée triomphante arrivaient à Orléans. On les acclama comme des triomphateurs, on les couvrit de laurier, tandis que les Bavarois quittaient la ville.

La pauvre ville d'Orléans, accablée de réquisitions, rançonnée par les Prussiens, paraissait revivre, et la France semblait se redresser.

Ces brillantes nouvelles nous mettaient du baume dans le cœur. Aussi le jour suivant nous n'hésitâmes pas à célébrer notre joie, en passant notre soirée au théâtre de Rouen qui, le croirait-on, fonctionnait encore. Oui, le 12 novembre 1870, il nous fut donné d'entendre au théâtre des Variétés la *Case de l'oncle Tom*. Il convient d'ajouter qu'il n'y avait guère plus de vingt personnes dans la salle. Du reste le caractère français reprenait vite le dessus parmi nos amis et nous ; au milieu de nos aventures et de nos émotions, il nous arrivait parfois d'avoir l'occasion de nous divertir. Le soir où nous assistâmes à la représentation du théâtre, nous avions dîné à côté d'un vieux docteur qui avait une perruque de soie noire, et des touffes de coton dans les oreilles. Il nous raconta qu'il regrettait de ne pouvoir plus combattre pour la Patrie, mais qu'il se faisait un devoir de se dévouer comme médecin. Et il sortit de sa poche pour nous le montrer un journal imprimé à Sedan, son pays natal. Il y avait fait insérer l'annonce suivante :

Le docteur X***, pendant toute la durée de la guerre, accouchera GRATIS *les femmes de mobiles.*

Le dimanche 13, après avoir réparé les avaries du *Jean-Bart*, nous le reportons sur le lieu de gonflement. Quand le bon vent soufflera, nous l'emplirons de gaz immédiatement. Mais une dépêche de l'Observatoire nous annonce : que le temps n'est pas favorable, que le vent sud-ouest actuel, a chance de souffler longtemps !

En effet, le vent tourne au sud-ouest, violent et rapide. On parle ici d'un mouvement de l'armée de Bretagne commandée par M. de Kératry. Les jours suivants, nous avons une pluie battante avec vent sud-ouest. Notre *Jean-Bart*, malgré les bâches qui le couvrent, est inondé. Il faudra le ventiler et le revernir.

Le directeur du télégraphe nous offre de faire passer une lettre à Paris par un courrier à pied : c'est une bonne fortune. — Nous écrivons quelques lignes à notre frère aîné, qui doit être actuellement dans les bataillons de marche.

Nous voyons ce brave courrier, qui a déjà fait une tentative. Il avait pris l'aspect d'un marchand de légumes et voyageait avec une

Et ils entraient comme des triomphateurs... (Page 151.)

petite charrette traînée par un âne, mais à pied, il a échoué comme nous en ballon. Les Prussiens l'ont arrêté et l'ont fouillé, nu comme ver. Dans sa nouvelle tentative, la dépêche était cachée dans la semelle de ses souliers, qu'il avait choisis percés, car s'ils avaient été neufs, on n'aurait pas manqué de les lui prendre [1].

Nous nous disposions à revernir le *Jean-Bart*, mais les circonstances dont nous avons parlé précédemment, devaient nous faire abandonner nos projets qui n'ont nulle part été tentés par d'autres, à notre grand regret. Ils auraient sans doute conduit au résultat voulu, s'ils s'étaient renouvelés; mais, comme nous l'avons déjà dit, on nous a laissés seuls agir à Rouen, tandis qu'il aurait fallu placer des stations de départ tout autour de Paris.

Le service des ballons-poste est définitivement créé à Paris; depuis notre séjour à Rouen, quatorze ballons sont sortis la capitale. Les pigeons voyageurs rentrent à Paris; aujourd'hui le retour d'un ballon dans l'enceinte assiégée n'offre plus une si grande importance.

En outre, notre armée de la Loire, comme nous venons de le voir, est parvenue à chasser l'ennemi d'Orléans qu'il avait envahi. Toute la France frémit de joie, d'espérance. C'est sur les bords de la Loire que vont se porter les efforts de tous. On songe aux aéronautes, aux ballons captifs comme éclaireurs de nos armées. Le ministre de la guerre se rappelle Coutelle et les aérostiers militaires de la première République. Mon frère et moi, nous sommes appelés à Orléans avec le *Jean-Bart*, pour joindre nos efforts à ceux de tous les soldats de l'armée de la Loire.

---

[1] Ce courrier n'a pas réussi, comme je l'ai su plus tard.

Nous partons de Rouen le vendredi 18 novembre, à 11 heures du matin. Nous n'arrivons à Tours qu'après 24 heures de voyage.

En wagon, nos compagnons de route sont des officiers français échappés de Metz. Il nous racontent quelle fut l'émotion des soldats quand on leur apprit qu'ils allaient avoir à se rendre sans combattre, et que les drapeaux et les aigles allaient être livrés à l'ennemi, comme le dernier trophée de notre honte.

Un très grand nombre d'officiers, d'après ce qui nous fut raconté voulurent échapper à cette humiliation suprême ; ils déchirèrent le drapeau du régiment et s'en partagèrent les fragments dont ils cachèrent les lambeaux sacrés sur leur poitrine.

Cette religion du drapeau, emblème de la Patrie, les soldats la gardaient intacte.

Les officiers qui nous parlaient, étaient animés contre Bazaine d'une indignation qui dépassait tout ce que l'on peut imaginer ; mais comme nous, comme tous les Français, ils étaient résolus à tenter un effort suprême pour assurer la délivrance.

DEUXIÈME PARTIE

L'ARMÉE DE LA LOIRE

DEUXIÈME PARTIE

L'ARMÉE DE LA LOIRE

CHAPITRE PREMIER

Le ballon *la Ville de Langres*. — Premières expériences d'aérostation militaire à Gidy. — La télégraphie aérienne. — Le *Jean-Bart* à Orléans. — Anecdotes sur les Prussiens.

Avant notre arrivée à Orléans, le gouvernement de Tours avait déjà organisé une première équipe d'aérostiers destinés à surveiller les mouvements de l'ennemi, soit avant l'attaque, soit pendant la bataille.

— Nous sommes toujours surpris à l'improviste, se disait-on ; comment ne pas profiter de ces ballons, observatoires aériens qui, à 300 mètres de haut, ouvrent au regard une campagne de plusieurs lieues d'étendue? Un ballon captif au milieu du camp français sera pour le soldat une cause de confiance et un objet de sécurité tout à la fois. Quelle ne sera pas sa tranquillité quand il verra qu'une sentinelle aérienne veille sur lui à la hauteur de plusieurs pyramides? De quelles ressources ne seront pas des ballons captifs au milieu de la mêlée du combat? Un officier d'état-major juché dans la nacelle pourra dévoiler les manœuvres de l'ennemi, signaler les mouvements tournants. Plus de soixante-dix ans se sont écoulés, depuis le jour où Coutelle, du haut des airs, contribuait par ses renseignements, à la défaite des ennemis. Pourquoi nos aéronautes ne contempleraient-ils pas une nouvelle victoire de Fleurus ?

Aussi ne négligea-t-on rien pour organiser un service régulier de ballons captifs, et pendant nos expéditions de Rouen, Duruof et Bertaux, assistés des marins Jossec, Labadie, Hervé et Guillaume, sortis de Paris en ballon, avaient été envoyés à Orléans avec le ballon de soie fabriqué à Tours. — Ce ballon avait été baptisé *la Ville de Langres*. M. Steenackers avait tenu à ce nom : c'était un hommage qu'il rendait à ses électeurs de la Haute-Marne.

Mon ami Bertaux, mort aujourd'hui à la suite d'une maladie que les fatigues de la guerre avait aggravée, a bien voulu me communiquer alors, le récit des expériences préliminaires exécutées à Orléans avant notre arrivée ; je dois les résumer ici, car elles offrent un intérêt réel.

C'est le mardi 16 novembre que fut gonflé pour la première fois le ballon *la Ville de Langres*. Dès le matin, le gaz de l'usine d'Orléans arrondissait les flancs de l'aérostat. A une heure précise, deux marins montent dans la nacelle, attachent au cercle quatre câbles de 50 mètres de haut que retiennent 150 hommes du 39ᵉ de ligne. Ils se font élever à trente mètres de haut environ, et, fouette, cocher ! le ballon se met en marche remorqué par les braves soldats.

La *Ville de Langres* sur son chemin rencontre des obstacles, des ponts où les soldats sont obligés de se réunir en un seul groupe qui n'offre plus alors qu'un point d'attache unique et moins équilibré, des fils télégraphiques, le désespoir des aérostiers obligés de se faire hisser dans l'air, et de jeter des câbles au-dessus des poteaux.

Heureusement le temps est calme; le voyage s'effectue pour le mieux. Après deux heures de marche, l'aérostat arrive à Saran près Cercotte, sur les derrières de l'armée française. Il est trois heures, l'équipe se met en mesure de faire une première ascension d'essai.

On installe à terre des plateaux de bois chargés de pierres, et munis de deux poulies solides, autour desquelles glissent les câbles

Le château du Colombier... (P. 164.)

destinés à retenir au sol l'aérostat. A chaque corde une trentaine de soldats font la manœuvre. Suivant qu'ils laissent filer la corde ou qu'ils la tirent, le ballon convenablement lesté monte ou descend.

La première ascension s'exécute dans de bonnes conditions à 200 mètres de haut, et de cette hauteur, qui est à peu près celle de trois tours de Notre-Dame superposées, on a sous les yeux un vaste et splendide horizon.

Après cette expérience, une estafette accourt; c'est un aide de camp du général d'Aurelles de Paladine dont le quartier général est à Saint-Péravy; il vient savoir d'où est parti ce ballon qu'il croit libre; le chef de l'armée de la Loire n'a pas encore été prévenu par le gouvernement, de l'arrivée des aérostiers militaires.

Pendant que des employés du télégraphe envoyés par M. Steenackers s'occupent des démarches à faire auprès du général, l'aérostat captif continue, le lendemain, ses ascensions. Bertaux s'élève à 180 mètres de haut avec M. Regnault, employé du télégraphe. Un appareil Morse est installé dans la nacelle, le fil télégraphique descend jusqu'à terre et communique à un autre fil qui va jusqu'à Tours.

Suspendus au milieu des airs en présence de l'armée française, les aéronautes correspondent par l'électricité avec le gouvernement de Tours. Voici la dépêche qu'ils envoient au directeur des télégraphes :

— Nous sommes en l'air à 180 mètres de haut, nous découvrons fort bien la plaine, mais un brouillard épais nous cache la forêt. Nous recommencerons expérience par temps plus clair.

Vingt minutes après, le ballon plane toujours dans l'espace retenu à la même hauteur par ses deux cordes; l'appareil Morse s'agite, c'est une réponse qui vient de Tours :

— Nous vous félicitons, répète l'appareil électrique, tenez-nous au courant de tous vos essais.

Le temps est calme, l'air est presque immobile, les ascensions se succèdent ce jour-là jusqu'à six fois. M. Aubry, chef de la mission télégraphique à l'armée de la Loire et un capitaine d'état-major montent à tour de rôle; ils paraissent ravis de leurs impressions aériennes et ont pu constater l'immense étendue du champ d'observation de l'aéronaute.

Le 19 novembre, on a reçu l'ordre de porter le ballon en avant jusqu'à Gidy, au milieu du camp français. Mais il est neuf et a perdu du gaz, il a besoin de recevoir une nouvelle couche de vernis. Duruof prend le parti de dégonfler le ballon, de le reporter à Orléans où il est reverni sur toutes ses côtes. Le 20, la *Ville de Langres*, bien imperméable, est regonflé, mais le vent violent souffle par rafales, et le transport est pénible. Malgré les lenteurs de la marche, malgré des difficultés de toutes sortes, l'aérostat, à la nuit tombante, arrive enfin au milieu du camp français, à Gidy.

Il est impossible de décrire l'enthousiasme des soldats à la vue de ce merveilleux appareil si nouveau pour eux; ils se précipitent à sa rencontre, et poussent des clameurs de joie, comme pour féliciter le factionnaire qui va monter la garde à 200 mètres au-dessus de leurs têtes. C'est bien autre chose encore quand, le lundi 21, ils voient l'aérostat s'élever dans les airs; nos braves soldats ne se tiennent plus de joie, c'est comme une fête dans tout le camp. Un officier d'état-major monte dans la nacelle et ne paraît que fort médiocrement rassuré.

— Je veux descendre, dit-il à quarante mètres de haut, jetez du lest, criait-il à l'aéronaute.

Or, on jette du lest, comme chacun sait, pour monter et non pour revenir à terre; mais il paraît qu'on peut être tout à la fois un excellent militaire et un très mauvais aéronaute. Cette ascension, au reste, était assez émouvante, le vent était vif et la machine aérienne se penchait fréquemment à terre, oscillant au bout de son câble à la façon d'un grand pendule retourné. Dans la nuit, l'air devient menaçant, une véritable tempête se met à souffler, et le ballon, malgré sa solidité, ne peut résister à l'effort de l'ouragan. Le cercle de bois, qui craque comme la mâture d'un navire pendant la tourmente, vole en éclats; le ballon, qui n'a plus de point d'attache suffisant, va être enlevé. Duruof et les marins se jettent sur la corde de soupape et dégonflent la *Ville de Langres*.

C'est ce jour-là même que nous arrivons à Orléans, mon frère et moi, avec le ballon *le Jean-Bart*. L'accident qu'on nous raconte, ne décourage personne, nous sommes tous décidés à recommencer ces tentatives avec le même zèle, la même ardeur.

Deux jours après, le ballon *la Ville de Langres*, remis en état, était gonflé et transporté à quatre kilomètres d'Orléans, sur la pelouse du château du Colombier, devenu, comme nous le verrons plus tard, le centre d'opérations des aérostiers militaires. On devait rester là, en attendant les ordres du général en chef de l'armée de la Loire.

Le lundi 21 novembre, on se met en mesure de ventiler et de vernir le *Jean-Bart*. Pendant que mon frère commence cette besogne avec les marins Jossec et Guillaume, je cours en ville pour m'assurer du gaz nécessaire au gonflement, et faire l'acquisition des cordes qui devront servir aux ascensions captives.

Çà et là, en chemin, je cause et je fais une moisson d'anecdotes sur l'invasion prussienne des premiers jours de novembre. C'est un brave cordier du faubourg Banier, qui, le premier, me raconte ses émotions. Il a la physionomie d'un bon vieillard, d'un honnête commerçant; je n'oublierai jamais l'émotion, l'indignation de son récit.

Vous m'apporterez deux mètres de corde avec laquelle je le ferai pendre. (P. 167.)

— Oh! monsieur, quels gueux, quels misérables que ces soldats barbares! Ils étaient dix-sept dans mon magasin, couchant les uns sur les autres, sales comme des pourceaux. A l'heure des repas, il fallait les regorger de vivres, et ma pauvre femme était obligée de remplir de café toute une énorme soupière, où s'entassait ma provision de sucre. S'ils n'étaient pas servis en toute hâte, ces soldats me menaçaient; l'un d'eux, monsieur, osa lever la main sur moi. Le rouge de la honte et de l'indignation me monta au visage. Mais que faire contre la force brutale? Ce sont toutefois de ces injures que l'on n'oublie pas. Je dois dire, cependant, que quand on menaçait les Prussiens de leurs chefs, ils se tenaient tranquilles. Une simple réclamation faite à un sergent, les faisait trembler. Et les réquisitions, monsieur! Quelle ruine pour notre malheureuse ville! Les Prussiens sont venus me prendre toutes mes cordes, et ils me donnaient en raillant un bon à payer pour la mairie.

Un jour, ils dénichent ma dernière provision de cordes qu'ils veulent encore me prendre pour leurs attelages. Cette fois je n'y tiens plus, c'est la troisième fois qu'on me vole. Je m'arme de résolution et je demande une audience au général Von der Tann. Je suis reçu par un colonel, son chef d'état-major, je crois.

— Que me voulez-vous? me dit cet officier d'un ton bourru.

— Je viens réclamer, protester contre les vols dont je suis l'objet. Toute ma provision de cordes, toute ma fortune est dévalisée par vos soldats.

— Oh là! mon bonhomme, ne le prenez pas de si haut avec moi. Mais, dites-moi, n'avez-vous pas des lettres de réquisition qui vous sont données? Après notre départ, c'est la ville qui vous réglera notre compte.

— Tout cela est très bien, mais pourra-t-on me payer?

— Oh! cela ne me regarde pas, je suis en règle avec vous, allez-vous-en.

— Au moment où je partais, continue le cordier, l'officier prussien se ravise et m'appelle.

— J'ai une idée, me dit-il; si le maire d'Orléans ne veut pas vous payer, vous m'apporterez deux mètres de corde avec laquelle je le ferai pendre.

— Je me sauve, entendant les éclats de rire du colonel qui a sans doute trouvé sa plaisanterie très fine et très spirituelle.

Le brave cordier continue son récit, et sa femme qui l'écoute les larmes aux yeux, ne tarde pas à prendre part à la conversation.

— Heureusement nous en sommes débarrassés, de ces Prussiens, dit-elle, ils ne reviendront plus maintenant, ces maudits Allemands, car nous avons autour de nous les soldats de Coulmiers. Oh! comme ils s'en allaient piteux et tristes, les bataillons bavarois; ils ne s'attendaient pas à être chassés de notre ville par l'armée de la Loire dont ils se riaient tout haut. En quittant Orléans, Von der Tann dit au préfet d'un ton gouailleur :

— Au revoir, monsieur le préfet, sans adieu, car je reviendrai bientôt.

— Mais il ne reviendra pas, ajouta la brave femme.

Et toute l'armée, tout Orléans, toute la France disait alors : il ne reviendra pas.

Hélas! il n'est que trop bien revenu pour frapper Orléans de nouveaux malheurs et de nouvelle ruines.

Je rencontre des officiers de mobile qui me font le récit de l'entrain de nos jeunes soldats; l'un d'eux combattait à côté de troupes de la ligne qui avaient réussi à bloquer une ferme en y capturant quarante soldats bavarois.

Il faut avoir vu l'occupation prussienne pour se douter des désespoirs, des haines qu'elle soulevait sur son passage. Les maisons du faubourg Banier étaient pillées, et chacun, accablé de soldats à nourrir et de réquisitions à payer, voyait la ruine venir de jour en jour.

C'était en outre de perpétuelles taquineries, Les Prussiens étaient furieux de l'accueil qui leur était fait. Ils auraient voulu qu'on les reçût à bras ouverts ; ils s'étonnaient qu'on n'applaudît pas à leur passage, et que les dames en toilettes élégantes ne vinssent pas écouter la musique militaire qu'ils faisaient entendre sur la place Jeanne d'Arc.

Tout le monde était en deuil, les rues étaient désertes. Le soir, nul ne pouvait circuler dans la ville, sans tenir une lanterne à la main. Quelques jeunes gens s'amusaient à attacher des lanternes vénitiennes aux pans de leurs habits, comme pour gouailler ces ordonnances ridicules de l'autorité prussienne. Mais Von der Tann ne goûtait pas la plaisanterie : il fallait céder, sous les ordres des conquérants, cacher sa haine et son indignation au plus profond de son cœur.

Dès six heures du matin, le 29 novembre, nous commençons le gonflement du *Jean-Bart*, qui convenablement plié depuis la veille, attend sa ration de gaz. Notre chef d'équipe Jossec, un marin breton, excellent gabier qui a conduit un aérostat messager, a tout *paré*, suivant son expression navale, avec le plus grand soin ; l'opération s'exécute dans les meilleures conditions. A deux heures de l'après-midi, le *Jean-Bart* arrondi, frais verni, brille au soleil comme une énorme pomme de rainette. Il tend ses câbles avec force et ne demande qu'à voler dans les nuages, mais il est cloué au rivage terrestre par des poids qui défient sa force ascensionnelle.

Ce n'a pas été sans peine que nous avons obtenu les réquisitions

Tous les meubles sont brisés. (P. 173.)

nécessaires à la fourniture du gaz; il a fallu aller voir le préfet, le maire, toutes les autorités; selon l'excellent usage administratif, ces fonctionnaires ont entravé nos projets d'une foule de petits obstacles qui, réunis, deviennent des montagnes à soulever. Mais nos campagnes aérostatiques faites sous l'Empire, nous ont familiarisés avec les difficultés administratives, nous savons amadouer le garçon de bureau, qui consent à nous ouvrir le sanctuaire du secrétaire, d'où il n'y a plus qu'un pas à franchir pour pénétrer chez le maître. Celui-ci, préfet ou maire, ne manque pas de froncer le sourcil à notre demande de gaz; malgré les papiers dont nous sommes munis, malgré l'utilité incontestable de notre mission, malgré l'urgence commandée par les circonstances, son devoir d'administrateur dévoué lui impose des difficultés, qu'il trouve toujours.

— C'est très grave, messieurs; qui payera le gaz? Est-ce la guerre, est-ce le département? Revenez dans une heure. Je vais étudier la question avant de vous donner la réquisition nécessaire.

On revient une heure après, trop heureux si l'on peut pénétrer dans le cabinet du fonctionnaire. Il n'a nullement songé à votre affaire, il y répond en homme qui l'a méditée. Il trouve là bien des irrégularités, mais, en vrai patriote, il vous donne l'ordre demandé. N'aurait-il pas été plus simple de le donner de suite? Les saintes règles de l'administration s'y opposent.

A midi, le *Jean-Bart* va se mettre en marche. Jossec, et son compagnon Guillaume, comme lui venu de Paris en ballon, regardent le ballon avec admiration. Tous deux sont sortis de la ville assiégée dans un aérostat, sans avoir auparavant jamais vu l'admirable appareil dû au génie des Montgolfier. Ils ont déjà bravé sur mer la tempête et les vents furieux, mais le ballon leur a laissé un souvenir plus profond que celui du navire. Ils nous ont parlé avec enthousiasme de leur premier voyage aérien; en hommes énergiques, ils sont devenus les plus chauds partisans de la navigation aérienne.

— Ah! Monsieur, me disait Jossec, quelle différence entre le ballon et le vaisseau! — Il n'y a plus dans la nacelle aérienne ni vent, ni roulis, ni tangage, et rien à faire qu'à admirer le ciel. Je veux renoncer à la marine et me faire aéronaute.

Mais le brave Jossec parlait des ascensions en ballon libre, il n'avait pas encore goûté du ballon captif, il devait voir que le voyage est moins agréable, et hérissé de difficultés sans nombre.

Bientôt tout est prêt pour le départ, il faut nous rendre avec notre aérostat gonflé, au château du Colombier, à côté du ballon *la Ville de Langres*, et là nous attendrons les ordres. Quatre cordes sont fixées au cercle de l'aérostat. Cent cinquante mobiles empoignent chacune d'elles. Je monte dans la nacelle avec Jossec ; mon frère reste à terre pour commander la marche. Nous vidons par-dessus bord un assez grand nombre de sacs de lest, jusqu'à ce que le *Jean-Bart* s'élève ; il monte lentement à 40 mètres de haut où il est retenu par ses quatre câbles, à l'extrémité desquels sont pendues des grappes humaines. Le ballon se penche à droite et à gauche sous l'effort de la brise. Pauvre aérostat! Fils de l'air, ami des nuages floconneux, le voilà rivé au plancher terrestre, il fait crier ses cordages et semble souffrir de cette captivité, dont il se plaint par le gémissement de la nacelle, tirée dans tous les sens.

Les mobiles attelés aux cordes remorquent le ballon dans la direction voulue ; c'est merveille de voir cette promenade que nous exécutons à 30 mètres au-dessus des toits. Jossec et moi, nous sommes bercés dans l'air, comme à l'avant d'un navire. Ce mouvement de va-et-vient nous donnerait le mal de mer, si nous n'avions le pied aussi marin qu'aéronautique. — Les habitants d'Orléans, qui se sont réunis à la hâte autour de nous, nous regardent avec admiration, et montrent, par leur air ébahi, que ce moyen de transport leur est complètement inconnu. Ne croyez pas que le ballon reste à la même hauteur au bout de ses cordes, le vent le fait osciller à la façon d'un grand pendule retourné ; il pique une tête jusqu'à proximité des toits, pour bondir à 40 mètres ; quelquefois le mouvement d'oscillation est tel que l'aérostat soulève de terre une corde entière, avec les mobiles qui y sont pendus. Ceux-ci sont ravis de cette besogne si nouvelle pour eux ; ils ont les biceps tendus, et attraperont de bonnes courbatures ; ils reçoivent quelquefois des horions, sont jetés par terre au milieu des éclats de rire de leurs compagnons, mais tout cela n'est-il pas cent fois préférable aux obus et aux boîtes à mitraille ? Pour le moment, ces amabilités prussiennes ne sont pas à craindre. Vive la manœuvre du ballon captif ! Elle vaut mieux que celle du chassepot sous le feu des batteries ennemies.

Si le transport en ballon captif est pittoresque, curieux et dramatique, il faut avouer qu'il est d'une lenteur vraiment désespérante. Nous avons à passer le chemin de fer et les fils télégraphiques, c'est tout un travail. Il faut retenir le ballon par deux cordes seulement, en jeter deux autres au-dessus des fils, que nos hommes saisissent, recommencer une seconde fois la même manœuvre. Il faut avoir soin, pendant cette opération délicate, que les mobiles ne lâchent pas prise tous à la fois, car le *Jean-Bart* ne serait pas long à bondir à 2 000 ou 3 000 mètres de haut, abandonnant et les Prussiens, et l'armée de la Loire. Nous venons à bout du passage de notre Rubicon et nous continuons notre route au-dessus des champs hérissés d'échalas de vignes. Le vent qui est vif, nous est contraire, il frappe le ballon sur une surface de 400 mètres carrés, voile énorme d'une force considérable, aussi nos pauvres mobiles dépensent toute leur force, pour nous traîner avec la vitesse d'une tortue. Il y a une heure que nous marchons et nous n'avons fait que deux kilomètres ! Nous sommes à moitié chemin... Arrêtons-nous quelques moments au milieu de cette verte prairie. « Oh hisse ! larguez les cordages ! » Le ballon descend lentement et vient se reposer mollement sur un tapis de verdure, où nous faisons la sieste pendant un quart d'heure.

Il fait un froid intense dans la nacelle ; mon frère et le marin Guillaume nous y remplacent. Bientôt le ballon reprend sa marche avec une lenteur plus grande encore, car l'ardeur de nos mobiles s'est ralentie ; les cris et les rires sont plus rares, voilà déjà quelques traînards qui ne veulent plus rien traîner du tout. Je fais reprendre les cordes à ces paresseux, qui se font un peu tirer l'oreille, et qui ne se mettent à l'œuvre qu'avec un enthousiasme modéré. Quoi qu'il en soit, nous arrivons au château du Colombier. Le ballon passe sans encombre au-dessus d'un rideau d'arbres qui entoure une vaste pelouse où le ballon *la Ville de Langres* est déjà posé.

La nacelle ramenée à terre, est remplie de sacs de lest pleins de terre, et de grosses pierres qu'on y entasse. Le *Jean-Bart* ainsi chargé, peut passer la nuit sans qu'il y ait crainte de le voir s'envoler.

Nous allons prendre possession des chambres qui nous sont réservées dans le château où Duruof et des employés du télégraphe sont déjà installés ; cette habitation, comme nous l'avons dit, est devenue le quartier général des aérostiers militaires.

Quel ne serait pas l'étonnement du propriétaire s'il voyait le sans-gêne avec lequel on couche dans ses lits ! Mais quelle ne serait pas surtout sa douleur s'il savait comment les Prussiens, qui ont passé par là avant nous, ont arrangé son mobilier !

Tous les meubles sont brisés, les tiroirs gisent pêle-mêle, des lettres, des papiers, couvrent les parquets. Tout est décimé, mis en pièces. Les lits sont d'un aspect repoussant, on voit qu'une armée y a couché avec des souliers crottés. On n'a respecté que la batterie de cuisine, où le cuisinier des *moblots* travaille déjà à la préparation de notre dîner. Il a déniché un grand tablier dans quelque coin, et il préside à la cuisson d'un gigot avec la dignité d'un Vatel émérite. Deux de ses compagnons d'armes lui servent de gâte-sauce, et font cuire la soupe. Inutile de leur demander s'ils soignent le repas ; ils en mangeront aussi.

Le capitaine de la compagnie est un charmant homme, très gai, très affable, avec lequel nous devenons vite les meilleurs amis du monde ; nous nous disposons à mettre le couvert, avec les assiettes qui ont échappé aux dévastations prussiennes. Quant au lieutenant, c'est un étudiant du quartier Latin, un Parisien comme nous et nous avons presque le même âge ; au milieu des péripéties de nos voyages, nous avons plaisir à causer ensemble des souvenirs de la capitale, des bonnes parties d'autrefois, de parler de ce temps où la France jouissait d'une prospérité factice, inquiétante, que notre aveuglement nous montrait comme réelle. Où est le temps où l'orchestre du bal Bullier faisait bondir sur un plancher poussiéreux une jeunesse insouciante ? Notre lieutenant parle de tout cela en connaisseur ! Pauvre garçon, j'ai les larmes aux yeux en pensant à lui. Quinze jours après cette bonne causerie, il devait mourir sous les coups de l'ennemi, et son corps de vingt-quatre ans allait reposer, à jamais enfoui sous la terre des champs de bataille. O guerre horrible, fléau désastreux, où conduis-tu ces milliers de jeunes gens, pleins de force, pleins d'enthousiasme ? A la mort, à la plus cruelle de toutes, celle que le bon sens des peuples pourrait éviter. Combien d'entre vous dorment-ils à cette heure dans ces campagnes que notre ballon vient de traverser ? Que de larmes, que de scènes de désolation sont à jamais gravées sur ces prairies, où nous passions alors presque gaiement, avec l'espoir du succès. Comme nous étions loin d'envisager l'avenir, à ces heures où l'espérance était encore permise! Comme nous pensions peu aux malheurs qui allaient impitoyablement s'abattre sur notre malheureux pays! Dormez sous les champs de bataille, héros inconnus! Vos petits-fils vous vengeront un jour! Vous êtes morts au lendemain de Coulmiers, croyant encore à la Victoire. Vous n'avez pas vu de nouveaux et terribles désastres, vous ne saurez jamais à quelle honte la France a été condamnée! Dormez en paix, dans ces campagnes dévastées. Un Luther, en voyant vos ossements, ne manquerait pas de s'écrier, comme au cimetière de Worms : « Heureux les morts : ils reposent! »

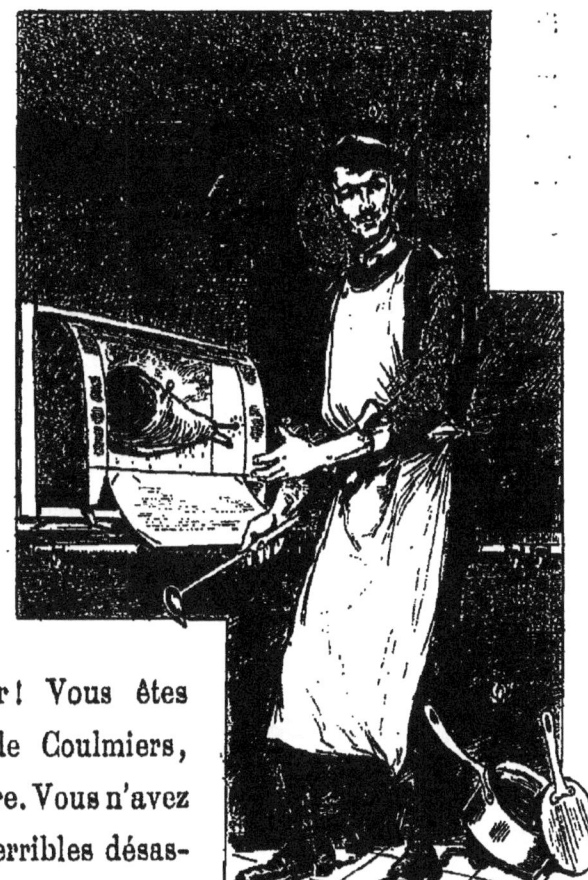

Le cuisinier des *moblots* travaille à la préparation de notre dîner.
(P. 174.)

Pendant que nous dînons, un télégramme nous est remis au nom du directeur des télégraphes, qui a pris les ordres du général d'Aurelles de Paladine. On nous dit de transporter immédiatement notre ballon au camp de Chilleur, éloigné de notre première station de douze kilomètres. Il est décidé que nous partirons le lendemain de grand matin, car si le vent est vif, il nous faudra peut-être dix ou douze heures pour faire ce trajet. Nous étudions notre chemin sur une bonne carte, et nous nous décidons à suivre le lendemain une voie de chemin de fer en construction, où les arbres ne gêneront pas le transport de notre aérostat.

Le capitaine des mobiles nous communique une lettre qu'il a reçue d'un de ses amis qui habite Londres ; elle contient quelques curieux extraits de journaux allemands, reproduits par la presse anglaise. L'un de ces extraits donne la lettre d'un correspondant d'un journal allemand, qui montre que les Prussiens commencent à s'inquiéter des longueurs de la résistance.

« Paris qui ne devait pas se défendre, dit l'écrivain allemand, Paris sur lequel la verve satirique des beaux esprits de l'Allemagne s'est si complaisamment étendue, Paris tient bon, sans songer en aucune façon à capituler; l'impatience commence à se faire sentir partout chez nos soldats. Chaque semaine, suivant les nouvelles imprimées dans nos journaux, on doit s'attendre à la reddition de la capitale et par suite à la paix. Mais les semaines succèdent aux semaines, et les Parisiens ne parlent pas de se rendre. L'émeute a pris le dessus nous a-t-on dit, mais le lendemain, ces nouvelles ne se confirment pas, ou tout au moins l'émeute n'a rien changé à l'esprit de résistance à outrance. Nous l'affirmons hautement, si jamais l'attente a jeté un pays dans les perplexités, ce pays est assurément l'Allemagne, depuis les mois qui ont suivi la victoire *décisive* de Sedan. Prenez patience, dit-on, attendez, attendez encore. Mais l'Allemagne est anxieuse. — « Finissez-en, répond-elle, bombardez Paris puisqu'il ne veut pas se rendre. » Or le bombardement ne commence pas, et partout dans toutes les familles, on fait des vœux pour qu'il ait lieu au plus tôt. D'autres parts, des bruits inquiétants circulent, et l'on parle sérieusement d'armées nationales françaises qui se préparent. »

Un piano à queue reste intact...

Après notre dîner, la soirée se passe dans le salon du château, où un piano à queue reste intact : il a besoin d'être accordé, mais, malgré les sons de casserole fêlée qu'il fait entendre, il contribue à charmer nos loisirs. Dans la pièce où nous sommes, un bureau-secrétaire a été forcé, et les lettres dont il était rempli sont entassées sur le parquet. Parmi ces débris, nous trouvons un petit paquet soigneusement ficelé, où sont écrits ces mots : « Cheveux de ma Virginie. » Un de nous recueille ce souvenir, cher au propriétaire inconnu, qui nous donne l'hospitalité sans le savoir il se promet après la guerre de le renvoyer sous enveloppe au château du Colombier. Est-ce un père qui retrouvera la précieuse relique d'une fille morte, ou un mari celle de sa femme ? Nous l'ignorons. Quoi qu'il en soit, une victime des barbaries prussiennes verra qu'une main sympathique a passé parmi le pillage et les ruines [1].

A onze heures, nous nous couchons tout habillés sur nos lits qui ne sont guère plus propres qu'une étable. Je m'endors d'un profond sommeil à l'idée que les ballons captifs vont pouvoir venir en aide à l'armée de la Loire; mes rêves me montrent l'ennemi que j'aperçois du haut de notre observatoire aérien ; la vaillante armée de la Loire avance sur Paris, elle repousse les légions prussiennes, et bientôt c'est la zone des forts de la capitale qui s'offre à sa vue.

Encore une illusion que la triste réalité devait dissiper bientôt.

[1] Nous n'avons jamais eu de nouvelles de la relique qui a été adressée après la guerre au propriétaire du château du Colombier.

CHAPITRE DEUXIÈME

Les ballons capturés. — Voyage d'un aérostat de Paris en Norwège. — Le départ du château du Colombier. — En ballon captif. — Accident à Chanteau. — Réparation d'une avarie. — Arrivée à Rebréchien. — Tempête nocturne. — Le *Jean-Bart* est crevé. — Retour à Orléans. — Gonflement du ballon *la République*.

Il nous fut donné d'apprendre par un voyageur venant de Paris en ballon, que la poste aérienne fonctionnait toujours avec régularité. Mais cependant un troisième ballon venait d'être pris par l'ennemi, dans le voisinage de Ferrières-en-Brie : on se demandait si la poste par ballons n'allait pas rencontrer des obstacles imprévus, qu'il fallait à tout prix surmonter, pour éviter de nouvelles captures, pour sauvegarder les aéronautes, ces uniques messagers de Paris assiégé. On venait d'apprendre que les Prussiens, consternés de voir les courriers de l'air défier leurs armes à feu, passer si librement à quelques milliers de mètres au-dessus de leurs lignes d'investissement, étudiaient sérieusement les moyens d'arrêter les trop audacieux ballons. L'illustre Krupp construisit un engin spécial destiné à atteindre les esquifs de l'air, admirable canon dont on attendait merveille. Ce *gun balloon* fut promené triomphalement dans les rues de Versailles ; c'était une longue bouche à feu, mobile autour d'un axe, ressemblant bien plus à un télescope qu'à un canon. Les soldats de Bismark disaient tout haut qu'ils allaient abattre les aérostats comme des perdrix, mais le grand canon destiné à la chasse au ballons, fit plus de bruit que de besogne.

L'ennemi organisa bientôt, d'autre part, un système d'observation régulières. Quand un ballon sortait de Paris, des sentinelles examinaient la route qu'il suivait, et, par le télégraphe, prévenaient le postes prussiens situés dans la ligne probable du voyage. Des uhlans prévenus à temps, couraient la tête en l'air, l'œil braqué dans le ciel, et s'efforçaient d'arriver au moment de la descente.

Il fut décidé à Paris pour déjouer cette surveillance, que les ascensions se feraient la nuit, au milieu des ténèbres. Les ballons disait-on, vont partir à minuit, ils seront cachés à tout regard humain, en planant dans l'obscurité du ciel.

Mais en évitant ainsi le péril de la capture, on courait vers d'immenses et nombreux dangers, comme nous allons essayer de le démontrer.

En effet, rien de plus important en ballon, surtout quand on doit éviter les surprises d'un ennemi dangereux, que de voir les pays que l'on parcourt. Avec un peu d'attention, connaissant son point de départ, suivant sur une bonne carte les cours d'eau, les villes que l'on aperçoit du haut des airs, à la surface du sol, il est possible d'apprécier sa route. Quand on plane à 1500 mètres de haut, nul projectile n'est à craindre, et rien n'empêche l'aéronaute, pour plus de sécurité, de naviguer à 2000 mètres ou à 3000 mètres au-dessus du niveau des Prussiens. En partant au lever du jour, il peut donc impunément examiner l'aspect du sol, voir les ennemis, ou s'assurer de leur absence. Même en hiver, il a devant lui de longues heures de jour, comprises entre le lever et le coucher du soleil, c'est-à-dire au moins neuf heures de voyage. Il peut avoir la certitude de trouver dans ce laps de temps, une terre hospitalière.

En partant à minuit, au contraire, on se lance dans les ténèbres, à l'inconnu. Tant que l'obscurité est complète, on n'ose pas descendre, ne sachant pas où la brise vous pousse. On attend le lever du jour. Mais le soleil levant peut vous montrer, trop tard, hélas ! que les courants aériens vous ont poussé en mer. C'en est fait alors du ballon, s'il n'est sauvé par quelque hasard providentiel.

C'est à ces départs nocturnes qu'il faut attribuer l'étonnant voyage en ballon exécuté par MM. Rolier et Robert, de Paris en Norwège. Nous allons raconter avec quelques détails cette expédition, qui est sans contredit l'un des épisodes les plus émouvants et les plus dramatiques du siège de Paris.

Le 24 novembre 1870, M. Rolier, accompagné de M. Robert, s'élevait de la gare du Nord, à minuit, par un vent assez violent et par un ciel sombre; il emportait avec lui une cage contenant six pigeons voyageurs et des sacs renfermant 250 kilogr. de lettres. Il y avait quelques spectateurs pour assister à ce départ dramatique. L'aérostat s'éleva lentement, et c'est non sans effroi qu'on le vit se perdre dans la nuit. Les voyageurs allaient être entraînés à l'altitude de 2 000 mètres par un fleuve aérien d'une vitesse peu commune. Leur ballon allait, en effet, traverser en quinze heures de temps, le nord de la France, la Belgique, la Hollande, la mer du Nord et une partie de la Norwège, pour aller échouer au mont Lid, à 300 kilomètres au nord de Christiana.

Nul ne pouvait soupçonner alors les curieuses et émouvantes péripéties de cette ascension nocturne, digne d'un Edgard Poë ou d'un Jules Verne.

Nous reproduisons quelques pages du livre de bord que les voyageurs ont bien voulu me communiquer à leur retour en France.

« *Minuit*. — Nous sommes partis avec une brise du sud-est,
« c'est-à-dire à peu près dans la direction de Saint-Valéry-sur-
« Somme. — Quelques coups de feu sont tirés sur nous sans
« résultat.

« *Minuit et demi*. — Nous arrivons à 1 400 mètres : tout est
« tranquille ; la nuit est d'une extrême sérénité.

« *1 heure du matin*. — Nous sommes à 2 700 mètres : nous
« nous maintenons à cette hauteur jusqu'au jour.

« *2 heures et demie*. — Bien au-dessous de nous, s'étend une
« brume compacte qui nous cache absolument la vue de la terre ;
« un bruit que je ne puis comparer qu'à celui d'un chemin de fer
« en marche, nous fait croire que nous nous trouvons à proximité
« d'une ligne ferrée ; mais ce bruit persiste jusqu'au jour et nous
« préoccupe.

« *6 heures 15 du matin*. — Le jour commence à poindre, le
« ballon est redescendu à une hauteur d'environ 1 400 mètres ;
« nous n'apercevons pas de terre à l'horizon, et au-dessous de nous,
« s'étend la mer. — La mer pour nous c'est la mort! Ce bruit con-
« tinu qui nous avait fait croire à une ligne de chemin de fer,
« n'était autre que celui des lames.

« *6 heures et demie*. — Perdus dans l'immensité, dépourvus de
« tout instrument qui nous permette de faire notre point et de
« reconnaître où nous sommes, et le vent nous poussant toujours
« vers le Nord, nous préparons une dépêche pour la France :

« 6 heures et demie du matin, en pleine mer, ne voyant aucune
« côte; à la grâce de Dieu.

« Nous confions cet adieu suprême à l'un de nos petits messa-
« gers, mais le brouillard s'épaississant de minute en minute, nous
« fait renoncer au projet; nous réintégrons tristement notre pi-
« geon dans sa prison d'osier. »

A 11 heures, les voyageurs aperçoivent plusieurs navires qui passent au-dessous du ballon, mais leurs appels et leurs signaux restent inutiles; la rapidité de leur marche ne permet sans doute pas aux marins de venir à leur secours.

A midi, une brume épaisse entoure MM. Rolier et Robert.

Quelle n'est pas leur stupéfaction, leur angoisse, quand ils n'aperçoivent plus que le brouillard compact, alors que les vents les promènent au-dessus de la surface de la mer. Ils ne peuvent plus se rendre compte ni de la vitesse de leur marche, ni de la direction qu'ils suivent; tout ce qu'ils savent, c'est qu'un océan agite ses flots sous leur nacelle, et qu'ils marchent sans doute vers le plus effroyable des naufrages. — Ils continuent à planer ainsi au-dessus des vagues en mouvement; quelquefois ils croient entendre des bruits lointains qui leur apparaissent d'abord comme l'espoir du salut. Espérances vite déçues ! Nul ne saurait venir en aide à l'esquif aérien qu'entraînent toujours les courants atmosphériques.

Après plusieurs heures de voyage, M. Rolier a sacrifié tout le lest qui jusque-là soutenait dans l'espace l'aérostat auquel étaient attachées sa vie et sa fortune. Des nuées plus épaisses encore, l'entourent bientôt, et accélèrent la descente du navire aérien, que la pesanteur ramène fatalement vers les niveaux inférieurs. Son compagnon et lui, se préparent à affronter la plus terrible et la plus glorieuse des morts. Le ballon descend avec rapidité, il s'échappe du massif de vapeur où il était plongé... O miracle! ce n'est pas la mer qui s'ouvre aux regards des voyageurs, c'est une montagne couverte de neige, autour de laquelle une forêt de pins dresse les cimes de ses arbres.

L'aérostat est violemment jeté dans un champ de neige ; les deux Français sautent en même temps de leur esquif, et le ballon, allégé de leur poids, disparaît seul dans la nue [1]. — Ils se trouvent ainsi sans vivres, sans couvertures, dans un pays inconnu, où nuls vestiges d'habitations humaines ne s'offrent aux regards. Auraient-ils échappé au naufrage océanique et à la mort au milieu des flots, pour avoir à braver le trépas qui attend l'explorateur au milieu de pays déserts et glacés?

Les aéronautes s'engagent dans la neige, descendent la montagne escarpée, traversent la forêt qui l'environne et rencontrent une hutte abandonnée où ils passent la nuit. Le lendemain, après de nouveaux voyages, ils arrivent auprès d'une cabane de bois dont ils ouvrent la porte ; l'intérieur est vide, mais un grand feu flambe dans l'âtre; au-dessus est suspendue une marmite où cuisent des pommes de terre. Les voyageurs affamés s'en régalent avec délices ; M. Rolier qui avait les pieds gelés, retire ses bottes pour réchauffer au feu ses membres engourdis. Presque au même moment un bruit de pas se fait entendre : ce sont deux bûcherons qui arrivent et ne sont pas peu surpris de trouver chez eux des étrangers, se donnant à eux-mêmes l'hospitalité avec tant de sans-gêne.

---

[1] L'aérostat de M. Rollier a été retrouvé plus tard, avec toutes les dépêches de Paris, à quarante lieues du mont Lid.

Les aéronautes s'engagent dans la neige... (Page 184.)

Clas! Clas! s'écrie l'un des bûcherons. MM. Rolier et Robert ne comprennent pas sa langue et l'habitant ne sait pas le français, mais il a l'idée de prendre une des bottes de l'aéronaute et de l'examiner attentivement. Elle portait l'adresse de son fabricant : *X.... fournisseur de l'Empereur, à Paris.*

Le paysan du nord de la Norwège savait lire et ce furent aussitôt des cris : — *Paris! Paris! vo French? French?* — Il fut affirmativement répondu.

— *Balloun! Balloun!* s'écria bientôt le Norwégien; son compagnon et lui, avaient vu passer la veille un aérostat dans le ciel, et ils comprenaient qu'ils avaient sous les yeux des aéronautes du siège de Paris.

MM. Rolier et Robert se mirent en mesure de se rendre à la hâte à Christiania pour faire parvenir au gouvernement de Tours les dépêches privées qu'ils portaient sur eux. Ils durent faire un long voyage en traîneau, rencontrant partout sur leur chemin des braves gens, pleins de cordialité pour les Français. Ils durent traverser un lac étendu, puis arrivèrent près d'un grand village, où ils furent reçus par plusieurs habitants, notamment par M. Niels Nielsen, directeur de mines de cuivre et de zinc de Silgjord. On courut chercher une carte de Norwège ; les aéronautes reconnurent alors où ils étaient tombés, et combien de journées les séparaient encore de Christiania. —

Gracieusement traités par M. Nielsen, ils virent bientôt chez lui toutes les notabilités du pays. Rien ne pourrait dépeindre l'émotion des voyageurs, lorsqu'au moment où ils venaient d'affirmer leur foi dans le triomphe de la France, ils entendirent les accents de la *Marseillaise* interprétés sur le piano dans une salle voisine : ils devaient à Mme Nielsen cette charmante surprise. Ce fut elle aussi qui prit l'initiative d'une souscription pour nos blessés.

M. Nielsen offrit son portrait à Rolier qui se trouvait fort en peine pour faire hommage à son tour de quelques souvenirs aux assistants : les dames présentes semblèrent heureuses de se partager des cahiers de papier à cigarettes, dont l'aéronaute avait encore ses poches pleines. Ces feuilles légères avaient été fort utiles au voyageur aérien pour vérifier la marche du ballon, en les jetant en dehors de la nacelle où elles voltigeaient dans l'air.

Le lendemain, les voyageurs continuèrent leur route ; leurs hôtes les embrassèrent au départ et le docteur de la ville leur dit « au revoir » en ajoutant : « Que Dieu vous protège, vous et votre noble Patrie », tandis que le maire de la localité répétait : « Je suis l'ami des Français », phrase que depuis la veille, il s'était fait enseigner dans notre langue.

Le voyage toujours accompli en traîneau, devint pénible; après cinq relais et vingt heures de course, MM. Rolier et Robert arrivaient à Kongsberg, brisés de fatigue. Là, une ligne télégraphique permit aux aéronautes de prévenir de leur arrivée le consul français à Christiania. La population commençait à connaître la présence des deux Français, et désormais les ovations commencèrent ; on suivait les aéronautes, on poussait des hourras ; au détour d'une rue, ils durent passer devant des pavillons français que les femmes venaient de confectionner sur l'heure, et qu'elles agitaient avec des cris de joie.

A huit heures du soir, les voyageurs prenaient le chemin de fer, et à toutes les stations, on leur faisait le plus chaleureux accueil.

Ils arrivèrent à Drammen, où l'agent consulaire de France leur apprit que leur ballon avait été recueilli à Krodshère, c'est-à-dire à 40 lieues du mont Lid; ils trouvèrent à l'hôtel les objets contenus

Balloun! Balloun! s'écria le Norwégien... (P. 187.)

dans la nacelle, et la cage d'osier avec les six pigeons voyageurs qui roucoulaient paisiblement, et paraissaient fort peu attristés des péripéties de leur traversée aérienne. Le maire de la ville, M. Skanke, invita les voyageurs à un banquet improvisé. — La réunion fut très brillante et l'assemblée ne se lassait pas d'interroger MM. Rolier et Robert sur tout ce qu'ils savaient de la guerre. Elle eût été composée de Français qu'elle n'eût assurément pas montré plus d'empressement, et plus de sympathie pour notre pays.

Quand les aéronautes arrivèrent à Christiana, la ville entière fut soulevée par l'enthousiasme. C'étaient des dîners, des fêtes, des ovations, sans cesse renouvelés. Le soir, quand ils rentraient chez eux, les deux Français voyaient défiler sous leurs fenêtres des bandes d'étudiants qui chantaient des airs nationaux. Le matin, c'étaient des jeunes filles qui venaient, au nom de la ville, leur offrir des bouquets tricolores.

Bientôt commencèrent à arriver des télégrammes de plusieurs parties de la Norwège. Nous ne saurions résister au plaisir de reproduire quelques-unes de ces dépêches que M. Rolier nous a communiquées. Elles montrent bien la touchante amitié que l'on éprouve à notre égard dans ces beaux pays scandinaves, où toute promesse d'affection est sacrée.

Hamar, 19 novembre 1870.

Aux navigateurs aériens français :

Bienvenue en Norwège. Enthousiasme pour votre heureuse descente.

HABITANTS DE HAMAR.

Tonsberg, 29 novembre 1870.

Aéronautes français au consulat de France :

Les habitants de Tonsberg vous souhaitent la bienvenue en Norwège, et présentent leurs meilleurs souhaits pour vous et pour votre noble patrie. Dieu protège la France !

WILHEM WILHEMSEN.

Tromsö (chef-lieu de la Laponie).

Consul de France à Christiania :

Le bruit court que deux officiers sont arrivés par un ballon de Paris. En ce cas, on demande des nouvelles de Paris. Réponse payée indéfiniment. Les habitants de Tromsö sympathisent avec la France.

HABITANTS DE TROMSO.

Drammen, 30 novembre 1870.

Paul Rolier et Robert. Hepp à Christiania :

Hier soir à la réunion, nous avons bu le toast de la France et de vous-même personnellement avec le plus grand enthousiasme. Bon voyage et vive la France.

LA DIRECTION.

Le consul de France, M. Hepp, un Alsacien de Strasbourg, un vrai patriote, guida les aéronautes français partout où ils étaient reçus. Tout le monde demandait à les fêter ; Mme Hepp adopta les pigeons-voyageurs du siège de Paris, et la ville tout entière voulut les voir.

Les Français assistèrent à des représentations données en leur honneur ; un jour qu'ils entraient au Cirque, le public se leva, les acclama, et se mit à chanter les *Girondins* et le *Chant du Départ*.

La ville de Christiania organisa en leur honneur, un banquet de 1 500 couverts ; ils furent présentés par le général Wergeland et M. Neywmann. En entrant dans la salle du festin, ils aperçurent au milieu de la table une grande pièce montée représentant exactement le mont Lid, le ballon surmonté des drapeaux français et norwégiens, la cabane et ses deux habitants, et les aéronautes eux-mêmes. La réunion était dominée par une tribune. Un orateur y monta et y prononça un discours sur les événements terribles dont la France était le théâtre; il dit qu'il gardait entière son espérance de les voir bientôt terminés, et rappelant quelles étaient les

Des jeunes filles venaient leur offrir des bouquets tricolores.... (P. 190.)

bases de l'amitié de la France et de la Norwège, il affirma que ces liens fraternels seraient de plus en plus resserrés.

M. Rolier répondit en exprimant sa reconnaissance, celle de son compagnon, pour ces manifestations unanimes et spontanées dont leurs aventures et leur présence n'étaient que le prétexte; il dit qu'il allait être fier de porter à ses concitoyens le témoignage éclatant du prestige de sa patrie.

Les bravos et les hourras prolongés s'élevèrent de toute l'assis-

Bénissez ces enfants, disaient-elles, pour que plus tard ils soient braves comme vous...
(P. 104.)

tance; suivant l'usage norwégien, M. Rolier et son ami, saisis chacun par quatre personnes, sont soulevés en l'air, et portés autour de la salle, où tous les convives se disputent le plaisir de leur serrer la main.

Bientôt, des sociétés chorales viennent solliciter l'honneur de se faire entendre devant les Français. Voici la traduction du chœur composé par M. Jonas Lie, poète favori du royaume, et qui fut chanté à la fin de la fête :

A LA FRANCE

A cette heure le bruit des tempêtes passe sur les plaines de France, trempées de sang et de larmes ; les flammes dévorent les villes et les villages. Derrière son drapeau tricolore, symbole de la liberté, elle a grandi dans son deuil. Retrempée par les revers, elle trouvera son salut dans ses exploits.

Ne reste-t-il donc que l'espérance à tes fils, ô France ! L'espérance est la puissance souveraine sur la terre : dans ses promesses se révèle le génie d'un peuple, c'est celle qui fait sortir les guerriers du sol de la patrie.

Ces deux nobles jeunes gens que nous avons vus passant l'Océan, pleins de brûlant courage et de foi patriotique, et pour qui le tourbillon des tempêtes ne fut qu'une main qui les portait, prouvent que la Foi et l'Espérance seront le salut de la France.

Vive la France et vivent les trois couleurs qui portent l'espérance à l'heure de l'adversité ! Les trois couleurs seront encore pour la Patrie française l'arc-en-ciel de la Liberté.

En outre de ces réceptions enthousiastes, les voyageurs français recevaient sans cesse les hommages non moins touchants de tous les habitants et des ouvriers eux-mêmes.

Un jour, des femmes du peuple se présentèrent devant eux, tenant leurs enfants par la main : « Bénissez ces enfants, disaient-elles, pour que plus tard ils soient braves comme vous ! » Partout où passaient les aéronautes la foule les acclamait, et de toutes parts ils entendaient les cris de : « Vive Paris ! vive la belle France ! »

En songeant à ce voyage de M. Rolier, ce cri de : « Vive la belle France ! » lancé au delà des mers, par des populations sympathiques, m'est souvent revenu à la pensée. N'y a-t-il pas dans cette exclamation quelque chose de vraiment touchant, et ne doit-elle pas soulever mille échos dans nos cœurs ? Quelle consolation dans le malheur de sentir qu'il y a encore quelques coins dans le monde où l'on peut compter sur des vœux sincères et désintéressés ! Répondons, à ces peuples amis : « Vive la loyale et l'honnête Norwège ! » comme nous dirons aussi : « Vivent les nations qui n'ont pas craint de tendre la main à la France terrassée ! »

M. Rolier et son compagnon quittèrent la Norwège sur le navire le *North star*. Au moment où ils allaient s'embarquer avec toutes leurs dépêches, M. Hepp leur remit des traites d'une valeur de près de 30 000 francs, montant d'une souscription qu'il avait réalisée en faveur des blessés français. A la dernière heure, ils reçurent enfin cette adresse des bourgeois de Christiania, témoignage écrit de tous les sentiments qu'ils avaient manifestés tant de fois.

BRAVES FRANÇAIS !

Une merveilleuse destinée vous a envoyés dans nos montagnes et nous a procuré l'honneur de la visite la plus inattendue de ceux qui étaient encore assiégés dans Paris, il y a quelques jours. Nous vous félicitons d'avoir si heureusement passé sur la mer du Nord et échappé par miracle à tant de dangers.

Nous espérons que pendant votre court séjour en Norwège vous aurez remarqué que toutes nos sympathies sont pour votre Patrie ; vous emporterez la conviction que chaque Norwégien a les mêmes sentiments. Tous, nous désirons voir, après tant de malheurs, la France redevenir en état de combattre victorieusement son adversaire sanguinaire.

Dites-le bien à tous vos concitoyens, nos vœux sont pour le succès de vos armes, parce que votre cause est juste. C'est pourquoi nous prions le Dieu tout-puissant de vous venir en aide au moment du combat contre un adversaire orgueilleux et trop fier de ses premiers succès. Qu'il fortifie et console vos soldats et leur donne le courage dont ils ont besoin. Tels sont les vœux de tous les fils de la Norwège.

LES BOURGEOIS DE CHRISTIANIA.
Suivent de nombreuses signatures.

Après avoir passé à Londres, MM. Rolier et Robert arrivèrent enfin à Tours où ils rendirent compte de leur mission.

La descente du ballon de MM. Rolier et Robert fut absolument funeste à la Défense nationale. Cet aérostat avait dans sa nacelle la dépêche la plus importante peut-être qu'aucun ballon ait emportée. Il annonçait la sortie de l'armée de Paris, et avertissait que l'armée de la Loire devait avoir à agir simultanément. L'armée de la Loire ne bougeait pas pendant ce temps, et attendait le signal. On conçoit que la descente en Norwège apporta un retard qu'on ne pouvait soupçonner. Les aéronautes étaient en effet partis de Paris dans la nuit du 24 au 25 novembre; quinze heures après, ils descendaient en Norwège, et quinze jours s'écoulaient depuis ce moment, jusqu'à leur arrivée à Tours.

Le soir même où MM. Rolier et Robert étaient partis de la gare du Nord à Paris, dans leur ballon *la Ville d'Orléans*, l'aérostat *l'Archimède* s'élevait à minuit 45 minutes de la gare d'Orléans. Il était conduit par un ancien marin, M. Buffet, et avait deux passagers. Il suivit le même chemin que la *Ville d'Orléans*, mais il put s'arrêter à l'extrémité de la Hollande, à Castelré, après 7 heures de voyage.

L'aéronaute de l'*Archimède*, M. J. Buffet, n'est pas seulement un marin de cœur, c'est aussi un homme distingué, qui a publié dans le *Moniteur* de Tours une lettre très intéressante, qui mérite d'être signalée.

Les voyageurs trouvèrent le meilleur accueil à la descente, comme le montrent les passages suivants du récit de M. Buffet :

« Déjà les paysans accouraient des toutes parts.

« Où sommes-nous ? m'écriai-je. Impossible de comprendre,

mais les cris de joie dont ils accueillirent le drapeau français que je fis flotter, nous eurent bientôt rassurés.

« Enfin, l'un d'eux, vêtu d'une blouse bleue et coiffé d'une casquette à galons, me dit : « Castelré, Hollande. » Un gros soupir de satisfaction s'échappa de nos poitrines, en même temps qu'une expression d'étonnement, puisqu'en 7 heures nous avions fait un si long trajet.

« Aidé de ces paysans, j'opérai le dépouillement de l'aérostat; je ne puis assez témoigner ma reconnaissance pour le bon vouloir que ces braves gens mettaient à m'aider dans une opération si nouvelle pour eux; la seule difficulté, fut de faire éteindre les pipes. Ces gaillards-là fumaient en venant respirer le gaz qui s'échappait de la soupape, et qui les faisait reculer à moitié asphyxiés et les yeux pleins de larmes.

« Pendant que j'encourageais par tous les moyens possibles ces excellents Hollandais à travailler, nous vîmes arriver près de nous deux personnes, accourues en toute hâte du château dont j'ai parlé, et qui nous firent les offres les plus gracieuses.

« On amena une voiture, la nacelle dedans, le ballon dans la nacelle, le filet par-dessus, et tout en remerciant du fond du cœur ces amis, nous nous acheminâmes vers le château dont nous avions fini par accepter l'hospitalité.

« Le château s'appelait Hoogstraeten, et le propriétaire, M. le major de Lobel, était absent pour la journée. Les honneurs nous en furent faits le plus gracieusement possible par toute la famille présente. Inutile de raconter les soins dont nous fûmes l'objet. On mit tout en réquisition pour nous, et, reposés, restaurés, on fit encore atteler pour nous deux voitures ; l'une pour les aéronautes, pour nous transporter à Turnhout, station belge, et de là rejoindre la France. Les adieux furent touchants ; nous ne savions que dire.

« Enfin nous nous séparâmes ; le soir même nous étions à Bruxelles.

« Il m'est impossible de faire un tableau exact de la sympathie que nous avons rencontrée sur notre route en Belgique. Chacun, selon ses moyens, cherchait à nous éviter quelque peine, et, fonctionnaires et gens du pays, tous nous accueillaient avec acclamation. Nous étions fort touchés de ces marques d'amitié réelle, et c'est avec bonheur que nous avons pu constater que la France est aimée plus qu'on ne croit. Aussi, au nom de nos passagers et au mien, voudrais-je pouvoir dire assez haut pour être entendu partout : Merci, merci, à la Belgique, à la Hollande ! »

Faisons remarquer que M. Buffet a quitté Paris une heure après le voyageur de Norwège, ce qui lui a permis au lever du soleil de toucher terre à l'extrémité de la Hollande. S'il était parti à la même heure que M. Rolier, il est probable qu'il aurait passé les côtes, et qu'il se serait également perdu en mer.

La fin de novembre se trouva funeste pour les aéronautes. C'est le 30 de ce mois que le ballon *le Jacquard* monté par le marin Prince, fut englouti dans l'Océan Atlantique. Il quitta la gare d'Orléans à 11 heures du soir.

Il paraît que lorsque Prince partit en ballon, il s'écria avec enthousiasme : « Je veux faire un grand voyage. On parlera de mon ascension. »

Il s'éleva lentement à 11 heures du soir ; on le vit se perdre dans le ciel, par une nuit noire. On ne l'a jamais revu depuis.

Un navire anglais aperçut le ballon, en vue de Plymouth ; il disparut à l'horizon. Quel drame épouvantable ! Quelle torture, a dû subir l'infortuné Prince, avant de trouver la plus horrible des morts ? Seul du haut des airs, il contemple l'étendue de l'Océan où fatalement il doit descendre. Il compte les sacs de lest, et ne les sacrifie qu'avec une parcimonie scrupuleuse. Chaque poignée de sable qu'il lance, est un peu de sa vie qui s'en va. — Il arrive, ce moment suprême, où tout est jeté par-dessus bord ! Le ballon descend, se rapproche du gouffre immense... La nacelle se heurte à la cime des vagues, elle n'enfonce pas, elle glisse à la surface des flots, entraînée par le globe aérien, qui se creuse comme une grande voile. Pendant combien de temps durera ce sinistre voyage ? Il peut se prolonger jusqu'à ce que la mort saisisse l'aéronaute, par la faim, par le froid peut-être. — Quel épouvantable et navrant tableau, que celui de ce voyageur, perdu dans l'immensité de la mer ! Il cherche de loin un navire.... jusqu'au dernier moment il espère le salut ! Pauvre Prince, brave marin, tu as perdu la vie pour ton pays.

L'histoire enregistrera ton nom sur la liste des hommes de cœur et d'abnégation qui, dans les moments suprêmes, savent noblement mourir pour la patrie !

Le même soir, presque à la même heure, le ballon *le Jules Favre* partait de la gare du Nord ; il était conduit par M. Martin et avait comme passager M. Ducauroy. Son voyage fut dramatique.

Parti à minuit de Paris, *le Jules Favre* s'éleva à 2 000 mètres, apercevant distinctement les feux prussiens. Les voyageurs rencontrèrent une couche d'air chaud et tellement calme, qu'ils croyaient faire à peine une lieue à l'heure. L'appareil électrique qui devait les éclairer n'ayant pas fonctionné, ils ne purent voir leurs instruments ;

leur direction resta inconnue ; comme le vent était nord au moment de leur départ, ils étaient persuadés aller vers le midi. Sans s'en douter, ils étaient dans un courant supérieur qui les poussait de l'est à l'ouest. Ils aperçurent bientôt la mer, et eurent la chance de pouvoir descendre à Belle-Ile-sur-Mer, devant la maison où était né le général Trochu.

Mais il est temps de revenir au château du Colombier, d'où nous nous disposons à partir avec notre ballon, dans la matinée du 30 novembre. Le ciel est légèrement brumeux, des nuages opaques se promènent lentement dans des régions atmosphériques assez rapprochées de la surface du sol. Le ballon a été si bien verni qu'il est presque aussi rond que la veille, c'est à peine s'il accuse une déperdition sensible de gaz par quelques plis légers qui rident un peu sa partie inférieure.

Il est 7 heures du matin, il y a grand branle-bas au château du Colombier. La compagnie des mobiles a plié ses tentes ; les fusils, les sacs sont entassés sur des charrettes qui vont nous suivre, car les hommes ont assez de besogne à remorquer l'aérostat captif, le moindre fardeau gênerait la liberté de leurs mouvements.

Nous allons partir, laissant Duruof et la *Ville de Langres* comme équipe de réserve.

Jossec et Guillaume déchargent la nacelle des pierres qu'on y a placées ; ce n'est pas une petite affaire, car un de nos *moblots*, ancien maçon solide comme Samson, a apporté là de véritables rochers d'un poids énorme.

Nous avons envoyé en avant les plateaux qui nous serviront pour les ascensions captives, et la batterie que j'ai fait construire pour remplacer, par de l'hydrogène pur, le gaz perdu par la dilatation ou l'endosmose. Bertaux, notre capitaine-trésorier, a acheté pour nous, mille kilogrammes de zinc et dix touries d'acide sulfurique, qui représentent plusieurs rations de vivres pour le *Jean-Bart*.

Mon frère rassemble les hommes, je monte dans la nacelle qui, suffisamment délestée, s'élève. Le ballon est suspendu dans l'espace à la hauteur de deux maisons de cinq étages ; les quatre cordes qui le retiennent sont tendues aux angles d'un grand carré par les mobiles, répartis à chacune d'elles en nombre égal. On se croirait attaché sous le ballon à un grand faucheux à quatre pattes qui rampe sur les champs ; qu'est-ce qu'une hauteur de quelques étages pour l'aéronaute qui pourrait compter ses étapes verticales par plusieurs dizaines de tours de Notre-Dame superposées ?

Nous touchons à peine la partie malade de l'aérostat... (P. 203.)

Ah ! décidément, le voyage en ballon captif ne ressemble guère à l'excursion en ballon libre. C'est la différence qui existe entre la prison et le grand air de la liberté. L'aérostat n'aime pas traîner un boulet à sa nacelle. S'inclinant sous l'effort du vent, il fait grincer ses cordes et sa nacelle. Le voyageur est secoué dans son panier comme un nautonnier sur sa barque au sommet des vagues. Le vent siffle, violent. Tandis que là-haut, en liberté, on plane avec l'air en mouvement, que nulle brise ne se fait sentir ; ici-bas, en captivité, il faut retenir son chapeau des deux mains, si l'on ne veut pas qu'il s'envole.

A midi, le soleil a paru, il a écarté les nuages de ses rayons brûlants, mais avec lui, la brise s'est élevée. Cette brise est âpre et froide ; elle imprime des oscillations fréquentes à notre navire aérien. Nous sillonnons l'espace au-dessus de la voie de chemin de fer en construction que nous avons appris à connaître sur notre carte, mais quelquefois le *Jean-Bart* se rapproche de la cime des arbres, véritables récifs du navigateur aérien. Il ne faut qu'une branche verticale pour crever l'étoffe du ballon ; à tous les pas nous redoutons un malheur. Chaque cime est une épée de Damoclès retournée sous notre nacelle.

Il est une heure, une clairière s'offre à nous, le ballon y est descendu ; nos hommes se reposent. Je suis littéralement gelé, et mon frère se dispose à faire son quart après moi. Il prend place dans l'esquif avec le lieutenant de mobiles, mais à peine le ballon a-t-il été traîné de quelques centaines de mètres qu'une voix nous crie de la nacelle : « J'en ai assez, faites-moi descendre ! » C'est le pauvre lieutenant qui a eu le mal de mer. Il est vert comme une pomme en mai et vient de lancer son déjeuner par-dessus bord en guise de lest ! Il revient à terre complètement guéri de sa passion aérostatique.

Nous continuons notre marche bien lentement jusqu'à Chanteau. Nous avons là à passer un chemin étroit bordé de rideaux d'arbres, que nous allons franchir en faisant monter le ballon jusqu'à l'extrémité de ses cordes. Mon frère vide deux sacs de lest pour maintenir le ballon à une hauteur suffisante, et augmenter par l'accroissement de force ascensionnelle la résistance à l'action du vent. Je crie aux mobiles de marcher vite s'ils le peuvent, afin de passer rapidement ce détroit dangereux. Le *Jean-Bart* se penche, et rase le sommet des premiers arbres, sans les toucher, puis il se balance vers ceux qui se dressent de l'autre côté de la route. Il oscille de nouveau et redescend vers un chêne élevé. — Il s'en rapproche rapidement ; va-t-il s'y briser ? mon cœur bondit d'inquiétude. Patatra ! C'en est fait du *Jean-Bart*, une branche s'est enfoncée dans l'appendice, et l'a crevé comme une peau de tambour ! Tout est perdu, pensons-nous. Nous ramenons le ballon à terre, nous voyons avec joie qu'il n'en est heureusement pas ainsi : l'avarie peut se reparer. L'appendice seul est crevé. Jossec monte dans le cercle, et de son cache-nez, étrangle le ballon à la partie inférieure de l'appendice. — Nous l'aidons dans ce travail difficile, car, perchés dans le cercle, et les mains levées, nous touchons à peine la partie malade de l'aérostat. Il faut faire une ligature à bras tendu, pendant que le vent nous balance, et nous jette dans des cordages, tantôt sur le dos, tantôt à plat ventre. En nous soutenant mutuellement, nous cicatrisons la plaie du *Jean-Bart*. Jossec, qui sait ce que c'est qu'une voie d'eau dans un navire, a appris qu'une voie de gaz ouverte dans un aérostat n'est pas moins dangereuse.

Mais il a su réparer celle-ci en habile aéronaute; il est excellent gabier, et la navigation aérienne touche en bien des points à la navigation océanique.

L'air est agité, et le vent augmente d'intensité. Les rafales sifflent, et font bondir le ballon qu'elles ont déjà en partie dégonflé. L'étoffe n'est plus aussi bien tendue; elle se creuse par moment en faisant entendre un bruit sourd et lugubre. — Il faut attendre que la tourmente ait passé. Car le transport devient actuellement impossible. Nous postons quatre factionnaires autour du *Jean-Bart*, et nous allons jusqu'au village de Chanteau, où nous prenons un modeste repas que nous avons tous bien gagné. On remplit de vin, deux seaux, et nos mobiles y puisent à tour de rôle. Cette collation ranime leur ardeur. Ils trouvent que, décidément, il y a du bon dans le service des ballons captifs.

En dépit du vent, nous nous décidons à continuer notre route, car nous voulons arriver au camp de Chilleur. Nous savons que le général d'Aurelles n'est pas bien convaincu de l'utilité des ballons captifs; que dira-t-il si ses premiers ordres n'ont pu être exécutés pour cause de vent? Qu'importent les obstacles imprévus, l'insuffisance d'un matériel improvisé, les difficultés dues à la mauvaise saison? — Expliquer toutes ces bonnes raisons quand on a échoué, c'est perdre son temps. Il faut réussir à tout prix.

Les mobiles se remettent en marche traînant à la remorque le *Jean-Bart*, où nous sommes montés tous deux mon frère et moi. Les chemins sont couverts d'une boue gluante, qui se colle aux semelles, et nous préférons geler dans la nacelle que patauger dans la crotte. — D'ailleurs tout à l'heure un coup de vent sec, imprévu, a failli faire lâcher prise à tous nos hommes à la fois. Nous avons entrevu la possibilité d'une ascension libre, faite malgré nous. Dans le cas d'un semblable accident, nous tenons à nous trouver ensemble. Nous songeons même que nous n'avons pas d'ancre dans la nacelle et qu'en cas de départ dans les nuages, le retour à terre ne serait pas facile.

Le remorquage de l'aérostat devient de plus en plus pénible. Les mobiles sont fatigués. — Nous essayons d'un nouveau moyen de locomotion que nous regrettons bientôt de ne pas avoir usité plus tôt, car il est plus pratique et moins fatigant. Au lieu de traîner le ballon juché dans l'air à 30 mètres de haut, nous le faisons descendre jusqu'à un mètre ou deux de la surface du sol, les soldats le maintiennent presque au-dessus de leurs têtes. — Dans ces conditions, les oscillations ont un amplitude moindre, et le travail de traction est plus facile.

Nous arrivons bientôt au milieu de vastes plaines, où nous n'avons plus à craindre les récifs terrestres. — Mais le soleil se couche et le vent ne s'apaise pas. Il est six heures. Nos hommes sont épuisés. Ils commencent à se plaindre, ils ne tirent que mollement, et ont toutes les peines du monde à ne pas laisser entraîner le ballon par le vent qui nous est toujours contraire. C'est à peine si nous faisons un kilomètre à l'heure.

— Courage, leur crions-nous, nous arrivons bientôt à Rebréchien. Il faut aller jusque-là, car en restant ici, il n'y aurait pas de dîner, et là-bas, vous aurez un bon repas.

Nous avons les pieds et les mains littéralement glacés, et le mouvement de roulis de la nacelle devient insupportable. Mais nous n'osons rien dire. Mauvais exemple pour les soldats si les chefs se plaignaient déjà.

Bientôt, il fait nuit noire, quelques paysans regardent stupéfaits le passage de ce monstre inconnu pour eux. — Le ballon se découpe sur le ciel, en une vaste silhouette noire qui se balance au-dessus de la plaine ; il est tiré par des groupes humains qui ressemblent de loin à des ombres échappées du monde infernal. Tous ces travailleurs fatigués et silencieux offrent le tableau d'une apparition fantastique.

A 7 heures, la lune qui se montre, complète le merveilleux de cette scène bizarre ; elle nous éclaire de ses rayons, et se reflète sur l'aérostat, en lui donnant l'aspect étrange d'une grande sphère de métal poli.

S'il fallait continuer quelques heures de plus un semblable voyage, nous ne tarderions pas à tomber de fatigue, au milieu des champs. Les pauvres mobiles ont les mains coupées par les cordes, ils marchent avec peine dans la terre labourée. Depuis que la lune s'est montrée, le froid est insupportable. — Une bise glacée nous paralyse dans la nacelle. Heureusement nous apercevons dans le lointain le petit village de Rebréchien qui allume ses feux du soir.

C'est la terre promise qui s'ouvre à nous. Il faudra demain recommencer le voyage. Mais une bonne nuit nous aura rendu nos forces.

A 8 heures, nous faisons arrêter le ballon à l'entrée du village. Il y a douze heures que nous sommes traînés en ballon captif, il y a douze heures que nos mobiles tirent sur des cordes de toute la force de leurs poignets : ma foi ce sont de solides gaillards, et bien d'autres à leur place auraient succombé à la tâche. Mais leur bonne volonté est à la hauteur de leurs poignes, ils aiment, malgré eux, leur ballon captif qui leur a donné tant de mal, car leur instinct leur fait comprendre qu'il chose de nouveau, d'utile. Braves cœurs ! aussi la patrie, et leur inspire l'éner- pleins de bonne vo- y a là quelque d'inconnu, Ils aiment c'est ce qui gie ; ils sont lonté, remplis de zèle. Que n'aurait-on pas fait avec de tels soldats, si les circonstances avaient été moins néfastes ? Mais il faudrait pouvoir les bien

(Ils creusent un trou carré... (P. 208.)

conduire et les soigner. Ils travailleront demain avec la même ardeur, mais à condition que ce soir ils dîneront et dormiront bien. C'est ce qui ne leur arrive pas tous les jours en présence de l'ennemi. Privés de sommeil, privés de nourriture, accablés de fatigue, ils fuient parfois sous le feu des batteries prussiennes. Mais qui donc tiendrait tête à des solides combattants quand les privations de tous genres ont transformé l'homme robuste en un malade, chez lequel l'abattement, le découragement ont succédé au courage, à la résolution ? Un estomac trop longtemps vide ne sait plus avoir d'ardeur.

Avant de nous livrer à un repos dont nous avons tous grand besoin, nous prenons soin de disposer le ballon de telle sorte que les coups de vent violents, auxquels il est soumis sans cesse, ne puissent l'entraîner au loin. Jossec et Guillaume vont chercher des pelles et des pioches ; ils creusent un trou carré, où la nacelle, remplie de pierres et de sacs de lest, est enterrée jusqu'au bordage supérieur. Nous ne tardons pas à nous apercevoir que ces précautions sont insuffisantes, le ballon qui a perdu une quantité appréciable de gaz, est flasque et distendu, son étoffe devient concave sous l'effort de l'air agité, et ce qui nous étonne, c'est qu'il ne vole pas en lambeaux d'un moment à l'autre.

A 6 heures du matin, les rafales sont si puissantes que l'aérostat se penche complètement jusqu'à terre ; là, il roule sur lui-même, son étoffe se soulève avec force comme une poitrine opprimée. On dirait le râle d'un être vivant qui va succomber, et qui lutte encore contre la mort. Les mobiles en faction nous ont éveillés à temps pour assister à cette agonie.

Tout à coup un coup de vent siffle dans les arbres avoisinants, qu'il fait ployer, il enlève le ballon comme un fétu de paille, et l'entraîne à cent mètres de son point d'attache. Arrivé là, le *Jean-Bart* s'affaisse, son étoffe s'est fendue de l'appendice à la soupape. Le gaz s'échappe en une seconde : le fier aérostat si beau, si puissant, n'est

Jean-Pierre, tu verras le ballon... (P. 210.)

plus qu'un lambeau d'étoffe informe, un amas de chiffons, une guénille.

Les témoins de cette scène étrange sont stupéfaits de cette force de l'air, frappant une surface légère, car ils ont assisté à une expérience vraiment remarquable. Le ballon a soulevé sa nacelle remplie d'un poids de deux à trois mille kilogrammes, il a entraîné son ancre avec lui, en lui faisant tracer dans la terre labourée, un sillon d'un mètre de profondeur.

Nous replions l'aérostat, et la foule des paysans qui n'était pas là hier à notre arrivée, accourt pour voir le ballon. La figure de quelques-uns d'entre eux est vraiment comique.

— Jean-Pierre, tu verras le ballon demain matin, avait dit un témoin de notre arrivée à son ami; c'est une grande machine ronde qui se remue, souffle, s'agite, qui est deux fois grand comme notre clocher et qui traîne dans un panier des messieurs de Paris.

Et Jean-Pierre est ébahi de voir un paquet d'étoffe pliée, qui tient dans un panier d'osier. Il se demande si on ne s'est pas moqué de lui. Mais il ne sait pas qu'il faut voir un ballon gonflé.

Nous sommes assez penauds pour notre part, et c'est l'oreille basse que nous nous décidons à envoyer un télégramme à Tours où l'on attend de nos nouvelles. Nous revenons à pied à Orléans.

Après quatre heures de marche, nous entrons en ville; la réponse à notre missive est déjà venue. Sachons rendre justice à l'intelligence du directeur des télégraphes qui s'occupe du service des ballons captifs, au lieu de maugréer, de se plaindre et de nous décourager comme l'auraient fait tant d'autres, il nous félicite chaleureusement de nos efforts, et nous excite à recommencer : — Je vous envoie six ballons, nous dit-il, crevez-en autant que vous voudrez, mais réussissez. » Voilà de bonnes paroles qui nous réconfortent. C'est ainsi qu'on fait marcher des hommes d'action.

Le lendemain nous réparons de bon cœur un autre ballon, *la République universelle*, venu de Paris le 14 octobre. Nous allons le gonfler au premier signal, et nous pensons bien qu'il n'y aura pas de tempête tous les jours aux environs d'Orléans. Pour plus de précautions, nous préparerons même aussi un second aérostat. Je n'oublie pas d'ailleurs un conseil de mon ami Gustave Lambert qui a appris à connaître la vie : « Pour réussir, me disait-il un jour, il y a un mot qu'il est indispensable de bannir de son répertoire, c'est le mot *découragement.* » Quelque modeste que soit notre sphère d'action, prenons le parti de le rayer de notre dictionnaire.

Un télégramme envoyé de Tours nous apprend que le mouvement de nos troupes est retardé de deux ou trois jours, et que nous avons le temps de prendre nos dispositions avant l'attaque. Cette nouvelle vient à point, car l'usine d'Orléans ne pourra pas nous fournir 2000 mètres cubes de gaz avant le 3 décembre.

En attendant le jour du gonflement, nous faisons une visite au camp français accompagnés de quelques amis. Nous sommes reçus d'abord par les turcos, dont le campement si bizarre, si pittoresque, doit ressembler aux smalas du désert. Ces braves soldats nous offrent un café excellent, et boivent à la santé de la France. Pauvres Arabes quels vides effroyables ont été ouverts dans leurs rangs par le mécanisme de l'artillerie prussienne.

Le samedi 3 décembre, nous commençons au lever du jour le gonflement de notre nouveau ballon, *la République universelle.* Ce nom un peu long n'est pas très heureux, mais nous ne voulons pas toucher au baptême de Paris. Nos marins Jossec et Guillaume, et les mobiles sont à leur poste, ils commencent à se familiariser aux manœuvres aérostatiques, que facilitent aujourd'hui un temps calme, un ciel serein.

A 3 heures de l'après-midi, nous nous mettons en route, et bientôt, perchés dans notre nacelle, nous passons au-dessus des campagnes, remorqués par les mobiles, à travers les échalas de vigne. L'air est à peine agité, et la *République universelle*, mollement bercée à l'extrémité de ses cordes, ne nous secoue pas trop violemment dans notre panier d'osier. Nous dirigeons notre marche à côté du château du Colombier, vers un petit village, où nous ferons notre première étape. Demain nous espérons arriver, à la fin du jour, a camp de Chilleur, où l'on nous attend.

Nous rencontrons en route quelques francs-tireurs qui rejoignen le gros de leur troupe. Nous nous arrêtons, et nous causons ave eux ; l'un d'eux a assisté à la défense de Saint-Quentin et nou donne de curieux détails au sujet de ce beau fait d'armes.

Le 7 octobre, la ville de Saint-Quentin apprenant que les Prus siens allaient venir, se prépara à résister. Le lendemain à 10 heure on apprend que l'ennemi est aux portes de la ville : le tocsin sonne et bientôt la fusillade se fait entendre à l'entrée de la ville. Une barricade y a été construite, et le préfet M. Anatole de la Forge arrive bientôt une épée à la main, pour encourager les défenseurs. La garde nationale, les pompiers et les francs-tireurs de Saint-Quentin, après deux heures de combat repoussent les assauts qui leur sont portés : l'ennemi bat en retraite. M. Anatole de la Forge avait été blessé à la jambe. — Le 21 octobre, la pauvre ville de Saint-Quentin, ville ouverte et sans défense, qui avait osé donné l'exemple aux cités fortifiées, paya sa résistance en étant accablée sous le poids des réquisitions.

CHAPITRE TROISIÈME

La déroute de l'armée de la Loire. — Les ballons captifs au château du Colombier.
— Aspect d'Orléans. — Le dernier train. — Les blessés — Vierzon.

Après bien des difficultés, analogues à celles que nous avons décrites, le ballon *la République* arrive enfin au terme de sa première étape, près d'un petit hameau situé à 1 kilomètre à peine du château du Colombier. Il n'y a là que quelques chaumières tristes et monotones. Il est cinq heures, le vent assez vif agite l'aérostat qui plie sur son cercle, comme un arbre pendant l'orage. Les marins creusent dans le sol un trou profond pour y enfouir la nacelle, ils manient la pioche au milieu d'une plaine abritée par des peupliers privés de feuilles et roides comme les mâtures d'un navire. On entend au loin le bruit de la canonnade qui fait retentir l'air comme le tonnerre pendant la tempête. Depuis quarante-huit heures, ce concert lugubre frappe sans cesse nos oreilles.

Et ce concert, nous l'attendions avec une impatience presque fébrile depuis deux semaines, c'est-à-dire depuis le lendemain de la victoire de Coulmiers. Il y avait dans les environs un vieux paysan qui assistait avec intérêt à toutes nos manœuvres; c'était un ancien militaire qui paraissait animé d'un ardent patriotisme; ses yeux s'animaient quand il entendait le canon, mais il semblait triste et abattu.

— Ah! quel malheur, me disait-il, que l'on ait attendu si longtemps. C'est au lendemain de la victoire de Coulmiers qu'il fallait agir. Depuis huit jours, monsieur, vous ne pouvez vous faire une idée de ce qu'il arrive de Prussiens de tous les points de l'horizon. C'est comme une invasion de sauterelles.

Le brave homme avait raison. Après la prise d'Orléans, si l'on avait poursuivi les Bavarois en marchant énergiquement sur Paris, si l'on avait profité de l'entrain que la victoire avait donné à nos troupes, on n'aurait trouvé nulle part de résistance sérieuse sur la route, et il est probable qu'on aurait réussi. C'était l'avis de Gambetta et de M. de Freycinet qui a raconté tout au long ces épisodes émouvants dans son beau livre *La guerre en province pendant le siège de Paris*. Les Allemands s'attendaient à la poursuite de l'armée vaincue du général Von der Tann, et l'on en concevait à Versailles une grande inquiétude.

« On va même, dit M. de Freycinet, jusqu'à prétendre que les préparatifs du départ étaient faits pour le cas où l'armée de la Loire et la garnison de Paris tenteraient un vigoureux effort pour se donner la main.

« Les avis étaient très partagés à cet égard le surlendemain de la victoire du 12 novembre, quand M. Gambetta se rendit au camp pour complimenter l'armée et s'entendre avec les généraux sur la suite des opérations. Un long entretien, auquel j'assistais, eut lieu avec le général d'Aurelles, le général Borel et, un peu plus tard, le général des Paillères. Le général Borel proposa le hardi projet qu'on vient de voir et qui, par le fait, aurait été le plus sage. Le général en chef fut d'une opinion diamétralement opposée. Non seulement la continuation immédiate de l'offensive ne lui paraissait pas possible, mais il jugeait dangereux de rester à Orléans. »

Gambetta et M. de Freycinet combattirent cet avis avec la plus grande énergie. Ils firent remarquer que l'effet moral de cet abandon serait déplorable. En effet, nul en France et même à l'étranger n'eût pu concevoir qu'on perdît volontairement tous les bénéfices d'une victoire qui avait été si chèrement gagnée.

Je n'oublierai jamais la sage clairvoyance de mon vieux paysan qui avait assisté, çà et là, aux succès de la victoire de Coulmiers; il se trouvait à Ormeteau alors. que les marins de l'amiral Jauréguiberry débusquaient l'ennemi avec une incomparable furie et décidèrent du sort de la journée.

— L'élan était général, me disait-il, et il n'est pas jusqu'aux mobiles que la lutte entraînait.

Il fut résolu que l'on resterait à Orléans et que l'on s'y fortifierait. Mais les journées se passaient tristement et misérablement pour les troupes; l'hiver était d'une rigueur extrême, et les campagnes étaient couvertes de neige. L'ardeur de la jeune armée, ne tarda pas à s'éteindre avec les souffrances. Je me rappelle avoir vu de malheureux mobiles, dont les vêtements étaient en lambeaux et qui, après avoir passé la nuit au milieu des neiges, avaient l'aspect de malades traînant l'agonie. Souvent la nourriture était insuffisante au milieu des camps, et les journées d'hiver se passaient dans l'inaction et la souffrance.

Pendant ce temps, l'armée de Metz arrivait avec la plus grande promptitude, non tout d'une pièce comme on aurait pu le croire, mais par petits détachements de 5 000 à 6 000 hommes seulement.

Ces détachements voyageaient à distance les uns des autres et se concentraient à un point déterminé, avec cet ordre, cette ponctualité et cette précision qu'on eut trop souvent l'occasion d'admirer chez les armées allemandes.

C'est dans de telles circonstances que mon frère et moi, le soir du samedi 3 décembre, nous entendions, avec nos marins, les sourdes détonations de l'artillerie. Le froid était intense, rigoureux, et nous savions que nos troupes avaient beaucoup souffert. La veille, nous avions eu l'occasion de rencontrer de pauvres mobiles qui faisaient cuire des saucisses plates autour du feu; ils les tenaient devant la flamme à la pointe de leurs couteaux.

— N'avez-vous pas, leur disions-nous, un peu de pain, du vin et d'autres aliments?

— Hélas non! répondaient-ils, c'est notre ration pour toute la journée.

Les malheureux n'avaient en outre pour se couvrir qu'une méchante couverture, aussi mince qu'un lambeau de percaline, et cependant aucune plainte ne s'échappait de leurs lèvres.

Ils couchaient souvent en plein air, au milieu de la neige. Et c'étaient ces mêmes hommes qui se mesuraient actuellement avec la meilleure armée prussienne, avec les troupes de Frédéric-Charles venues de Metz. Ils se battirent dignement cependant et avec un courage remarquable. On le verra dans la suite.

En songeant à ces malheurs de nos soldats, nous nous reprochions de ne pas être plus actifs, et nous aurions voulu combattre avec nos frères, au lieu de prodiguer en vain nos efforts inutiles.

Grâce au ciel, notre petit bataillon, peu nombreux, du reste, ne manque de rien.

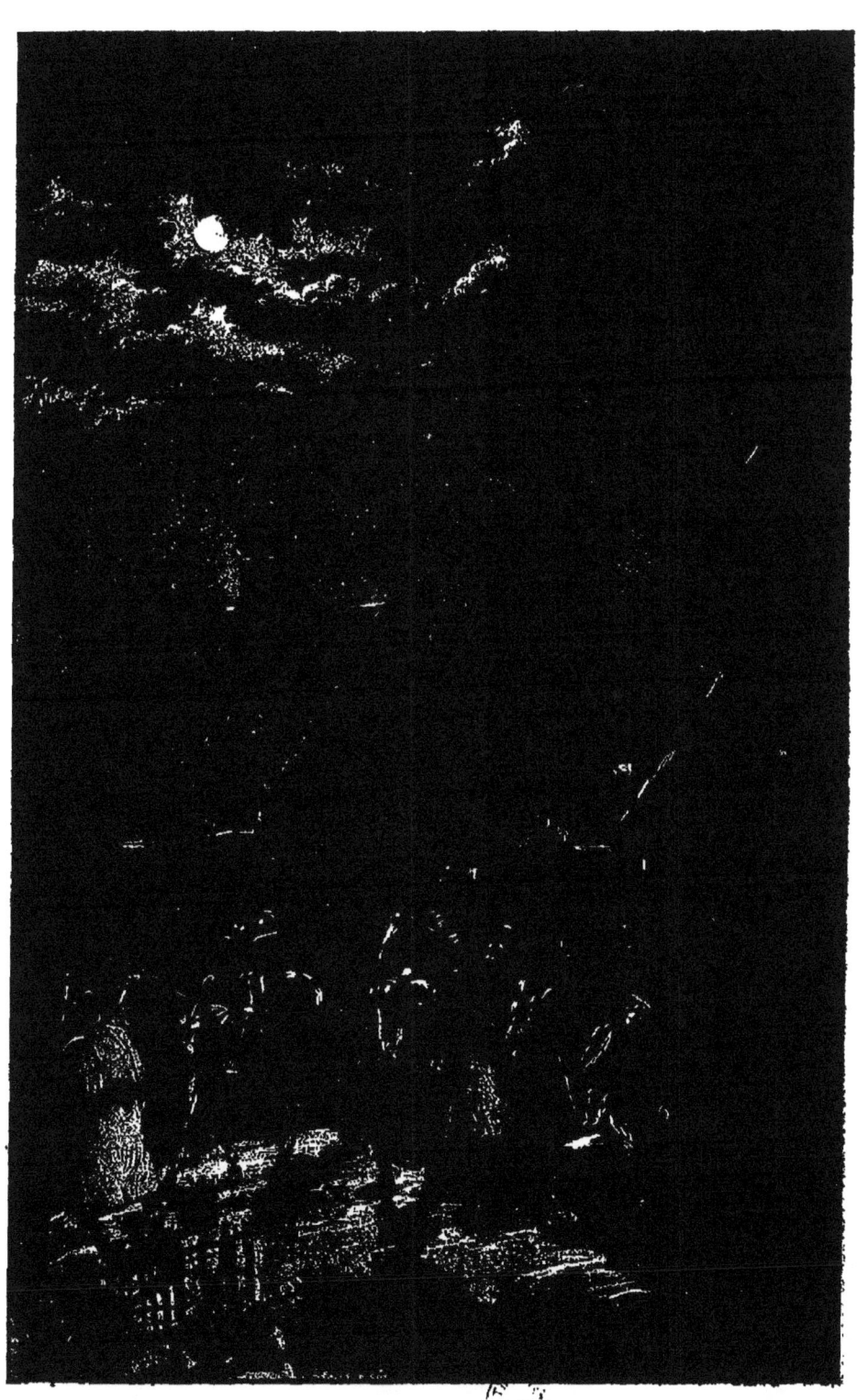

Un sinistre défilé s'offre à nos yeux... (Page 220.)

Le capitaine des mobiles préside à la distribution des vivres de ses soldats, nos marins cherchent des habitations où ils pourront trouver un abri. Quant à nous, l'hospitalité nous est offerte par de braves paysans. Ils ouvrent aux aérostiers leur humble maisonnette; un feu flambant pétille dans l'âtre; l'hôtesse prépare à notre intention un repas frugal composé d'une omelette, et de fromage, arrosés de vin blanc. Le soir, après l'inspection du ballon qui s'agite toujours convulsivement sous le souffle de l'air, nous rentrons nous coucher, mon frère et moi, étendus tout habillés sur deux matelas placés à terre. Le capitaine et le lieutenant de la compagnie de mobiles, restent assis au coin du feu. La chambre qui nous abrite, est ouverte à tous les vents, les carreaux des fenêtres ont été brisés par les Prussiens à l'époque de leur première visite à Orléans. Ces pillards n'ont rien respecté dans l'humble habitation; quand ils y sont entrés, on leur a donné des fromages, du pain et du vin, tous les vivres de la campagne, mais ils ont cassé sans pitié les chaises, les commodes, ils ont brisé un vieux coucou, précieux souvenir de famille, ils ont mis en morceaux une glace, seul objet de luxe de l'ameublement de la pauvre chaumière et la pauvre femme qui nous donnait asile, était encore toute tremblante au souvenir de ses misères.

Elle nous regardait les larmes aux yeux, et nous faisait comprendre son bonheur d'abriter sous son toit des soldats français.

A minuit, alors que le sommeil commençait à avoir raison de nos fatigues, des pas sonores nous réveillent en sursaut. Ce sont des mobiles qui viennent appeler le capitaine.

— Venez, capitaine, disent-ils, on entend au loin un bruit singulier; sur toutes les routes c'est comme le roulement de nombreuses voitures, on croit apercevoir aussi des cavaliers qui passent sur le sol glacé.

Nous nous levons à la hâte. Rendus à travers champs à la route la plus proche, un sinistre défilé s'offre à nos yeux. Des voitures d'approvisionnement passent en lignes serrées, puis ce sont des cuirassiers dont les chevaux trottent au milieu des ténèbres, suivis de canons et de caissons d'artillerie. Çà et là des soldats égarés traversent les champs, comme des ombres effarées ; sautant par-dessus les haies, mornes, abattus, ils marchent la tête basse, sans rien dire, sans rien voir, leurs vêtements sont en lambeaux, les uns ont la tête enveloppée d'un foulard, les autres, deminus, se drapent dans de méchantes couvertures ; ceux-ci boitent et traînent le pas, ceux-là ont le bras en écharpe, quelques-uns, maladifs et pâles, s'appuient sur l'épaule d'un ami.

— Tout est perdu, nous dit un vieux zouave à barbe grise, les obus tombent on ne sait d'où. Dieu me damne, si j'ai rien vu de semblable ! Ces maudits Prussiens sortent du sol pour nous écraser, nulle résistance n'est possible !

Tout en faisant la part de l'exagération des fuyards, nous nous rendons à l'évidence, car le lugubre cortège se prolonge à perte de vue, avec toute la physionomie d'une déroute. Comment traduire les sentiments qui s'agitent dans notre esprit consterné ? Quelle tristesse s'empare de notre âme en songeant à nos malheurs ! C'en est donc fait de la France ! L'armée de la Loire, victorieuse à ses débuts, est déjà terrassée !

La fatigue est le meilleur palliatif de la douleur ; après avoir longtemps considéré les scènes qui se déroulent sous nos yeux, comme une vision sinistre au milieu de la nuit, nous rentrons dans notre humble asile. Malgré l'émotion qu'a fait naître l'horrible tableau du désastre, nos yeux se ferment, et le sommeil vient arrêter le souvenir.

A 5 heures du matin, tout le monde est sur pied. La déroute a

A 5 heures du matin, tout le monde est sur pied...

duré toute la nuit du 4 au 5 décembre; le défilé lugubre n'a pas discontinué un instant. Au lever du jour, elle s'accentue plus complète encore, et les premiers rayons d'un soleil d'hiver éclairent les milliers de voitures qui se dirigent vers Orléans. Plus loin, on voit encore des cuirassiers aux manteaux rouges et de nombreuses pièces d'artillerie. Des blessés, le teint pâle, l'œil livide, sont ramenés sur des cacolets.

Notre ballon *la République* est toujours gonflé au milieu de la prairie. Que faire ? Nul ordre ne nous est envoyé. Nous laisserons-nous prendre sottement par les Prussiens qui approchent ? Un mobile court au château du Colombier, où est installé un poste télégraphique. Aucune nouvelle, aucun ordre : notre devoir nous impose l'obligation d'attendre jusqu'à la fin. Comment se décider à plier bagage, en songeant que le ballon peut être utilisé au dernier moment.

Que les Prussiens viennent s'ils le veulent. Qu'ils nous cernent, qu'ils nous entourent. Il sera toujours temps de couper nos cordes, et de lancer la *République* au-dessus des nuages. Nos mobiles et nos marins, débarrassés de leur ballon, trouveront bien à se sauver à pied. Ils ont tous des chassepots, des revolvers et sont décidés, s'il le faut, à en faire bon usage.

Attendons. C'est la décision qui est prise au milieu de la panique.

— Attendons si vous voulez, nous crie d'un air insouciant le lieutenant des mobiles qui vient de se joindre à nous, mais, pour Dieu ! déjeunons.

Et disant ces mots, il nous montre en riant un magnifique lapin qu'il vient d'acheter trente centimes à un paysan. Ce brave homme s'est excusé de le faire payer un peu cher. Mais les temps sont durs. Hélas ! à trente lieues d'ici, dans les murs de Paris, ce lapin coûterait à nos amis autant de pièces de cinq francs que nous l'avons payé de sous !

A 11 heures, le bruit de la canonnade se rapproche singulièrement, des paysans accourent consternés ! Les obus, disent-ils tombent à mille mètres d'ici.

Qu'allons-nous devenir ? L'équipe est vite rassemblée, il faut faire les préparatifs de l'ascension. Au même moment, une estafette accourt enfin. On nous donne l'ordre de plier le ballon, et de le porter de l'autre côté de la Loire, où l'armée se rassemble. Le dé-

Holà! mon bonhomme, crie le capitaine au charretier...

gonflement se fait en toute hâte avec l'aide des mobiles et de leur capitaine. Mais il y a pour une bonne heure de travail.

Voilà une charrette qui passe attelée d'un bon cheval.

— Holà! mon bonhomme, crie le capitaine au charretier, en saisissant son cheval par la bride, vous êtes vide, je mets votre voiture en réquisition, nous en avons besoin.

— Ma foi, mon capitaine, prenez, si vous voulez, la voiture et le cheval ne sont pas à moi.

Le filet plié, le ballon, la nacelle, sont hissés sur la charrette qui se met en marche. Il était temps : les projectiles ennemis sifflaient dans l'air et tombaient à profusion sur le château du Colombier.

Je cours payer notre brave hôtesse, et je vois le lieutenant de mobiles devant le foyer de la cheminée. Une cuillère à la main, il fait mijoter son lapin.

— Allons, mon lieutenant, en route. Vous avez fait là un joli déjeuner pour les Prussiens. Mais consolez-vous, nous mangerons à Orléans.

Le pauvre village va être abandonné. Les ennemis vont venir.

Tous les paysans sont en proie à la plus violente émotion, on en voit qui se sauvent, on en voit d'autres cachant les objets qui leur sont chers.

Nos cent cinquante mobiles suivent la charrette. On arrive bientôt par un chemin de traverse à la grande route qui conduit en ville. Mais nous attendons une grande demi-heure pour prendre rang au milieu de la longue queue de voitures d'approvisionnement et de troupes qui défilent depuis plus de douze heures.

Il faut avoir assisté au spectacle de la défaite d'une armée de plus de cent mille hommes pour se faire une juste idée du chaos, de l'encombrement désordonné qui en résulte. Deux files de charrettes suivent la route au milieu des troupes ; des cavaliers dominent pêle-mêle cet océan humain, chaque charretier pressé par le bruit des détonations qui le menacent, veut devancer son voisin, à chaque minute la file s'arrête pour ne reprendre qu'un pas lent et irrégulier. Tout le monde est silencieux, atterré, comme anéanti. Tantôt des estafettes courent porter des ordres ; il faut leur ouvrir un passage ; des canons remontent le courant pour protéger la retraite jusqu'à la nuit.

Cependant le bruit de la canonnade augmente d'amplitude, l'en-

On en voit qui se sauvent.
(P. 254.)

nemi approche. Aura-t-on le temps de traverser la Loire? Fasse le ciel que les obus ne tombent pas sur la route, cachée sous un ruban de soldats ou de voitures.

L'encombrement augmente à mesure qu'on avance. Devant la porte d'Orléans le courant s'arrête pendant près d'une heure. La foule, serrée, est immobile. Chacun est cloué à la même place, sans pouvoir faire un pas en avant ou reculer d'une semelle. Je ne sais quoi de triste, de lugubre domine ce tableau. Toutes les maisons du faubourg Banier se ferment; les ruines du premier envahissement sont encore fumantes et semblent menacer les habitations intactes. Les portes sont tirées au dedans, les volets sont clos; de temps en temps une tête passe pour voir si ce sont encore des pantalons rouges qui défilent.

A trois heures de l'après-midi, les pièces de canon de la marine, placées en avant des faubourgs d'Orléans, commencent à tonner au moment où nous arrivons place Jeanne-d'Arc; nous voyons là un colonel furieux, les yeux injectés de sang, qui court après des fuyards un revolver à la main; il les rassemble en un peloton. Un tambour résonne, et les lâches sont contraints de se porter à l'ennemi. La caisse sonne la charge d'un ton lugubre et monotone.

La faim commence à nous faire subir ses angoisses, mais il ne reste plus un morceau de pain à Orléans. Cent mille hommes viennent de passer là avant nous. Nous allons à la gare où Bertaux, Duruof et son équipe, les colombophiles Van Roosebeke et Cassiers sont réunis. Aucun de nous n'a mangé depuis la veille, mais nos ballons sont sauvés du naufrage. Nous allons tous partir par le dernier train qui se forme sous nos yeux. Il est uniquement composé de fourgons où s'entasse une foule énorme.

Jamais je n'oublierai l'épouvantable tableau qu'offre en ce moment la gare d'Orléans. Elle est encombrée de blessés; il en est qui se tiennent encore debout et qui ont les bras en écharpe; mais il en est d'autres affaissés contre terre, les yeux hagards; ceux qui ont encore quelque force, se traînent jusqu'au train pour s'enfuir, et l'on entend leurs cris de douleur et leurs gémissements. Notre fourgon contient six ballons, nous sommes dix-sept avec nos équipes, et en outre cinq capitaines de la ligne y ont pris place, accroupis sur les nacelles. De malheureux blessés nous supplient de leur donner asile, mais il est de toute impossibilité de placer une aiguille parmi nous. Les uns ont la tête ouverte par une balle, d'autres ont le bras ballant et

La gare est encombrée de blessés... (P. 226.)

inerte, d'autres s'appuient sur les épaules d'un camarade. Tous ces soldats sont à demi couverts de vêtements en lambeaux, des zouaves n'ont plus ni molletières ni souliers, la plupart n'ont pas de capotes, ni de képis, ni de couvertures... et il gèle à pierre fendre !

Le train va partir. C'est le dernier ; il est cinq heures. Les blessés qui peuvent encore marcher se hissent sur le toit des fourgons ; malgré le froid, ils se tiennent là immobiles, couchés à plat ventre. Ceux-là sont encore privilégiés, car d'autres, bien plus nombreux, ne partiront pas. La captivité les attend ! Ils étouffent leurs plaintes ces malheureux, à l'idée d'être enlevés à ce lien si cher, à la patrie, à la famille, aux amis. Le cœur saigne devant de tels tableaux que nulle plume ne saurait décrire ! Au milieu de tout cela, des têtes affolées crient et s'agitent, des paniques s'emparent de la foule.

— Les rails sont coupés, disent les uns, votre train va être brisé !

— Les canons prussiens, disent les autres, vous attendent au tournant de la Loire.

A cinq heures et demie, la locomotive siffle. Le train part au milieu du gémissement des blessés exposés sur le toit des fourgons. Le coup de collier brusque de la machine a ouvert leurs plaies et leur a arraché des cris de douleur. Nous suivons lentement le bord de la Loire, les boulets français sifflent à travers les arbres, on aperçoit au loin le pont d'Orléans littéralement couvert d'une mer humaine. A côté, un pont de bateaux jeté sur le fleuve facilite le mouvement de la retraite. Le soleil se couche ; son disque, rouge comme du sang, lance ses derniers rayons sur cet horrible panorama qu'accompagne le bruit du canon. Au milieu d'une telle désolation, je me figure entendre la grande voix de Victor Hugo, s'écrier comme après Waterloo :

> C'est alors
> Qu'élevant tout à coup sa voix désespérée,
> La déroute géante, à la face effarée,
> Qui, pâle, épouvantant les plus fiers bataillons,
> Changeant subitement les drapeaux en haillons,
> A de certains moments, spectre fait de fumée,
> Se lève grandissante au milieu des armées,
> La déroute apparut au soldat qui s'émeut
> Et, se tordant les bras, cria : Sauve qui peut !

Nous croisons en route le train de Gambetta, mais un signal le fait arrêter. Il n'est plus temps d'entrer à Orléans. Les rails viennent d'être coupés. Le ministre de l'intérieur et de la guerre est obligé de rebrousser chemin et de revenir à Tours.

Cependant nous sommes entassés pêle-mêle dans notre fourgon, plongés dans une obscurité complète, l'estomac vide et littéralement gelés, car la bise glaciale siffle à travers les portes mal jointes.

Mais comment oser se plaindre en entendant sur nos têtes le bruit que font en s'agitant les malheureux blessés juchés sur le toit du fourgon ? Quelques-uns sont râlants, la douleur les a vaincus, la mort va les saisir ! En effet, à minuit, le train s'arrête à Vierzon. On retire des cadavres des voitures. Quelques blessés, pendant le voyage, sont morts de froid !

Détournons les yeux de ces scènes épouvantables et entrons à Vierzon, où nous devons rester jusqu'à quatre heures du matin.

Il fait nuit noire. Pas un passant dans les rues. Un hôtel est en face la gare, une lumière y brille. Le marin Jossec frappe à la porte, on ouvre.

Nous entrons dans une grande salle qui est le restaurant de l'endroit.

— Que voulez-vous ? nous dit le patron d'un ton grognon, je n'ai pas de place ici pour vous loger.

— Nous venons d'Orléans, épuisés de fatigue, de faim. Voilà plus de vingt-quatre heures que nous n'avons mangé, Donnez-nous à souper et allumez un bon feu. Nous partons dans trois heures.

— Impossible, riposte le patron, il est minuit passé et je ferme. Je ne peux vous recevoir, retirez-vous.

J'insiste poliment en faisant comprendre à mon interlocuteur que nous venons de l'armée, que son patriotisme devrait le mettre dans l'obligation de nous mieux accueillir. Il ne veut pas entendre raison.

— Retirez-vous, dit-il insolemment, et il ferme la porte au nez de nos marins qui viennent nous rejoindre.

Nous commençons à nous fâcher tout rouge.

— Ouvrez de suite, disons-nous, ou la porte vole en éclats.

Et voilà nos marins qui frappent au dehors avec violence. Jossec et Guillaume ont ramassé le long de la route un immense madrier; aidés de leurs hommes ils s'en servent bientôt comme d'un bélier du moyen âge et font retentir l'air des chocs dont ils ébranlent l'hôtellerie. Le patron ému d'une démonstration aussi énergique, se décide à ouvrir, il est furieux.

— Je vais aller chercher le poste, dit-il. D'ailleurs qui êtes-vous ? Je ne vous connais pas.

— Votre insolence nous dispenserait de vous donner d'explication, mais voici nos papiers bien en règle qui vous montreront d'où nous venons. Maintenant, rappelez-vous que nous sommes ici quatorze hommes bien décidés, forts de notre droit et de notre argent, à prendre l'asile et le dîner que vous refusez.

Cette menace ne produit pas mauvais effet. La patronne est descendue, elle appelle son mari dans la cuisine ; la bonne arrive. Il se tient là un petit conseil de guerre qui se termine en notre faveur.

Le maître d'hôtel revient absolument transformé, un sourire glisse sur ses lèvres ; il se décide à allumer un grand feu, à nous servir un excellent repas que nous dévorons avec un appétit de naufragés. Il nous fait chauffer du café; nous parlons de tous nos désastres jusqu'à quatre heures du matin, heure à laquelle nous reprenons un train qui nous transporte à Tours.

CHAPITRE QUATRIÈME

Organisation définitive des aérostiers militaires à Tours. — Expérience d'une montgolfière captive. — Expédition de Blois. — M. Gambetta et le chef de gare. — Nouvelle défaite. — Tours et le Mans. — Le camp de Conlie. — Ascensions captives.

L'armée de la Loire qui était restée si malheureusement inactive, qui avait chassé les Bavarois du général von der Tann, se trouvait mise en défaite par l'armée de Frédéric-Charles. Le 1ᵉʳ décembre, l'armée allemande avait poussé ses hourrahs en écoutant la lecture de cet ordre du jour que nous qualifierons de sauvage et de barbare :

Sens, 1ᵉʳ décembre 1870.

Soldats,

Déployez toute votre activité, marchons pour partager cette terre impie.
Il faut exterminer cette bande de brigands qu'on appelle l'armée française.
Le monde ne peut rester en repos tant qu'il existera un peuple français.
Qu'on les divise en petites parties; ils se déchireront entre eux, mais l'Europe sera tranquille pour des siècles.
Soldats! vous qui avez du cœur, le moment est venu de vaincre ou de mourir.

FRÉDÉRIC-CHARLES.

Cette proclamation montre que le chef prussien n'était pas sans inquiétude, et qu'il indiquait à ses troupes que la France allait jouer son salut.

Nous croyons devoir publier ici l'ordre du jour que, de notre côté, le général d'Aurelles de Paladine faisait lire à ses troupes. On comparera la forme avec celle de la proclamation précédente :

Officiers, sous-officiers et soldats de l'armée de la Loire,

Paris, par un sublime effort de courage et de patriotisme, a rompu les lignes prussiennes.

Le général Ducrot, à la tête de son armée, marche vers nous.

Marchons vers lui avec l'élan dont l'armée de Paris nous donne l'exemple.

Je fais appel aux sentiments de tous les généraux comme des soldats.

Nous pouvons sauver la France.

Vous avez devant vous cette armée prussienne que vous venez de vaincre sous Orléans : vous la vaincrez encore.

Marchons donc avec résolution et confiance en avant, sans calculer le danger. Dieu protégera la France.

D'AURELLES DE PALADINE.

1er décembre 1870.

Le 2 décembre, on avait annoncé à notre armée que le général Ducrot était victorieux sous les murs de Paris. Nos soldats, oubliant leurs souffrances, s'élancèrent avec une vigueur inouïe. Il n'y avait qu'une pensée, qu'un seul cri dans les rangs : « A Paris ! Nous allons à Paris ! » Le général von der Tann fut énergiquement attaqué à Loigny ; il dut résister pendant toute la journée et, d'après le récit d'un correspondant allemand, il s'en fallut de peu que son armée ne fût mise en déroute.

D'autre part, nos soldats combattaient aux environs de Lumeau et près de Goury où l'action fut très énergique. Le général Chanzy se fit remarquer par sa valeur, et les mobiles de la Sarthe eurent par moments des avantages sur la cavalerie du prince d'Albrecht ; mais les Allemands eurent le dessus à la fin de la journée.

Devant Loigny et à Patay, la lutte fut des plus sérieuses; le général Charette avec les zouaves pontificaux, dont la conduite fut toujours exemplaire et héroïque pendant la guerre, multiplia ses efforts

Le pigeonnier de Van Roosebecke, rue Saint-Martin, à Paris... (P. 235.)

et ses attaques. Le général Charette fut mis hors de combat, blessé d'une balle à la cuisse.

Dans la journée du 2 décembre, 5 000 Allemands avaient été mis hors de combat; nous avions à déplorer la perte de 7 000 soldats morts, blessés ou prisonniers, et l'ennemi nous avait enlevé 11 canons. Tout mouvement offensif devenait impossible; il ne fallait plus songer qu'à se défendre derrière les lignes fortifiées d'Orléans.

Le 3 décembre, l'armée de Frédéric-Charles, placée en ligne de bataille à côté de celle du grand-duc de Mecklembourg, s'était concentrée de Chevilly à Toury. Elle attaqua notre centre et notre gauche avec une grande énergie. Cette bataille prit le nom d'Artenay où Frédéric-Charles avait ce jour-là son quartier général.

Le temps était affreux et le froid rigoureux. On se battit dans la neige, et nos troupes résistèrent d'abord avec courage, mais elles durent céder bientôt devant un feu écrasant. Repoussant l'armée de la Loire, dont nous avons décrit la déroute, l'ennemi rentrait à Orléans.

Le spectacle fut lugubre : des femmes en deuil parcouraient les rues cherchant les cadavres de leurs maris ou de leurs fils. La voie publique était couverte des corps d'hommes, de chevaux, mutilés ou morts.

Les Allemands avaient eu à subir des pertes considérables, car ils pouvaient poursuivre notre armée, et ils ne le firent pas.

Tours, que nous retrouvons, après ces affreux désastres, n'a pas changé d'aspect. Toujours même mouvement dans les rues. On rencontre des officiers de tous les régiments, des francs-tireurs de tous les costumes, de toutes les espèces, des solliciteurs de tous les rangs. Mais le niveau de l'espérance a singulièrement baissé, on parle du déménagement du gouvernement ; les optimistes les plus convaincus ne se dissimulent plus la gravité de la situation. Où nous mèneront ces malheurs accumulés ? Où allons-nous ? C'est ce que chacun se demande avec anxiété. En attendant, le mouvement était donné dans les services militaires organisés, et les hommes qui les dirigeaient n'avaient qu'à continuer leur mission.

Le nouveau théâtre de Tours est transformé en un arsenal aérostatique où sont amoncelés les ballons venus de Paris. Ils sont réparés, pliés dans leurs nacelles, afin qu'il soit possible au moment voulu de les utiliser.

Nous retrouvons à Tours quelques-uns de nos amis les colombophiles, ils étaient sans cesse occupés du soin de recueillir et de lancer les pigeons-voyageurs.

Le gouvernement se préoccupait à Paris, comme à Tours d'assurer la régularité du service de la Poste aérienne. Nous avons dit comment se construisaient les ballons et comment ils fonctionnaient. Nous croyons devoir examiner à présent quelle a été l'origine du service des pigeons messagers qui a si bien complété celui des aérostats.

Il existait à Paris bien avant la guerre une société colombophile, la société *l'Espérance*. Quand les premiers ballons du siège s'élevèrent dans les airs, les membres de cette société songèrent à leurs pigeons. « Les ballons s'envolent, disaient-ils, mais qui nous donnera de leurs nouvelles ? Qu'ils enlèvent avec eux nos pigeons ; ceux-ci se chargeront bien de revenir ! »

Le vice-président de la Société *l'Espérance*, M. Van Roosebecke, alla trouver le général Trochu, vers le 22 septembre, après le départ du premier ballon-poste, et lui exposa son projet. Le gouverneur de Paris l'écouta avec intérêt, et le renvoya à M. Rampont.

Le 27, trois pigeons partaient dans le ballon *la Ville de Florence* ; six heures après ils étaient revenus à Paris, avec une dépêche signée qui annonçait la descente de ce ballon près de Mantes.

La poste par pigeons était créée.

On ne tarda pas toutefois à s'apercevoir qu'il fallait une certaine habitude des pigeons, pour les bien lancer. Souvent les oiseaux étaient mal soignés par les aéronautes, ils ne revenaient pas à Paris ou rentraient après avoir laissé tomber une dépêche mal attachée.

L'administration fit partir successivement les membres de la société l'*Espérance*. MM. Van Roosebecke, Cassiers se rendirent à Tours par ballon, avec une trentaine de pigeons chacun. Leurs collègues, MM. Tracelet, Nobecourt, etc., les rejoignirent plus tard. Ils se mirent à la disposition du gouvernement et furent placés sous les ordres de M. Steenackers vers le milieu d'octobre.

Dix-huit pigeons lancés de Dreux, de Blois, de Vendôme, rentrèrent presque successivement à Paris, munis de dépêches photographiques.

Ce succès dépassa toute espérance. Aussi M. Steenackers se décida-t-il à ouvrir au public la poste colombophile. On envoyait à Tours les dépêches privées pour Paris, elles partaient par pigeon moyennant 50 centimes par mot.

Les Parisiens se rappellent la joie produite par l'arrivée des messagers ailés pendant le siège. Quand un pigeon volait au-dessus des toits, quand il se posait sur une gouttière, des rassemblements se formaient de toutes parts; tous les voisins se mettaient à leur balcon. Quel bonheur ineffable ! Ce sont des nouvelles qui arrivent ! Nous ferons observer toutefois que généralement le pigeon voyageur rentre tout droit au colombier, sans s'arrêter. Il n'est pas probable que l'attention des Parisiens se soit portée sur les pigeons voyageurs qu'ils n'ont pas dû pouvoir remarquer. Il se pourrait bien que les pigeons des Tuileries aient obtenu un succès peu légitime.

Le service des pigeons à Tours était placé, comme nous venons de le dire, sous la direction du directeur des Postes et Télégraphes; MM. Van Roosebecke et Cassiers étaient chargés de lancer les messagers ailés. Ils s'aventuraient jusqu'auprès des lignes

Tous les voisins se mettaient à leur balcon... (P. 236.)

ennemies, pour laisser envoler les pigeons le plus près possible de Paris. On ne saurait trop donner d'éloges à la belle conduite de ces messieurs et de leurs collègues qui ont quitté Paris en ballon pour organiser en province cet admirable système de poste aérienne.

A Paris, la surveillance du service administratif de la poste par pigeons était confiée à M. Chassinat, directeur des Postes de la Seine ; M. Mottet, receveur principal était l'agent d'exécution.

M. Derouard, secrétaire de la Société colombophile *l'Espérance* était chargé de surveiller les colombiers, de la réception des pigeons, etc.

La poste colombophile complétait ainsi le service des ballons-poste ; mais ce qui la rendit surtout utile, ce qui en fit une véritable création nouvelle, c'est le système des dépêches photographiques que rapportaient à Paris les messagers ailés.

Un pigeon ne peut être chargé que d'un bien faible poids. Il emporte dans les airs une feuille de papier, de quatre ou cinq centimètres carrés, roulée finement, et attachée à l'une des plumes de sa queue. Une lettre aussi petite est bien laconique. On peut y écrire à la main quelques mots, quelques phrases, peut-être, — ce n'est là qu'un télégramme insignifiant.

Dès le commencement du siège on songea aux merveilles de la photographie microscopique. On se rappela avoir vu à l'Exposition universelle de petites breloques-lunettes, où les 400 députés étaient représentés sur une surface de 1 millimètre carré. En regardant à travers la loupe placée à une des extrémités, on voyait nettement l'image de tous ces personnages, réunis sur la surface d'une tête d'épingle! C'était à M. Dagron que l'on devait ce tour de force photographique.

Ce fut lui qui, pendant la guerre, se chargea de réduire les dépêches pour pigeons voyageurs.

Grâce aux procédés photographiques, on écrivait à Tours toutes les dépêches privées ou publiques sur une grande feuille de papier à dessin. On y traçait jusqu'à 20 000 lettres ou chiffres. M. Dagron par la photographie, réduisait cette véritable affiche en un petit cliché qui avait à peu près le quart de la superficie d'une carte à jouer. L'épreuve était tirée sur une mince feuille de collodion qui ne pesait que quelques centigrammes et qui contenait un texte réduit assez considérable pour composer un journal entier.

A Paris, la dépêche amenée par pigeon, était placée sur le porte-objet d'un microscope photo-électrique, véritable lanterne magique d'une puissance extrême. L'image de la dépêche était projetée sur un écran, mais amplifiée, agrandie, au point qu'à l'œil nu, on pouvait lire nettement tous les chiffres, toutes les lettres tracés.

N'est-ce pas merveilleux ? n'y a-t-il pas lieu d'admirer là, sincèrement, les applications étonnantes de la science moderne ?

M. Dagron partit en ballon avec son collaborateur, M. Fernique, vers le milieu du mois de novembre. Après un voyage des plus périlleux, ces messieurs organisèrent tous leurs appareils photographiques avec la plus grande habileté.

Quatre cent soixante-dix pages typographiées ont été reproduites par les procédés de MM. Dagron et Fernique. Chaque page contenait près de 15 000 lettres, soit environ 200 dépêches. Seize de ces pages tenaient sur une pellicule de 3 centimètres sur 5, ne pesant pas plus de un demi-décigramme. La réduction était faite au *huit centième.*

Chaque pigeon pouvait emporter dans un tuyau de plumes une vingtaine de ces pellicules, qui n'atteignaient en somme que le poids de 1 gramme. Ces dépêches réunies, formaient un total de

300 000 lettres, c'est-à-dire la matière d'un volume in-18, analogue à celui du format Charpentier.

Avant l'arrivée de M. Dagron, M. Blaise, photographe à Tours, avait déjà reproduit des dépêches photographiques sur papier, sous les auspices de MM. Barreswill et Delafolie.

Les dépêches photomicroscopiques étaient en général tirées à 30 ou 40 exemplaires, et envoyées par autant de pigeons.

PRÈS DE CENT MILLE DÉPÊCHES ont été envoyées ainsi à Paris. En imprimant toutes ces dépêches en caractères ordinaires, on formerait certainement une bibliothèque de plus de cinq cents volumes ! Tout cela a été envoyé par des oiseaux !

Aussitôt que le tube était reçu à l'administration des télégraphes, M. Mercadier procédait à l'ouverture en fendant le tube avec un canif. Les pellicules étaient délicatement placées dans une petite cuvette remplie d'eau, contenant quelques gouttes d'ammoniaque. Au sein de ce liquide, les dépêches se déroulaient ; on les séchait, on les mettait entre deux verres. Il ne restait plus qu'à les placer sur le porte-objet des microscopes photo-électriques.

Quand les dépêches étaient nombreuses, la lecture en était assez lente ; mais la pellicule renfermait 144 pages ou petits carrés, on pouvait la diviser, et la lire en même temps avec plusieurs microscopes. — Certaines dépêches chiffrées étaient séparées et lues à part par le directeur. Les autres étaient lues et copiées par des employés qui les envoyaient de suite aux divers bureaux de Paris.

MM. Cornu et Mercadier, les savants physiciens, perfectionnèrent le procédé de lecture des dépêches avec le microscope. La pellicule de collodion, intercalée entre deux glaces, était reçue sur un porte-glace, auquel un mécanisme imprimait un double mouvement horizontal et vertical. Chaque partie de la dépêche passait lentement au foyer du microscope. Sur l'écran, les caractères se déroulaient, suffisamment agrandis pour être lus et copiés.

L'installation, la mise en train durait environ 4 heures ; il fallait

Une montgolfière se gonfle dans les jardins de la Préfecture... (P. 243.)

en outre quelques heures pour copier les dépêches. MM. Cornu et Mercadier tentèrent de photographier directement les caractères projetés sur l'écran par un procédé rapide. — Les progrès auraient marché ainsi à grands pas, mais l'hiver, le froid ne tardèrent pas à rendre de plus en plus rare l'arrivée des pigeons.

On ignorait les causes de ces retards. L'administration se décida à envoyer en province par ballon MM. Levy et d'Alméida, pour mettre en œuvre de nouveaux procédés photographiques. Mais la poste des pigeons qui semblait si bien réussir au début du siège de Paris ne tarda pas à manquer par la base ; les messagers n'arrivaient plus régulièrement alors que notre sol était couvert de neige. — La mauvaise saison de l'hiver leur faisait perdre leurs merveilleuses facultés. Il ne devait rentrer à Paris que 2 pigeons dans le courant de janvier 1871. Dans le courant du mois de décembre le service des pigeons fonctionnait déjà avec difficulté, et c'est ainsi que les communications de l'armée de la Loire avec le gouvernement militaire de Paris furent très incomplètes. Tout, même les circonstances atmosphériques, semblait venir à l'encontre de nos efforts.

A Tours, la défaite de l'armée de la Loire, ne découragea pas les chefs du gouvernement, et l'on continuait à ne pas négliger l'usage des ballons, malgré les préoccupations d'un ordre plus important.

L'aéronaute Poitevin, venu d'Italie, pour offrir ses services aériens à la France, propose de substituer aux ballons pour les usages de l'armée, les montgolfières qui sans exiger une usine pour être gonflées, nécessitent seulement quelques bottes de paille enflammées.

M. Steenackers me fait l'honneur de me demander mon avis à ce sujet. Je ne lui dissimule pas ma façon de penser : — Certes, lui dis-je, le ballon à gaz a contre lui l'embarras du gonflement, mais une fois rempli, il a une force ascensionnelle assez considérable pour résister à un vent d'une intensité moyenne, il reste gonflé plusieurs jours de suite, toujours prêt à transporter l'observateur à deux cents mètres dans l'atmosphère. — La montgolfière se gonfle vite, mais elle a une faible force ascensionnelle, elle se penchera contre terre sous l'effort de la moindre brise, et vite refroidie, elle perdra en un clin d'œil toute son énergie.

Du reste toute discussion, toute opinion, ne valent pas une expérience. Que ceux qui ne partagent pas notre manière de voir sachent nous convaincre par les faits ; nous ne demandons pas mieux que de changer d'avis quand nous aurons vu.

Le 7 décembre, une montgolfière construite à Tours, se gonfle à midi dans le jardin de la préfecture. Les membres de la commission scientifique, M. Steenackers, quelques aéronautes assistent à l'expérience. L'appareil est suspendu à une corde horizontale fixée à la cime de deux grands arbres ; on apporte des bottes de paille que l'on allume à sa partie inférieure. L'élévation de température, produite par la combustion, dilate l'air contenu dans la sphère de toile, qui s'arrondit complètement en moins de vingt minutes. On attache à la hâte une petite nacelle où l'aéronaute se tient à peine ; il jette un peu de lest, et la montgolfière s'élève, enlevant avec elle un câble que quelques hommes retiennent à terre. Mais c'est bien péniblement que l'appareil se soulève du sol, il monte à dix mètres et s'arrête là, haletant, épuisé. L'aéronaute jette un sac de lest, puis un second, et tout ce qu'il peut faire, c'est d'atteindre le sommet d'un bouquet d'arbres où il se pose comme un pauvre oiseau auquel on aurait coupé les ailes. Déjà la montgolfière se dégonfle, elle est fixée à un obstacle terrestre qu'elle ne veut plus quitter.

Pour ma part, je m'attendais à ce résultat.

Cette expérience a cela de bon, qu'on ne parle plus des montgolfières. On en revient aux ballons à gaz, et le gouvernement décide que pour régulariser notre situation, on organisera une compagnie d'aérostiers militaires, attachés à l'armée et dépendant du ministère de la guerre, car auparavant à Orléans nous n'avions aucune commission en règle.

Voici les aéronautes que M. Steenackers a signalés au ministre de la guerre, et qui viennent d'être nommés officiellement aérostiers militaires de l'armée de la Loire : on leur a donné un costume analogue à celui des officiers de marine, mais avec galons d'argent et ancre brodée penchée sur la casquette. Les aérostiers suivants ont les galons de capitaines :

Gaston Tissandier ;

Albert Tissandier ;

J. Revilliod ;

A. Bertaux ;

Poirrier ;

Nadal ;

J. Durcof ;

Mangin ;

Il est convenu que mon frère et moi, nous prendrons possession du ballon de soie *la Ville-de-Langres*, et du *Jean-Bart* qui sera réparé. Nous aurons, comme chefs d'équipe, Jossec et Guillaume, et quatre autres matelots comme aides-manœuvres.

MM. Revilliod et Poirrier dirigeront les opérations de deux ballons de 2000 mètres cubes. Leurs chefs d'équipe sont les marins Hervé et Labadie, venus de Paris en ballon, et qui seront eux-mêmes aidés par quatre matelots.

M. Poirrier, dont nous venons de prononcer le nom, était un nouveau venu parmi les aéronautes du siège. Professeur de gymnastique à Paris, il m'avait jadis donné des leçons à la pension Prunières, alors que j'étais écolier, et que je suivais les cours du lycée Bonaparte. Ce souvenir me reportait à douze ou quinze ans en arrière. Poirrier était parti de Paris le 1ᵉʳ décembre avec deux passagers dans sa nacelle : M. Lissajoux, le physicien bien connu, et M. Youx.

La descente de l'aérostat fut très accidentée. L'ancre jetée ne mordait pas et les voyageurs étaient entraînés par un vent violent. Poirrier qui était un fort bon gymnaste, mais aéronaute inexpérimenté, crut bien faire en sautant de la nacelle à terre pour chercher à attacher lui-même le guide-rope à un arbre. Il ne put réussir cette manœuvre. MM. Lissajoux et Youx furent emportés avec une violence vertigineuse par l'aérostat délesté du poids de l'aéronaute. Le ballon se creva à un kilomètre de là ; il s'arrêta. Les voyageurs en furent quittes pour l'émotion et quelques contusions.

La compagnie des aérostiers militaires n'était pas encore complète avec le personnel que nous venons de mentionner. Il lui fallait encore un trésorier.

M. Bertaux est choisi comme capitaine-trésorier de la compagnie : il sera assisté de M. Bidault. M. Nadal sera chargé des démarches à faire pour le gonflement, il prêtera son concours aux deux équipes.

J. Duruof et Mangin sont incorporés dans la compagnie, mais il resteront à Bordeaux, chargés de surveiller le matériel de réserve, et de préparer ce qui est nécessaire à leur collègues en activité.

Chaque ballon en campagne sera accompagné de 150 mobiles.

La compagnie des aérostiers militaires est en outre complétée par la nomination d'un colonel et d'un commandant qui, ayant à s'occuper aussi du service des pigeons messagers, ont dû rester la plupart du temps à Poitiers.

Poirrier qui arrive tout frais de Paris nous donne des nouvelles de la capitale assiégée. M. Lissajoux, avec lequel nous passons une soirée, nous en transmet de son côté. Ils nous parlent longuement de la sortie que devait opérer le général Ducrot qui voulait essayer, suivant son expression, « de rompre le cercle de fer qui enserrait Paris ». Nous apprîmes plus tard que le combat eut lieu entre Champigny et Villiers ; plus de 150 000 de nos soldats y prirent part et après un premier combat où ils se montrèrent pleins d'ardeur, ils durent passer en plein air la nuit du 1er au 2 décembre : ce fut une des plus rigoureuses d'un hiver fort inclément et leurs souffrances furent atroces, comme l'étaient au même moment celles de leurs frères de l'armée de la Loire. En outre, un pont de bateau destiné à passer la Marne s'était trouvé trop court, et le général Ducrot dut rentrer à Paris, non sans qu'on retournât contre lui une phrase qu'il avait imprudemment prononcée : « Je ne rentrerai à Paris que mort ou victorieux. »

Nous avons vu précédemment quelles espérances le général d'Aurelles de Paladine avaient fondées sur la sortie du général Ducrot !

C'est le jour même de la malheureuse retraite de Champigny, le 2 décembre, que M. Janssen accomplit à Paris sa mémorable ascension.

L'illustre astronome emportait avec lui les instruments nécessaires pour observer en Algérie une éclipse de soleil.

Ainsi, pendant que l'étranger souillait par sa présence et ses ravages le sol de la patrie, l'Académie des sciences, portait toujours ses regards vers les grands problèmes de la science. Nous croyons devoir reproduire les nobles paroles du regretté J.-B. Dumas, secrétaire perpétuel de l'Académie des sciences, au sujet de cette expédition scientifique organisée pendant le siège.

Dans la séance du 5 décembre 1870, voici comment s'est exprimé notre grand savant :

« Une éclipse de soleil, totale pour une partie de l'Algérie, aura lieu le 27 décembre. M. Janssen, si célèbre par les belles découvertes qu'il a effectuées dans l'Inde, à l'occasion de l'éclipse de 1868, était naturellement désigné de nouveau, pour compléter ses observations, au patronage et au concours du Bureau des Longitudes et de l'Académie, qui, avec l'autorisation de M. le ministre de de l'instruction publique, se sont empressés de les lui accorder.

« M. Janssen est parti de Paris à 5 heures du matin, par un ballon spécial : *le Volta*. L'administration avait bien voulu se mettre entièrement à sa disposition ; cet appareil n'emportait que le savant, les instruments de la science, et le marin chargé de la manœuvre. Notre confrère, M. Charles Deville et moi, nous assistions au départ de M. Janssen, soit pour l'aider dans ses derniers apprêts, soit pour lui donner une preuve de plus de l'intérêt que l'Académie porte à ses travaux. L'ascension, grâce aux précautions minutieuses de M. Godard aîné, s'est accomplie dans les meilleures conditions, et la direction excellente prise par l'aérostat, doit faire espérer le succès d'une expédition que menacent, il est vrai, des périls de plus d'un genre.

« Les secrétaires perpétuels de l'Académie, il est utile de le déclarer publiquement, se portant garants du caractère absolument scientifique de l'expédition et de la parfaite loyauté de M. Janssen, l'ont recommandé officiellement à la protection et à la bienveillance des autorités et des amis de la science, en quelque lieu que les chances du voyage l'aient dirigé. Il fut un temps, où ce témoignage aurait suffi pour lui assurer un accueil chevaleresque dans les lignes ennemies. On nous a appris le doute sur ce point. Aussi chacun a-t-il compris que des rigueurs et des menaces, non justifiées par les lois de la guerre, aient fait à M. Janssen comme un devoir de compter sur son propre courage et non sur la générosité d'autrui. Je suis entouré de témoins qui peuvent attester, cependant, qu'en pleine guerre, en 1813, Davy, un Anglais, recevait dans ce palais même, l'hospitalité de la France, comme un hommage rendu au génie et aux droits supérieurs de la civilisation.

« En suivant du regard notre digne missionnaire dans l'espace, où il se perdait peu à peu, j'ai senti ce souvenir se réveiller et renouveler en moi le besoin de protester, soit au nom de la science, soit au nom des principes eux-mêmes, contre tout empêchement qui pourrait être mis à son expédition. Deux inventions françaises, liées aux gloires de l'Académie, ont concouru aux opérations de la défense : les ballons que Paris investi expédie, les dépêches microscopiques qui lui reviennent sur l'aile des pigeons.

« La décision prise par le comte de Bismarck de renvoyer devant un conseil de guerre les personnes qui, montées dans les ballons, auront, sans autorisation préalable, franchi les lignes ennemies, intéresse donc l'Académie. Elle ne saurait accepter que des opérations soient punissables parce qu'elles reposent sur des principes scientifiques nouveaux; que l'homme dévoué qui, dans l'intérêt de la science, passe au-dessus des lignes prussiennes, soit coupable de manœuvre illicite ; qu'en donnant, enfin, nos soins à l'aéronautique, nous ayons contribué nous-mêmes à fabriquer des engins de guerre prohibés.

« Comment! les voies de terre, de fer, nous étaient interdites, la voie de l'air nous restait seule, inconstante et douteuse ; elle n'avait jamais été pratiquée ; quoi de plus légitime que son emploi ! Nous l'avons conquise par des procédés méthodiques, et si elle fonctionne régulièrement au profit de nos armes, où est le délit ?.

« Que l'ennemi détruise, s'il le peut, nos ballons au passage ; qu'il s'empare de nos aéronautes au moment où ils touchent terre, soit ; c'est

Ils sont occupés à cuire la soupe... (P. 251.)

son intérêt, c'est chance de guerre. Mais que les personnes tombant ainsi entre ses mains, soient livrées à une cour martiale, au loin, en pays ennemi, comme des criminels, c'est un abus de la force...

« Dans Syracuse assiégée, Archimède, opposant aussi aux efforts de l'ennemi toutes les ressources de la science de son temps, rendait pour les Romains l'attaque de plus en plus meurtrière. Marcellus, loin de lui faire un crime d'avoir prolongé la défense par ses inventions, ordonna que la vie de ce grand homme fût respectée, et, plein de regret pour sa mort fortuite, entoura sa famille de soins et d'égards !... »

Ajoutons pour l'honneur de M. Janssen que, lors de son départ, il apprit que les savants anglais lui offraient un laisser-passer à travers les lignes prussiennes. M. Janssen refusa ; il préféra ne rien devoir à l'ennemi de son pays, et il aima mieux risquer avec autant de dignité que de courage, les chances du voyage aérien.

Parti dès 6 heures du matin de la gare d'Orléans, à Paris, M. Janssen descendit avec tous ses instruments à 11 h. 30 minutes à Savenay, dans la Loire-Inférieure. Il accomplit avec succès sa mission scientifique en Algérie.

La physionomie de Paris, d'après ce que nous disait M. Lissajoux, continuait d'ailleurs à être excellente, on espérait sans cesse l'arrivée d'armées de secours venant de province.

Nous n'avions rien à faire d'autre qu'à nous remettre avec ardeur à notre tâche.

Le vendredi 9 décembre, à 8 heures du matin, la compagnie des aérostiers militaires part pour Blois. Nous avons à notre disposition deux fourgons, où sont nos ballons, une plate-forme roulante où se trouve la batterie à gaz, le zinc en lamelles et les touries d'acide sulfurique. Il paraît qu'on va se battre dans ces parages et que nous pourrons rendre quelques services.

Nous arrivons à Blois, dans nos fourgons, car il ne faut plus songer aux wagons de voyageurs. Du reste, quoique ce mode de locomotion soit peu confortable, c'est bien là le cadet de nos soucis.

On ne vit plus réellement dans les temps où nous sommes ; les malheurs s'abattent sur la France avec une telle rapidité, que l'esprit égaré, éperdu, est en proie à un vertige perpétuel qui lui ôte toute réflexion. A Blois, nous trouvons une ville bouleversée. Tout le monde parle de nouveaux revers, de nouveaux désastres. Dans les rues, on nous apprend que les Prussiens sont aux portes, nous courons à la préfecture et ces tristes renseignements se confirment.

Le général P... fait sauter sous nos yeux le pont de pierre. On nous apprend ensuite que dans sa précipitation, il a oublié d'envoyer chercher les approvisionnements de farine qu'on a laissés de l'autre côté du fleuve. On nous affirme que 10 000 soldats qui s'étaient cachés à Chambord, pour attaquer les Prussiens à l'improviste, ont été surpris eux-mêmes pendant la nuit, que trois batteries de canons ont été prises par l'ennemi. Mon Dieu ! mon Dieu ! quelle confusion, quel désordre !

En passant à travers la ville, nous traversons le bivouac des mobiles ; nos pauvres soldats ont des vivres, et ils sont occupés à cuire la soupe. Ils sont assez pauvrement équipés, mais ne paraissent pas avoir perdu courage.

A la gare nous voyons revenir des convois chargés de blessés, voilà ce qui ne manque plus aux spectacles que nous sommes appelés à voir. Dans l'ambulance un jeune soldat a la mâchoire inférieure enlevée, sa bouche est devenue béante, son œil hagard, est effrayant. Je détourne la tête. C'est horrible à voir. Une sœur de charité panse cette plaie.

Quel tableau pour un grand artiste ! Au lieu de nous représenter la guerre par des bataillons qui prennent une redoute au milieu d'une fumée de poudre et de gloire, qu'il retrace cette scène navrante, et que, dans le lointain, il nous montre une mère qui pleure. Ce sera là, la véritable image de la guerre.

Et nos ballons? Nul n'y songe déjà plus! Pourquoi nous envoyer ici, il est trop tard, il n'y a plus rien à faire.

Voilà un train spécial qui glisse sur la voie ferrée. C'est Gambetta qui arrive. Il descend précipitamment avec M. Spuller, son chef de cabinet. Il demande le chef de gare qui n'a pas été prévenu de l'arrivée du ministre, et qui, au milieu d'un travail incessant, a pris quelques minutes de repos.

Gambetta paraît dans un état de surexcitation peu ordinaire. Il s'agite et tempête contre le chef de gare qui ne vient pas. Il se promène impatiemment, puis s'arrête en frappant du pied. Le chef de gare arrive enfin, c'est un vieillard modeste et respectable; après avoir été quelque peu malmené, il reçoit l'ordre d'évacuer son matériel de guerre.

On nous conseille de partir. Nous voulons attendre, persuadés qu'un télégramme va être envoyé, qu'on n'a pu expédier ici les aérostiers et leur matériel sans but, sans motif. Nous attendons jusqu'au lendemain matin, passant la nuit dans la gare, assistant à la funèbre procession des trains chargés de blessés, qui passent de quart d'heure en quart d'heure. A l'ambulance de la gare, il y a une sœur charité et un moine, ils ont à soigner des centaines de blessés à la fois. Heureusement que nos marins sont là, ils se mettent sous les ordres de la sœur de charité, distribuent les bouillons aux malades, vont chercher de l'eau à la pompe, et se transforment en infirmiers. Le lendemain matin je revois la sœur de charité qui paraît tout heureuse d'avoir été si bien aidée.

— Je bénis ces braves marins, me disait-elle; ils n'ont pas voulu se reposer de la nuit, et m'ont rendu bien grand service.

Les aérostiers à Blois, disons-nous, n'auront pas passé tout à fait inutiles.

Le lendemain à 10 heures, il ne reste absolument rien en gare, les Prussiens vont arriver, dit-on. Il serait trop maladroit de se laisser prendre avec son matériel. Le chef de gare nous engage à partir. Une locomotive est accrochée à nos fourgons; elle nous ramène à Tours. A notre arrivée à Tours

Nos marins se transforment
en infirmiers militaires...
(P. 252.)

nous apprenons que décidément la délégation du gouvernement de la Défense nationale va se transporter à Bordeaux, tandis que l'armée de Chanzy continue à lutter avec énergie.

Le chef-lieu de l'Indre-et-Loire ressemble à une fourmilière remuée fortuitement par un bâton. C'est un mouvement fébrile, une agitation sombre et lugubre.

Nous recevons bientôt de la part du ministre de la guerre, l'ordre de gagner le Mans, pour nous mettre à la disposition du général de Marivaux, commandant l'armée de Bretagne.

Nous partons dans nos fourgons à 8 heures du soir, le 11 décembre. La gare de Tours est envahie par une foule énorme qui abandonne ses foyers. Des milliers de wagons, chargés de vivres, de munitions, s'évacuent lentement au milieu d'un tumulte indescriptible. Nous sommes obligés de nous tenir prêts à partir trois ou quatre heures à l'avance. Si nous avons le malheur d'abandonner nos ballons, ils seront enlevés par une locomotive, emportés je ne sais où. Il faut rester auprès de notre matériel, et demander de quart d'heure en quart d'heure, si le moment d'être attachés à un train est arrivé. Personne ne sait plus où donner de la tête. Des officiers, chargés de faire partir des fourgons de munitions, se querellent avec les employés du chemin de fer ; ce sont des discussions, des cris à n'en plus finir. Il s'élève sur ce flot de têtes qui encombre la gare, un brouhaha perpétuel, qui souffle comme un vent d'inquiétude et de désespoir. C'est la panique, c'est la débâcle !

Nous sommes entassés dans notre fourgon comme des harengs dans une barrique. Les ballons pliés tiennent presque toute la place. Par-dessus ces ballots, on se perche tant bien que mal. Bertaux, Poirrier, Revilliod, mon frère et moi, avec nos quatre chefs d'équipes et nos huit marins, nous sommes plongés dans l'obscurité la plus complète. Il fait un froid intense, et six heures de voyage nous séparent du Mans ; trop heureux si quelque retard imprévu ne nous fait pas faire le tour du cadran dans notre prison cellulaire.

Nous arrivons à deux heures du matin, moulus, brisés, mais nous arrivons, c'est l'essentiel. Les jours suivants, se passent à chercher un local pour nos ballons. L'atelier des bâches à la gare est mis à notre disposition. L'aérostat *La Ville-de-Langres* y est étalé; nos marins le vernissent à neuf.

Il faut s'occuper à présent des rations de vivres que le ministre de la guerre a mises à la disposition des marins aérostiers. Nous avons nos commissions en règles, l'intendance ne fera pas de difficultés. Erreur profonde. L'intendant n'a pas reçu d'ordre direct, il

Entassés dans notre fourgon... (P. 254.)

y a encore quelques formalités à remplir; bref, il ne nous donne pas nos vivres, mais il a eu soin de nous faire attendre une heure dans son bureau pour arriver à cette solution. Heureusement que nous sommes assez riches pour avancer deux francs par jour à huit hommes; mais si nous commandions un bataillon, que ferions-nous?

Notre ballon est prêt, allons prendre les ordres du général commandant en chef l'armée de Bretagne.

Le jeudi 15 décembre, à dix heures, nous arrivons au camp de

Conlie. Est-ce bien un camp? C'est plutôt un vaste marécage, une plaine liquéfiée, un lac de boue! Tout ce qu'on a pu dire sur ce camp trop célèbre est au-dessous de la vérité. On y enfonce jusqu'aux genoux dans une pâte molle et humide. Les malheureux mobilisés se sont pourvus de sabots et pataugent dans la boue.

Ils sont là quarante mille, nous dit-on, et tous les jours on enlève cinq ou six cents malades. Quand il pleut trop fort, on retrouve dans les bas-fonds des baraquements submergés. Il y a eu ces jours derniers quelques soldats engloutis, noyés dans leur lit pendant un orage.

Mais, sont-ce bien des soldats, ces hommes que nous voyons errer comme les ombres du Dante? Comment connaîtraient-ils un métier qu'on ne leur a jamais appris? Arrachés à leurs familles, à leurs campagnes, on leur a parlé des Prussiens, de l'invasion, de la patrie en danger. Ils sont partis, pleins de résolution, pleins d'enthousiasme. Ils rêvaient le succès, la gloire du combat, le salut de leur pays. On les enferme dans un marais où ils sont emprisonnés plusieurs semaines. Jamais ils ne manœuvrent, jamais ils n'apprennent le maniement des armes. Leurs souliers sont percés à jour, ils n'ont qu'une mince couverture pour se préserver du froid. La nourriture est rare. En ont-ils même tous les jours? Ils souffrent, mais ils sont résignés et patients, quoiqu'ils se demandent, si c'est bien là ce qu'ils doivent faire pour sauver le pays. Les jours se passent au milieu de ces tortures physiques et morales, le découragement, la lassitude arrivent. A force d'attendre, ils désespèrent. Ils errent dans ce camp si triste sans avoir conscience de la vie; ils ne savent plus ce qu'ils font ni ce qu'ils vont faire, ils perdent confiance en leurs chefs, ils en arrivent à regarder d'un air mélancolique ces malades qu'emportent les civières ! Ils sont heureux, ceux-là, ils vont mourir !

Un beau jour, le tambour résonne, les bataillons se rassemblent, on va partir. Partir où, grand Dieu ! Aller à l'ennemi, résister à des

Les malheureux pataugent dans la boue... (P. 256).

troupes solides, aguerries, bien nourries, recevoir la mitraille et la pluie d'obus ! — Mais ces fusils que nous portons sur nos épaules, nous ne savons pas les charger, nous n'avons jamais fait brûler une seule cartouche dans leurs canons ! Nous sommes fatigués, malades, nous ne savons rien faire ! — Qu'importe, il faut partir, il faut vaincre ou mourir.

A l'heure suprême, ces malheureux vont s'enfuir sous le feu de l'ennemi : on ne saurait compter sur une résistance sérieuse, de la part de soldats aussi peu préparés.

Nous sommes d'abord reçus par le chef d'état-major qui nous fait conduire dans une humble baraque en bois, où nous arrivons en nous tenant en équilibre sur des planches qui forment un chemin à travers les lagunes du camp. Une construction primitive en planches, forme le quartier général de l'armée de Bretagne. Il y a dans la pièce d'entrée un assez grand nombre d'officiers qui attendent leur tour; on prend place à côté d'eux.

Bientôt, l'aide de camp me prie d'écrire sur une feuille de papier le but de notre visite au général. Je rédige quelques lignes que je soumets à l'approbation de mon frère, de mes collègues et que je fais passer au général de Marivaux. Quelques secondes après, on me fait entrer dans son bureau. Je suis reçu avec la plus grande affabilité. Le général me félicite sur mes ascensions antérieures dont il a connaissance, il me parle aussi de mon frère, dont un de ses voyageurs lui a fait le plus grand éloge. Il me questionne longuement sur l'usage des ballons captifs, et approuve l'emploi des aérostats pendant la guerre. Le général est un marin, homme de progrès, d'initiative, il comprend l'importance de ces appareils merveilleux, qui peuvent si bien observer les mouvements de l'ennemi du haut des airs.

— Je serais très désireux d'assister à des expériences préliminaires, gonflez au Mans un de vos aérostats, je verrai le parti que l'on peut tirer de vos ascensions captives. Du reste, je ne puis prendre aucune décision, car le camp de Conlie forme une réserve où les Prussiens ne viendront pas, et les plans de l'ennemi ne sont pas encore connus. Mais attendez patiemment; les occasions ne vous manqueront pas de vous rendre utile.

Nous ne tardons pas à faire tous les préparatifs nécessaires à l'exécution de nos ascensions captives. Je me charge de surveiller le transport du ballon au lieu du gonflement situé près de l'usine, sur les bords de la Sarthe. Mon frère rend visite au préfet, au maire, pour obtenir les réquisitions du gaz, Revilliod, Bertaux, Poirrier, vont à l'intendance pour demander une tente où nos marins pourront passer la nuit auprès de l'aérostat.

Le samedi 17, on commence le gonflement de la *Ville-de-Langres*, mais les provisions de gaz de l'usine ne sont pas très abondantes. Impossible de remplir entièrement le ballon. Par bonheur, le temps est favorable, l'aérostat, chargé des sacs de lest, dresse son hémisphère supérieur au-dessus du sol, l'opération sera terminée demain.

Le lendemain, à midi, l'aérostat est plein. La nacelle est attachée au cercle, il ne reste plus qu'à essayer le matériel par une première ascension. Des mobiles sont mis à notre disposition pour la manœuvre.

Le système que nous employons, est extrêmement simple. Le cercle du ballon est muni, aux extrémités, d'un axe en cordage et de deux câbles d'une longueur de 400 mètres. Chaque câble s'enroule dans la gorge d'une poulie fixée au fond d'un plateau de bois, que l'on remplit de pierres, et qui forme ainsi un point d'appui fixe. Des hommes, au nombre de douze environ, tiennent chacune des cordes, qu'ils laissent glisser dans la poulie quand le ballon s'élève. Quand ils la tirent en marchant par deux, ils font descendre l'aérostat.

Le temps est très calme et la première ascension s'exécute dans les meilleures conditions. Je m'élève à une hauteur de 300 mètres. L'aérostat plane au-dessus de la Sarthe et l'immensité de l'horizon apparaît. Je reste là quelques minutes, suspendu à l'extrémité des cordages, et j'admire la belle campagne qui entoure le Mans.

Ma vue se porte jusqu'à plusieurs lieues tout autour de la ville, je distingue les routes, les maisons, les champs, et je verrais facilement le moindre bataillon à une très grande distance. Pour monter et descendre à volonté, nous avons une trompe qui sert de signal : un coup de trompe donne le signal de l'ascension, deux coups, celui de l'arrêt, trois coups, celui de la descente.

Quand je veux revenir à la surface du sol, je donne trois coups de trompe. Le chef d'équipe répète à terre le signal, et les cordes tirées, par les mobiles en marche, ramènent bientôt l'aérostat dans son enceinte.

Mon frère, assisté de Jossec, fait une seconde ascension, il dépasse la hauteur que j'ai atteinte et s'élève à 320 mètres. Une troisième et une quatrième ascensions sont exécutées avec le même succès par Bertaux, Revilliod et Poirrier.

A la fin de la journée, le ciel est légèrement brumeux, l'horizon est très borné. Le ballon passe la nuit sans perdre le gaz ; le lendemain il est aussi gonflé que la veillle.

A une heure, le lundi 19, nous exécutons une nouvelle ascension. Mon frère, Jossec et un de nos matelots, sont dans la nacelle. Ce dernier n'a jamais été en ballon et paraît ravi de faire ses premières armes aériennes. Nous faisons monter successivement ainsi les huit matelots de l'équipe.

Le vent est assez vif, et l'aérostat ne s'élève pas à une grande hauteur. Il serait dangereux de le laisser planer comme hier, à 300 mètres d'altitude.

Je fais une deuxième ascension captive avec deux marins, puis une troisième, mais le brouillard est assez épais, et c'est à peine si l'on distingue les prairies les plus voisines du Mans.

Ces premiers résultats nous paraissent aussi satisfaisants que possible. Le ballon *la Ville-de-Langres*, en soie double, est d'une grande solidité, et résiste à des vents intenses, sans se détériorer. Il est d'une imperméabilité presque complète et paraît remplir toutes les conditions d'un aérostat captif transportable. Que ne ferait-on pas avec un semblable appareil bien utilisé ? On pourrait avoir dans la nacelle un télégraphe électrique et munir le câble d'un fil conducteur qui permettrait de communiquer facilement à terre. Nous avons vu précédemment que ce mode d'installation avait très bien fonctionné près d'Orléans. Nous nous proposons de l'organiser, mais nous n'avons pas de relations encore avec l'administration des télégraphes du Mans, et le professeur de physique M. Charault, qui a déjà mis à notre disposition plusieurs appareils, n'a pas de télégraphe qui puisse nous convenir.

Le mardi 20, nous voyons le général Marivaux. Il n'a pu assister encore à nos ascensions, et nous annonce qu'il ne sait pas s'il devra s'en occuper à l'avenir. Le général Chanzy va venir au Mans avec son armée.

A une heure, nous nous mettons en mesure de faire quelques ascensions. Le temps est limpide et clair. Nous atteignons, au bout de nos câbles, la hauteur de trois cents mètres. Le spectacle qui s'offre à notre vue est superbe. La campagne s'ouvre à nous en un cercle immense qui n'a pas moins de quarante à cinquante kilomètres de diamètre.

Jusqu'à perte de vue, nous apercevons des bataillons français qui passent sur les routes et reviennent au Mans. C'est l'armée du général Chanzy qui se replie de Vendôme.

Des escadrons de cuirassiers aux manteaux rouges, défilent au milieu des prés verts, ils offrent l'aspect de rubans de coquelicots. Nous sondons le lointain avec notre lunette, mais les mouvements de la nacelle gênent l'observation. Toutefois, avec un peu d'application, on arrive à viser un point déterminé. Mais que ne ferait-on pas avec la pratique, avec l'habitude ? L'art des ascensions captives est à faire, c'est une école à organiser, disions-nous alors, sans nous douter que quelques années plus tard, nos armées après la guerre, allaient être si bien pourvues de ces précieux postes d'observation.

Les soldats lèvent la tête de toutes parts et se demandent quelle est cette nouvelle sentinelle juchée dans les nuages. Nous sommes vus à la fois par cent mille hommes dont nous dominons les têtes du haut des airs.

Nous profitons du temps clair pour faire monter et descendre la *Ville-de-Langres* ; nos collègues Bertaux, Revilliod, Poirrier, nous succèdent à tour de rôle dans la nacelle. Un grand nombre d'habitants du Mans, des dames, voudraient bien tenter l'ascension, mais nous ne permettons pas qu'on se fasse un jeu de notre aérostat. Il appartient à l'armée, quelques rares privilégiés seulement prennent part aux expériences.

A quatre heures, le capitaine de la compagnie des mobiles qui font nos manœuvres, nous apprend qu'il a reçu l'ordre de nous quitter. C'est le général Chanzy qui va prendre au Mans le commandement militaire. Il va falloir sans doute nous mettre en rapport avec lui.

Les journaux ne parlent qu'en termes assez vagues des mouvements de la deuxième armée qui revient au Mans. Mais nous allons bientôt être renseignés à ce sujet, par des officiers. On s'accorde à rendre hommage à l'habileté, à l'énergie de son général en chef.

Chacun espère que la France a enfin trouvé un sauveur.

Depuis le 15 décembre, trois ballons jusqu'au 19, c'est-à-dire en quatre jours, étaient successivement venus de Paris : ils étaient descendus dans la Marne, et dans la Côte-d'Or, et l'on avait ainsi lettres et journaux de la capitale investie.

Il nous fut donné, à mon frère et à moi, d'avoir des détails très complets, grâce à l'obligeance de l'administration des télégraphes, qui nous communiqua des numéros de différentes publications imprimées dans la ville assiégée. On conçoit avec quel intérêt et quelle avidité nous prenions connaissance de tout ce qu'il y avait dans ces feuilles.

Les troupes allemandes formaient autour de Paris un cercle immense d'investissement, et leurs batteries s'installaient sans discontinuer, autour de la capitale. La population était toujours calme, résolue ; malgré les insuccès de précédentes sorties, elle se montrait impatiente de marcher en avant ; on commençait à se plaindre et à murmurer contre les lenteurs et l'inaction du gouverneur de Paris. Mais le bruit courait, d'autre part, que le général Trochu avait un plan mystérieux, dont on devait espérer les plus grand résultats, et qu'il fallait attendre.

La suite a trop bien démontré, hélas ! que le plan Trochu était une mystification amère : le général ne croyait pas à la possibilité de la délivrance, par des coups de force, il laissait les événements se traîner en longueur, au lieu d'agir activement, sans un moment de repos. Le général Trochu ne s'était pas caché au commencement du siège de Paris pour déclarer que l'investissement ne durerait guère plus de quinze jours. A ce moment, puisqu'il avait cette conviction, il aurait dû se démettre de ses fonctions entre les mains d'un chef résolu et confiant.

On sait aujourd'hui ce qu'on pouvait essayer avec succès dès les premières heures de l'investissement. Les écrivains militaires allemand se sont chargés depuis, de nous le dire ; ils affirment que nous pouvions facilement en octobre, rompre les lignes d'investissement. Voici en outre ce qu'a écrit l'un des plus célèbres d'entre eux, M. Julius de Wickede :

« Il n'aurait pas été très difficile aux Français, dit cet officier de l'armée Prussienne, s'ils avaient eu sous la direction d'un commandement central, intelligent et énergique, une troupe de 4 000 à 5 000 hommes résolus, de détruire en une seule nuit au mois d'octobre, avant la capitulation de Metz, les tunnels mal gardés de Saverne et de Toul, ainsi que les ponts de Fontenoy et de quelques autres localités bien choisies, de jeter le feu dans les parcs du train de Nancy, Châlons, Reims et Nogent, puis d'exercer de toutes parts sur les derrières de l'armée, des ravages d'une grande étendue. Si cela fût arrivé, le général de Moltke se serait vu contraint d'abandonner aussitôt son audacieuse entreprise, d'investir au cœur de la France, une place comme Paris contenant plus de 150 000 hommes de garnison, aussi longtemps que Metz avec son armée de 160 000 hommes, n'était pas tombé en son pouvoir et que le drapeau tricolore flottait encore sur Toul, Verdun, Langres, Phalsbourg, Montmédy, Longwy, Thionville et mainte autre forteresse. Peut-être y eût-il eu de grandes difficultés à retirer de devant Paris les troupes engagées si avant. Mais Moltke songeait à tout; son état-major admirablement instruit, étudiait toutes les dispositions jusque dans leurs plus menus détails ; le roi Guillaume accompagnait tous les

L'aérostat plane au-dessus de la Sarthe. (Page 259.)

ordres donnés, d'une signature qui imposait leur exécution ponctuelle et absolue. »

On se plaignait souvent dans les clubs qui s'étaient formés de toutes parts à Paris, de l'inaction de nos chefs militaires. Ces réunions se tenaient à Valentino, aux Folies-Bergères, à l'Alcazar, à l'Elysée Montmartre et dans quelques grandes salles des boulevards extérieurs. Les déclamations y tenaient, à vrai dire, plus de place que les idées ; mais au milieu des folies et des exagérations ridicules, il y avait, aussi, bien des plaintes justifiées, bien des récriminations sincères ; sous les phrases ronflantes et les rodomontades outrées, on sentait palpiter le cœur de Paris et l'âme de la patrie.

Le mois de décembre avait été particulièrement dur à traverser pour la capitale investie. Nous lisions dans les journaux que les privations allaient croissant, à mesure que le stock d'approvisionnement diminuait. On fut obligé de rationner le pain, et il est regrettable qu'on ne l'ait pas fait à la première heure, car on avait prodigué et gaspillé la farine. On ne donnait plus que 300 grammes de pain par tête et par jour ! et quel pain ! C'était un composé noirâtre de choses innomées, où il entrait beaucoup de son et peu de farine. La viande de bœuf et de mouton, n'existait plus. On ne pouvait s'en procurer à aucun prix. On ne mangeait plus que du cheval. Toutes les denrées qui accompagnent le pain et la viande, étaient montées à des prix exorbitants. On donnait à une dame, au lieu d'une boîte de bonbons, un sac de pommes de terre ; un morceau de fromage était un cadeau princier.

Il y avait aussi à Paris une grande quantité d'ambulances qui s'étaient organisées de toutes parts, dans les théâtres, dans tous les locaux disponibles. Les Parisiennes furent admirables de zèle et de dévouement. Il n'y en eut pas une qui ne se consacrât à soigner les blessés, ou à s'occuper de soulager les pauvres.

Il y avait toujours bien quelques engagements autour de Paris aux avant-postes, et les journaux de la capitale retraçaient parfois les haut faits de nos soldats.

Toutes les prouesses et les actions d'éclat prirent corps pour ainsi dire, dans un homme dont le nom courait partout et qui ne tarda pas à devenir légendaire, le sergent Hoff. Ce sergent était originaire de Saverne; les Prussiens en passant par cette ville avaient fusillé son vieux père, et il avait juré de le venger. Il fallait que chaque jour il ait tué son Prussien, et il réussissait presque toujours. Le sergent Hoff, partait la nuit, seul, cherchant les cachettes des ennemis, il les épiait avec la patience du Peau-Rouge qui guette sa proie; il restait à l'affût, silencieux, immobile pendant plusieurs heures jusqu'à ce qu'il ait pu abattre son homme. On disait, dans les premiers jours de décembre, que le sergent Hoff n'avait pas tué moins de trente Prussiens à lui seul, et on lui avait donné la croix d'honneur en récompense de ses nombreux actes de courage.

Le sergent Hoff finit par être fait prisonnier, mais il sut habilement se dissimuler sous un faux nom; il retrouva sa liberté après la guerre. Retiré du service militaire, il devint le gardien-chef de l'arc de Triomple à Paris.

On ne pouvait confier à un homme plus digne la surveillance de ce monument, qui rappelle toutes nos gloires passées.

TROISIÈME PARTIE

LES DERNIÈRES LUTTES

TROISIÈME PARTIE

LES DERNIÈRES LUTTES

CHAPITRE PREMIER

La deuxième armée de la Loire. — Retraite sur Vendôme et sur le Mans. — Une visite au général Chanzy. — Ascension faite en sa présence. — Accident à la descente. — Un peuplier cassé. — Opinion du général sur les ballons militaires.

On savait depuis quelques jours que l'armée du général Chanzy allait se replier sur le Mans, après de terribles combats qu'elle avait livrés sans trêve ni relâche.

A la suite de la défaite d'Orléans, le général d'Aurelles de Paladine avait été relevé de son commandement : l'armée de la Loire s'était séparée en deux tronçons qui se reformèrent en deux corps d'armée, à Bourges d'une part, sous les ordres du général Bourbaki, à Vendôme d'autre part, sous la direction du général Chanzy.

Les premiers jours qui suivirent l'évacuation d'Orléans avaient été aussi terribles pour nos soldats, que laborieux pour notre administration. La deuxième armée commandée par le général Chanzy se releva parfaitement grâce à l'infatigable énergie de son chef. Elle se retira sur la ligne du Loir, après avoir inutilement essayé de se maintenir dans la vallée de la Loire, luttant entre la forêt de Marchenoir et le fleuve, couvrant la route de Tours; des combats acharnés eurent lieu, sous bois dans quelques régions, en terrain découvert dans d'autres; nos troupes se montrèrent vaillantes, sans cesse attaquées, sans cesse en action. Le nombre des engagements que Chanzy eut à soutenir avec ses soldats harassés, est de quinze, et

Il retrouva sa sacoche. (P. 275.)

ceux de Villorceau et de Josnes, le 8 décembre, furent presque des victoires. Le lendemain, Gambetta se hâta de venir auprès de Chanzy, il annonça que la délégation de Tours allait se transporter à Bordeaux, et il approuva la retraite sur Vendôme que proposait le commandant en chef de la deuxième armée de la Loire, après avoir reconnu que la première armée placée sous les ordres de Bourbaki, n'était pas encore en état de venir à son secours.

Le général Chanzy avait écrit de Josnes au général Bourbaki:

« Nous nous battons depuis onze jours et nous tenons ici depuis le 6, contre le gros des forces ennemies. Les Prussiens menacent Blois et Tours, et cherchent à tomber sur le flanc de notre armée. Une marche de vous sur Blois, peut me dégager de cette situation critique. Je vous demande instamment de le faire. Prévenez-moi. »

C'était un matériel neuf en superbe état... (P. 276.)

Mais l'armée de Bourbaki n'était pas en état d'agir : la débandade avait été complète, et momentanément irréparable.

Jamais dans la guerre de 1870, le prince Frédéric-Charles ne se contenta de livrer aux Français un ou deux combats successifs. Presque toujours, il revenait à la charge, après s'être habilement ménagé des renforts, et combattait le troisième jour, quelquefois même le quatrième encore. C'est avec cette persistance et cette ténacité qu'il arrivait à lasser nos jeunes soldats peu aguerris, et incapables de supporter plus de deux jours de lutte.

Le général Chanzy savait, d'autre part, inspirer la valeur à ses troupes et sans se laisser jamais déborder, il résistait avec une étonnante opiniâtreté. Il reçut de son côté des renforts d'artillerie qui eurent un rôle des plus efficaces, et le 10 décembre après de nouvelles attaques acharnées, il réussit à coucher le soir sur ses positions. « Les Allemands, a pu dire à cette époque le correspondant anglais du *Times*, qui était loin d'être sympathique à la France, commencent à être stupéfaits de cette persistance extraordinaire. Ils ont été si longtemps accoutumés à des succès étonnants que c'est une expérience nouvelle pour eux d'être tenus en échec plusieurs jours consécutifs contre cette armée de la Loire si méprisée, et d'être obligée d'appeler des renforts. »

C'est le 12 que commença la retraite sur Vendôme. « Comme fatigue et comme souffrances pour les hommes et les animaux, dit le général Chanzy, cette journée fut une des plus pénibles de la campagne. » Néanmoins la retraite put s'effectuer avec assez de régularité, et le soir, tous les corps étaient établis sur les positions qui leur avaient été assignées.

Cette retraite de la deuxième armée dans les conditions de mauvais temps, de fatigues et de dangers, dans lesquels elle n'avait jamais cessé de se trouver, faisait le plus grand honneur à nos troupes et à leur vaillant général.

L'armée de la Loire se réorganisa quelque peu à Vendôme, sans cesser de surveiller les mouvements de l'ennemi qu'elle tenait toujours à distance; puis elle arriva au Mans, où le général Chanzy put l'établir dans de fortes positions.

La deuxième armée de la Loire comptait parmi ses régiments, des troupes d'élite qui contribuèrent puissamment à cette résistance énergique. Elle avait, en assez grand nombre, des marins commandés par les amiraux Jauréguiberry et Jaurès, elle comptait aussi quelques régiments d'infanterie de marine. Les zouaves de Charrette n'ont cessé de s'y faire remarquer sans cesse par leur valeur. Il nous fut donné d'apprécier et de voir de près ces courageux soldats qui furent malheureusement décimés par l'ennemi.

Il y avait parmi les zouaves de Charette, un jeune Indien qui nous était fort sympathique. Il était le fils d'un prince de l'Indoustan, et s'appelait Doresamy. A l'époque de la guerre des Indes, il avait été capturé au berceau par des soldats anglais. Elevé à Londres, il s'était fait catholique, et s'était engagé dans les zouaves pontificaux. Le jeune prince combattait avec passion pour la France, et ses camarades me citaient parfois ses actions d'éclat. Un jour pendant un combat acharné, où ses compagnons et lui avaient dû reculer devant le nombre, il avait laissé tomber sur le champ de bataille, sa sacoche toute garnie de louis d'or.

— Je ne veux pas, s'écria-t-il, que les Prussiens fassent une si belle trouvaille.

Et au même moment, avec une audace inouïe, il s'élance seul vers les bataillons ennemis ; il s'approche à 200 mètres d'eux et retrouve sa sacoche qu'il ramasse vivement et qu'il montre triomphalement de loin aux Français. Au même moment, les Prussiens revenus de leur première surprise, se mettent à tirer à coups redoublés sur le jeune zouave ; mais celui-ci revient en courant vers les siens, ayant eu l'heureuse fortune de ne recevoir aucune blessure.

C'est le mercredi 21 décembre que l'on apprit au Mans l'arrivée du commandant en chef de la deuxième armée de la Loire ; il établit son quartier général dans un hôtel particulier en face de la préfecture. Par une circonstance heureuse, on vit aussi le même jour, défiler le long des routes, plusieurs batteries de mitrailleuses. C'était un matériel neuf en superbe état.

Notre ballon était gonflé, mais à la suite des mouvements de troupes occasionnés par l'approche d'une nouvelle armée, on nous avait retiré les mobiles qui aidaient aux manœuvres des ascensions captives. Pour savoir ce que nous devons faire, nous nous décidons à nous adresser au préfet, M. Georges Lechevalier.

Mes collègues aéronautes me désignent pour cette démarche. Le préfet m'accueille avec la meilleur grâce.

— C'est au général Chanzy, me dit-il quand je lui eus demandé conseil, qu'il faut vous adresser pour utiliser vos ballons ; il commande en chef la deuxième armée de la Loire campée autour du Mans. Je vais vous donner un mot pour lui.

Et le préfet me donne quelques lignes des plus aimables, qui me serviront d'introduction auprès du général.

— Traversez la place, me dit M. Lechevalier, le général vous recevra au reçu de cette lettre.

Dix minutes après, un officier d'ordonnance m'introduisait auprès du général Chanzy. Le commandant en chef de l'armée de la Loire lisait des dépêches télégraphiques, et examinait en même temps une carte des environs du Mans qu'il avait déployée devant lui. Ses aides de camp se tenaient à côté de lui.

J'attendis quelques instants : quand le général eut fini d'examiner son courrier, il se tourna vers moi. Je pus voir son visage intelligent, expressif, qui me parut être celui d'un homme affable et *sans pose*, comme on dit dans le langage parisien.

— Le gouvernement vous envoie ici avec des ballons captifs, mais dites-moi ce que vous pouvez faire avec ces aérostats, et comment je puis les utiliser.

— Général, répondis-je, mes col-

C'est le général Chanzy et son état-major... (P. 280.)

lègues et moi nous avons ici cinq aérostats tout près à être gonflés; une fois remplis de gaz, un de ces ballons peut être transporté où bon vous semblera aux environs du Mans. Là nous aurons une batterie à gaz pour préparer de l'hydrogène et compenser les pertes de gaz dues aux fuites, à l'incomplète imperméabilité de l'étoffe. Notre ballon reste ainsi toujours prêt à fonctionner; à tout moment, il peut monter à 100, à 200, à 300 mètres de haut, et l'officier d'état-major qui nous accompagnera dans nos ascensions pourra voir l'ennemi jusqu'à plusieurs lieues si le temps est clair, et vous renseigner sur tous ses mouvements.

— Mais c'est merveilleux, je veux employer tous vos ballons.

— Je dois ajouter cependant, répliquai-je, que des accidents peuvent malheureusement survenir, que nos ballons ne résistent pas aux tempêtes, et qu'ils ne servent à rien quand le temps est couvert ou pluvieux. Mais si le jour de la bataille, le ciel est pur, il n'est pas douteux qu'ils donneront les renseignements les plus précieux sur les forces de l'ennemi et sur ses évolutions.

— Quel malheur, dit le général, que je ne vous aie pas eu avec moi à Marchenoir, l'ennemi avait si bien caché ses positions que je ne pouvais savoir d'où étaient lancés les obus qui accablaient mes soldats. Je suis monté sur un clocher, mais je n'ai pu m'élever assez haut pour dominer un rideau d'arbres qui arrêtait mes regards. Vous en souvient-il? ajouta le général en se tournant vers un de ses officiers. Ah! ce fut une rude et terrible journée.

Il y eut un moment de silence que rompit bientôt le général Chanzy.

— Votre ballon est gonflé? me dit-il.

— Oui, mon général.

— Où est-il?

— Près de l'usine à gaz, sur le bord de la Sarthe.

— Êtes-vous prêt à faire une ascension en ma présence? Je serai curieux d'assister à vos expériences.

— Quand vous voudrez, général, mon frère et moi, nous nous élèverons devant vous, à trois cents mètres de haut.

— Eh bien ! je me rends de suite auprès de votre ballon.

Puis le commandant en chef de la deuxième armée dit à son aide de camp :

— Faites seller mes chevaux ; je pars de suite.

Je me sauve, en courant de joie, prévenir notre équipe, afin de tout disposer pour l'ascension.

J'accours auprès du ballon.

— Le général va venir, dis-je à mon frère et aux marins, vite à la besogne.

Nous voilà tous joyeux, car nous brûlons de désir de nous montrer, d'agir, de nous rendre utiles. Et nos braves marins, comme ils se mettent à l'ouvrage avec ardeur ; eux aussi ils n'ont qu'une seule ambition, c'est de voir l'ennemi du haut de notre ballon, et de braver au milieu de l'air la pluie d'obus et de mitraille.

On se met en mesure de tout préparer pour l'ascension, mais le vent si calme depuis trois jours, s'est élevé, et souffle par rafales. En outre, le général de Marivaux nous a retiré nos hommes de manœuvre. Nous ne voulons pas être arrêtés par ces obstacles.

Une foule de francs-tireurs, de flâneurs, de soldats, accourent autour de notre aérostat. Le marin Jossec leur adresse quelques paroles et leur demande le concours de leurs bras pour tenir les cordes. Tous acceptent de grand cœur. Je monte dans la nacelle pour faire une ascension préliminaire, mais l'air est agité, le ballon se penche avec violence, il ne faut pas songer à s'élever très haut.

Je suis seul dans mon panier d'osier, je jette par-dessus bord plusieurs sacs de lest, pour donner au ballon une force ascensionnelle capable de résister à l'effort de la brise. Je parviens à m'élever à 80 mètres de haut; à cette hauteur un coup de vent me fait décrire au bout des câbles un grand arc de cercle qui me jette presque au-dessus des maisons avoisinant le point de départ. Deux sacs de lest vidés à propos me ramènent sur la verticale.

Cette expérience montre clairement que, malgré le vent, l'ascension est possible; on pourra montrer au général Chanzy ce dont les ballons sont capables. A la hauteur où j'ai pu m'élever, les horizons du Mans s'étendaient sous mes yeux comme un vaste panorama, au milieu duquel j'apercevais distinctement les tentes du camp de Pontlieue.

A peine suis-je revenu à terre, on aperçoit, de l'autre côté de la Sarthe, un groupe de cavaliers qui accourent au galop.

C'est le général Chanzy et son état-major. Il est monté sur un magnifique cheval arabe qui caracole avec grâce, trois aides de camp le suivent, et, derrière les officiers, galopent des goumiers arabes aux manteaux rouges et blancs : ce sont des grands nègres, qui se tiennent sur leurs selles, droits comme des I, et semblent étreindre de leurs jambes, comme dans un étau, leurs minces chevaux qui bondissent avec la légèreté la plus gracieuse.

En quelques secondes, les chevaux ont passé le pont et s'arrêtent devant le ballon. Le général descend de cheval, je vais à sa rencontre en lui disant :

— Nous sommes prêts, mon général, mais le vent est violent, il sera impossible d'atteindre une grande hauteur. Vous aurez toutefois une idée des services que nous pouvons rendre.

Mon frère saute dans la nacelle, et le ballon s'élève lentement, se penche à l'extrémité des câbles qu'il tend avec force, en leur donnant la rigidité de barres de fer. Arrivé à 100 mètres de haut, l'aé-

Des combats acharnés eurent lieu sous bois... (Page 272.)

rostat s'arrête, il a une force ascensionnelle considérable, par moment il oscille dans l'air, en se rapprochant de terre, mais ce n'est que pour bondir bientôt à l'extrémité de ses cordes. Le général observe le ballon avec attention, il se fait expliquer la disposition des câbles, les moyens de transport de l'appareil, il me demande ce qu'il nous faudrait de soldats pour nous aider, de voitures pour porter nos acides et nos batteries.

— Quand j'aurai besoin de vous, me dit-il, quand je connaîtrai les positions de l'ennemi, je vous indiquerai votre poste d'observation. Mais, dites-moi, à quelle distance faut-il vous placer de l'ennemi? Craignez-vous les balles et les boulets?

— Général, répondis-je, nous ne craindrions pas personnellement de nous exposer au danger, et les balles de fusil à 300 mètres de haut ne nous feraient pas très peur. Si le ballon était atteint, il serait percé de petits trous qui ne l'endommageraient pas sensiblement. Mais il est indispensable d'être hors de portée des obus qui incendieraient nos ballons.

Sur ces entrefaites, un coup de vent pousse l'aérostat toujours en l'air, et le ramène à une trentaine de mètres au-dessus du sol; il décrit un grand arc de cercle, et rebondit ensuite comme une balle, en planant d'une façon imposante. Le général regarde attentivement, et les Arabes qui sont autour de lui, paraissent stupéfaits à la vue d'un spectacle si bien fait pour exciter leur curiosité.

— Faites revenir l'aérostat, dit le général, afin que j'assiste à toute votre manœuvre.

Trois coups de trompe sont donnés. Les marins font tirer les câbles, l'aérostat revient près de terre, mais le mouvement qui lui est imprimé le fait osciller, il se penche au-dessus d'un peuplier, et une des cordes qui le retiennent s'enroule autour de l'arbre à quelques mètres au-dessous de la nacelle. Une nouvelle rafale siffle, et l'arbre se casse en deux comme un fétu de paille. Le ballon éprouve une secousse terrible, mais mon frère est tellement tranquille et impassible dans la nacelle, que personne ne pense au danger qu'il y a pour lui de se rompre les os.

Après cet incident, l'aérostat revient dans son enceinte.

— C'est égal, dit le général, il faut un certain sang-froid pour faire ces ascensions. Et se tournant en souriant vers un de ses aides de camp :

— Voudrez-vous vous charger de faire les observations avec ces messieurs ?

— Ma foi, général, dit l'officier, je vous répondrai franchement : Non. — Envoyez-moi contre des canons, j'irai sans sourciller. Mais les ballons ne sont pas mon affaire.

— Eh bien ! j'irai moi-même, répliqua gaiement le général Chanzy. Au revoir, Messieurs, je connaîtrai demain les positions de l'ennemi et n'ayez pas peur, ce n'est ni la besogne ni l'émotion qui vous feront défaut.

Le général nous entretient encore quelques instants, il se fait présenter nos collègues présents, MM. Revilliod, Bertaux et les marins, puis il s'élance légèrement sur son cheval, qui l'emporte, avec la rapidité de la flèche.

Les nouvelles qui circulent au Mans depuis l'arrivée du général Chanzy et de son armée paraissent monter au beau. A la gare, le jeudi 22 décembre, nous ne voyons que convois d'approvisionnement, fourgons de munitions, plates-formes d'artillerie qui arrivent sans cesse; aux environs, soldats du génie et ouvriers civils font des terrassements pour préparer la défense. Il y a du mouvement et de l'activité partout.

L'atmosphère devient respirable.

La visite du général nous a donné du cœur, nous ne doutons pas que le moment de l'action est proche.

Malheureu-

Soldats du génie et ouvriers civils font des terrassements... (P. 284.)

sement on n'a jamais tous les bonheurs à la fois. Le temps est mauvais. Le vent est d'une force extrême. Le froid est terrible. Je ne me rappelle pas avoir vu l'hiver aussi rigoureux. L'aérostat *La Ville-de-Langres* est torturé par les rafales. Le ballon gémit et se penche avec violence. Il va crever si cela dure. Il vole en éclats, vers la fin de la journée !

Nous nous mettons en mesure de le réparer de suite, et de faire gonfler, si cela est nécessaire, le ballon de Révilliod et Poirrier.

Le samedi 24 à midi, le ballon captif, complètement remis à neuf après un travail de 12 heures, est regonflé. — Je vais aussitôt voir le général Chanzy, qui me reçoit.

Il était occupé à travailler et semblait écrire des lettres. Je remarque que sa physionomie, habituellement fort sereine, est aujourd'hui plus souriante, et cette observation me paraît de bon augure. Je suis touché de la bienveillance avec laquelle m'accueille le général pour lequel je me sentais une grande admiration et un profond respect. On sentait en lui l'homme supérieur, sûr de lui-même, et sachant inspirer la confiance. Il avait toujours beaucoup de calme, et un sang-froid que rien ne pouvait ébranler. Tout en paraissant énergique, son regard était en même temps plein de douceur et de bonté.

Le général Chanzy me questionne sur les voyages aériens et me témoigne l'intérêt qu'il porte à la navigation aérienne.

Comme je lui exprime le désir qui nous anime d'agir sous ses ordres, il me répond qu'il ne connaît pas encore l'exacte position de l'ennemi, et ne peut nous assigner aux environs du Mans un poste d'observation.

Je reviens auprès de notre ballon qui s'agite toujours avec assez de force. Nous essayons de le maintenir vertical à l'aide de 16 cordes d'équateur attachées à son filet et fixées au sol. Il ne bouge plus, et paraît se fatiguer moins par ce procédé d'amarrage.

Le dimanche 25 décembre, jour de Noël, le froid est terrible avec un vent du nord très violent. — Dans la journée une bourrasque rompt toutes les cordes d'équateur de notre aérostat. — Malgré la tempête, le ballon tient toujours, mais plusieurs mailles de son filet sont brisées.

Le lendemain le vent est tombé. Dans l'après-midi nous réparons les avaries de *La Ville-de-Langres*. Jossec, notre fidèle gabier qui est fils de pêcheur, raccommode le filet, nous réparons avec le plus grand soin des petits trous qui se sont ouverts dans l'étoffe.

Regardant les boutiques comme un flâneur... (P. 288.)

On dit que les Prussiens s'éloignent du Mans. On se demande si c'est une feinte, pour masquer une attaque prochaine.

Les jours suivants, le temps est neigeux; malgré la brume, le mercredi 28, mon frère et moi nous faisons deux ascensions captives à 100 mètres de haut, mais l'horizon est entièrement voilé.

Le Mans offre une physionomie bien curieuse, surtout le

soir. Les cafés sont encombrés d'officiers, les rues remplies de soldats errants. Il a fallu remédier à tout prix à ce relâchement de la discipline militaire. — On vient de prendre des mesures rigoureuses. Des patrouilles de gendarmes arrêtent tous les soldats, et les mènent aux avant-postes. Les cafés, les hôtels sont gardés par des factionnaires ceux-ci; empêchent d'entrer tous les officiers qui ne sont pas munis de cartes spéciales émanées du commandant de place.

A table d'hôte les officiers qui dînent à côté de nous, sont interrogés par des gendarmes qui leur demandent d'exhiber leur carte de circulation.

Il fallait cette surveillance, car le désordre était dans les rangs de l'armée. Les officiers, au lieu de rester dans leurs cantonnements, venaient en ville, et les soldats ne tardaient pas à suivre l'exemple donné par leurs chefs.

L'ordre commence à renaître; l'armée reprend son assurance avec la discipline.

Les soldats allemands étaient parfois lassés des longueurs de la guerre; nous en eûmes au Mans un bien singulier exemple. Un jour on vit se promener sur la place de la ville un fantassin bavarois, il n'avait pas d'armes, et son costume était en fort bon état. Tout le monde le regardait avec étonnement; il fumait une grosse pipe de porcelaine et se promenait tranquillement, regardant les boutiques comme un flâneur.

Un officier français d'un poste voisin ne tarda pas à être prévenu et à venir l'interroger. Le soldat allemand parlait un peu le français; il raconta qu'il avait assez de la guerre, qu'il avait quitté son régiment et que voyant que personne ne l'arrêtait sur la route, il avait

Le Commandant en chef de l'armée de la Loire lisait des dépêches... (Page 276.)

pu pénétrer sans encombres jusqu'au cœur même de la ville. Il se constitua prisonnier. Il avait la physionomie d'un brave homme : c'était un soldat philosophe.

Le jeudi 29, le vent est toujours d'une violence extrême. Le ballon souffre et s'use inutilement. Le général Chanzy nous donne l'ordre de le dégonfler. Il nous dit qu'il ne suppose pas qu'il y ait de combat avant quelque temps. Il nous fera signe au moment voulu.

Nous apprenons, le 31, qu'un ballon de Paris est tombé aux environs du Mans. Ce ballon, qui avait été baptisé *l'Armée-de-la-Loire*, était arrivé au milieu des troupes dont il portait le nom. L'aéronaute, M. Lemoine, est ici. Nous passons la soirée avec lui.

Il nous rapporte que Paris est toujours dans les mêmes conditions, qu'il y a encore des vivres pour longtemps, que la physionomie de la ville n'est guère changée, que des boutiques du jour de l'an se sont établies sur le boulevard, mais qu'au lieu d'y débiter des jouets, on y vend des sacs de soldats et des pommes de terre.

C'est une bonne fortune pour nous que cette heureuse rencontre avec M. Lemoine; nous ne cessons de le questionner sur la ville assiégée dont nous n'avons depuis longtemps reçu aucune nouvelle. L'aéronaute nous raconte que les vivres commencent à être rares, que l'on est réduit à manger le *pain du siège* dont la composition devient déplorable. La cherté des aliments n'a plus de limite, un boisseau de pommes de terre coûte 20 francs, un œuf frais coûte 2 francs; quant aux légumes secs il n'en existe plus pour la vente.

— C'est admirable, nous disait M. Lemoine de voir avec quelle résignation, avec quel courage et même quelle gaieté, la population parisienne se montre résolue à souffrir des maux qui chaque jour, vont croissant, et dont en réalité, on ne saurait voir la fin. Les femmes sont dignes des plus grands éloges, quand il s'agit de faire des sorties, elles accompagnent leurs maris jusqu'aux remparts et les excitent à se conduire vaillamment.

— Mais Paris doit être bien triste, le soir surtout, demandai-je à mon interlocuteur.

— Oui et non, me fut-il répondu. On est triste de la longue attente et des nouvelles sans cesse décevantes; mais il n'y a ni découragement ni faiblesse, les cafés sont encore ouverts, et la gaieté parisienne marche bon train. Il y a pour la classe riche, des boucheries de chats, de chiens et de rats, et des garçons de restaurant ont eu parfois à s'écrier en présence de joyeux convives : « Servez le rat, sauce madère! » Les journaux ne publient jamais que des articles patriotiques excitant toujours les courages et il n'est jusqu'aux journaux amusants qui ne se mettent de la partie.

Cham, l'incomparable Cham, trouvait dans le siège de nombreux sujets de caricatures. Il figurait notamment une bourgeoise exaspérée contre son mari :

— Comment! tu as promis notre fille au boucher?

— Que veux-tu, ma chère, c'est pour avoir un gigot!

Mais à côté de ces récits enjoués, l'aéronaute du siège de Paris nous montrait un journal où l'on publiait à la date du 27 décembre le rapport militaire suivant :

« L'ennemi a démasqué ce matin des batteries de siège contre les forts de l'Est, de Noisy à Nogent, et contre la partie nord du plateau d'Avron. Ces batteries se composent de pièces à longue portée.

« En ce moment, 11 heures, le feu est très vif contre les points indiqués, et comme cette canonnade pourrait être le prélude d'un bombardement général de nos forts, toutes les dispositions sont prises dans le but de repousser les attaques et de protéger les défenseurs. Cette nuit, on a entendu du mont Valérien deux fortes détonations, qui peuvent donner à penser que l'ennemi a fait sauter le pont du chemin de fer de Rouen. Le fait sera vérifié dans la journée. Dès le matin, l'ennemi a fait sauter la Gare-aux-Bœufs de Choisy-le-Roi.

« Cet ensemble de faits tendrait à prouver que l'ennemi, fatigué d'une résistance de plus de cent jours, se dispose à employer contre nous les moyens d'attaque à longue distance qu'il a depuis longtemps rassemblés. »

Nul doute, c'était le bombardement qui allait commencer. On se préparait sans faiblesse, à Paris, à supporter bravement cette nouvelle épreuve.

M. Lemoine avait des messages importants qu'il put faire parvenir promptement au gouvernement de Bordeaux.

Déjà vers le milieu de décembre, Paris anxieux appelait à son secours les armées de province.

Le 17 décembre le ballon *le Guttenberg* conduit par un marin, avait dans sa nacelle un ami du général Trochu, M. Lepère, qui devait porter au général Faidherbe l'ordre de faire un énergique mouvement en avant. M. Lepère avait un signe de reconnaissance, et une mission verbale. Il descendit à neuf heures du matin à Montpreux, dans la Marne, après s'être élevé de la gare du Nord à Paris, à 2 heures de la nuit. Son message fut porté à destination, avec une remarquable rapidité. Le 20 décembre, le ballon *le général Chanzy*, conduit par un gymnaste, M. Werrecke, fut moins heureux: il descendit avec trois voyageurs à Rotemberg, en Bavière. Tout fut capturé par les Allemands. Le 22 décembre, on lançait encore de Paris un autre aérostat, *le Lavoisier*, qui descendit heureusement à Beaufort, dans le Maine-et-Loire. Conduit par un marin, il avait un seul passager M. Raoul de Boisdeffre, officier d'ordonnance du général Trochu qui était envoyé en mission auprès du général Chanzy. Il venait dire à celui-ci que Paris cesserait d'avoir des vivres le 20 janvier et que le moment d'agir était venu.

J'avais appris ce fait à l'état-major de la deuxième armée de la Loire, et M. Lemoine croyait que la provision de vivres pourrait se prolonger plus longtemps.

Nous nous séparons à onze heures, nous souhaitant une bonne fin d'année. Adieu 1870 année funeste, 1871 te ressemblera-t-il par ses désastres? Est-il permis d'espérer des beaux jours?

Le 1ᵉʳ janvier 1871 nous déjeunons avec nos collègues Bertaux, Poirrier, et un capitaine de mobiles, avec qui nous avons fait connaissance. La tristesse préside au repas. Depuis notre plus tendre enfance, c'est le premier *jour de l'an* qui se passe si loin des nôtres.

Nos gabiers, Jossec, Guillaume et Labadie, qui, depuis peu, s'est joint aux deux premiers, viennent nous souhaiter la bonne année. Braves gens, ils se sont attachés à nous, et nous aiment déjà. Nous leur rendons bien d'ailleurs leur affection, leur sympathie.

J'écris une longue lettre à mon frère aîné, par un nouveau procédé alors mystérieux pour tous et dont nous avons parlé précédemment. Il faut adresser la lettre à Paris *par Moulins (Allier)* et l'affranchir avec 1 franc de timbres-poste.

Le Mans est triste. L'armée est cantonnée à Changé et à Pontlieue. Aucune nouvelle. Rien que le silence du cimetière! L'ordre cependant est tout à fait rétabli. Pas un soldat, pas un officier dans les rues.

Nous recevons une lettre de Paris. Notre frère aîné nous raconte ses campagnes dans les bataillons de marche. Il est campé hors Paris et mène une bien dure existence. Mais il est confiant et résolu.

Le 3 janvier, nous mettons en ordre notre matériel aérostatique, pour être prêts à gonfler au premier signal.

A la table d'hôte de *l'hôtel de France*, où nous logeons, nous dînons à côté de deux officiers prussiens prisonniers sur parole. Ils parlent haut, et rient bruyamment : leur conduite pleine d'inconvenance nous indigne, mais nous sommes trente Français réunis, et il n'y aurait pas grande gloire à faire cesser leur insolence. On se contenta le lendemain, de les prier de prendre leurs repas dans leur chambre.

Notre capitaine Bertaux est malade. Il est poitrinaire le pauvre garçon, et la chute qu'il a faite à sa descente en ballon, lors de sa sortie de Paris, a aggravé son mal. — Nous lui tenons compagnie dans sa chambre [1].

Grands mouvements de troupe autour du Mans. On voit arriver une quantité énorme de voitures d'approvisionnements, et de troupeaux de bœufs, destinés, dit-on, au ravitaillement de Paris.

On annonce que Gambetta va venir.

Voici enfin des nouvelles de Paris. Mais hélas ! de tristes, bien tristes nouvelles. On apprend le bombardement du plateau d'Avron et des forts du sud.

Des officiers nous affirment que l'armée française devait marcher en avant aujourd'hui même, pour exécuter un plan hardi, mais qu'un contre-ordre a subitement arrêté le mouvement.

---

[1] A son retour à Paris après l'armistice, notre pauvre ami est mort, suffoqué dans la nuit par une congestion. Il avait trente ans à peine.

Le mercredi 4 janvier, nous passons une partie de la journée avec notre ami M. G..., directeur de la compagnie du Touage de la Seine. Il a été chargé d'étudier la question du ravitaillement de Paris, et il se fait fort de transporter par ses bateaux à vapeur jusqu'à Paris 14 000 tonnes de marchandises !

Que de rêves on fait ainsi d'heure en heure ! On parle d'approvisionner Paris, de voler à son secours. Mais il y a auparavant des combats à livrer, des victoires à remporter ! Toutes nos espérances se réaliseront-elles ? N'est-ce pas folie que d'y ajouter foi ?

Quelle déception quand on s'adresse non plus à l'imagination, mais à la raison !

Nous allons à la gare, où des ouvrières réparent notre ballon de soie. — Nous faisons mettre de bonnes pièces neuves dans les parties faibles.

Le vendredi 6, le général Chanzy s'informe de l'état de nos ballons ; nous allons le voir, mon frère et moi. Il nous dit que l'armée est toujours en repos, mais que bientôt sans doute de graves événements vont se dérouler. Pendant que je vais surveiller nos travaux aéronautiques à la gare, mon frère Albert et Poirrier vont examiner les environs du Mans pour étudier le transport des ballons captifs. En traversant la ville, je vois encore passer de l'artillerie.

Bientôt des bruits contradictoires de toute nature circulent, au Mans. On nous affirme au bureau du télégraphe que l'armée du général Chanzy va décidément marcher en avant demain matin.

Cette armée compte cent soixante mille hommes, trois cents pièces de canon, la victoire, disent quelques optimistes n'est pas douteuse.

Ah ! quand on se souvient de ces époques, comme on se rappelle jusqu'où peut aller l'illusion! Après avoir vu les débâcles d'Orléans, de Blois, aveuglés par l'amour de la Patrie, nous espérions encore.

Les Prussiens, nous dit-on le soir, s'avancent du côté de Nogent-

Ils parlent haut et rient bruyamment. (P. 295.)

le-Rotrou. — Les nouvelles de l'armée de Bourbaki, dans l'est, sont favorables.

En réalité, le général Chanzy avait appris que le prince Frédéric-Charles arrivait rejoindre l'armée du grand-duc de Mecklembourg et qu'il avait avec lui plus de 10 000 hommes de ses meilleures troupes avec 40 pièces de canon. Il devenait évident qu'après avoir étudié la situation générale des armées françaises, le général prussien voulait en finir avec la deuxième armée de la Loire, qu'il considérait comme un danger, et qu'il voyait s'aguerrir non sans quelque inquiétude.

Chanzy prenait ses dispositions, et préparait tout pour affronter les nouveaux périls. Le 9, il donne à chacun des ordres précis, et conjure ses soldats de ne pas songer à la retraite sur le Mans sans avoir tenu jusqu'à la dernière extrémité. Le général français n'avait pas seulement à tenir tête contre les rudes bataillons de Frédéric-Charles ; il avait aussi contre lui la neige qui ne cessait de tomber à gros flocons.

Le mardi 10, on entend des coups de canon. Cette fois, la grande lutte va s'engager. Le bruit de la canonnade est d'abord assez éloigné, c'est le grondement lugubre du tonnerre avant la tempête.

Le soir, des paniques courent la ville. On prétend que les Prussiens sont à cinq lieues, que nos avant-postes ont été surpris. Mais les gens sensés n'ajoutent pas créance à ces bruits de mauvais augure. Cependant il est certain que l'ennemi a gagné du terrain et qu'il va falloir lui disputer la possession de notre dernière ligne d'opération. Il n'est pas douteux qu'une terrible bataille va s'engager.

CHAPITRE DEUXIÈME

La bataille du Mans. — Recherche d'un poste d'observation pour les ballons captifs. — Les batteries françaises. — Le champ de bataille et les mitrailleuses. Douze heures de combat. — On croit au succès. — Les mobilisés de la Tuilerie. — La déroute. — Laval. — Rennes.

Dans la matinée du 11, on entendit autour du Mans le bruit d'une violente canonnade. Tout le monde est surexcité par ce concert lugubre; la partie suprême est en jeu. Je vais au quartier général pour recevoir des ordres. Le moment n'est-il pas venu de gonfler un ballon, et de surveiller du haut des airs les mouvements de l'ennemi?

Mais je crois comprendre, d'après ce qui m'est dit, que l'attaque des Prussiens a eu lieu à l'improviste; le général Chanzy quoique malade, est à cheval au milieu du combat. Un de ses officiers m'affirme qu'il a pensé aux ballons, et que l'ordre du gonflement va nous arriver d'un moment à l'autre, on me conseille toutefois de m'approcher du champ de bataille pour choisir un bon poste aérostatique, j'ai le *laissez-passer* qui me permettra de m'avancer jusqu'auprès des batteries.

Le combat a lieu tout près du Mans, au pied des collines que domine Yvré-l'Évêque. Je pars à pied, et au sortir de la ville j'aperçois déjà des gendarmes postés de distance en distance pour arrêter les fuyards qui, je me hâte de l'ajouter, sont rares aujourd'hui. La canonnade est formidable. On entend le bruit des mitrailleuses, des pièces de campagne, que domine la puissante voix des pièces de marine installées sur les hauteurs. Je suis la route d'Ivré-l'Évêque, et sur mon chemin je traverse des parcs d'atillerie. C'est la réserve qui ne donne pas encore.

La campagne est couverte de neige, le froid est intense, le ciel est d'une pureté absolue, j'arrive à trois kilomètres du Mans, sur le sommet d'une colline, où se trouve un groupe de spectateurs. En face de nous, à 600 mètres environ, nous découvrons le feu d'une batterie ennemie qui tonne de seconde en seconde. Un peu plus loin des batteries d'artillerie françaises commençaient à tirer sur les hauteurs. Je m'avance jusqu'auprès des canons. Les artilleurs me disent que pas un obus n'est encore tombé là, et que je puis rester auprès d'eux.

Le champ de bataille tout entier s'offre à ma vue. Sur une étendue de plusieurs lieues, les canons français sont placés sur les collines, ils vomissent la mitraille, et lancent dans l'espace des éclairs qui illuminent au loin le ciel. En face de moi, est le bois d'Yvré-l'Évêque, où nos troupes sont en partie massées. A trois heures, des colonnes prussiennes serrées et compactes se mettent en marche pour forcer la vallée d'Yvré-l'Évêque qui ouvre l'entrée du Mans. Elles sont reçues par des mitrailleuses et des troupes de ligne, qui font leur devoir. A plusieurs reprises les Prussiens reviennent contre cette barrière qu'ils veulent enlever, mais ils sont repoussés et reculent. A cinq heures, ils cessent d'attaquer ce point qu'ils renoncent à franchir.

Que se passe-t-il sur les autres points du champ de bataille ? Je l'ignore. Mais il semble que la canonnade ennemie est moins nourrie, moins puissante.

Combien je regrette de me trouver là, à pied, au milieu de la neige, au lieu de gravir l'espace dans la nacelle de notre ballon,

Des batteries d'artillerie commençaient à tirer... (P. 300.)

pour embrasser d'un seul coup d'œil le champ de bataille. — Mais toutefois la colline où je me trouve me paraît un point favorable pour le lendemain.

A 6 heures, le soleil commence à descendre à l'horizon. Le feu des ennemis est ralenti, le bruit du canon est affaibli. Nul doute les Prussiens s'éloignent. A 7 heures, des signaux lumineux s'élèvent successivement de toutes nos batteries qui éteignent leurs feux. Tout à coup le silence de la mort succède au vacarme qui a retenti pendant 12 heures. Mais il ne me semble pas douteux que la victoire est de notre côté.

Je retourne au Mans. Tout le monde est dans l'enthousiasme ; les Prussiens sont battus, dit-on, de toutes parts ils reculent. Pas une batterie française n'a bougé de place, demain on poursuivra l'ennemi.

Nous passons la soirée dans un état d'excitation facile à comprendre. Notre joie est encore retenue par des sentiments de doute dont nous ne pouvons nous défendre. Car nous avons été si souvent le jouet d'illusions ! Mais cependant le général Chanzy cette fois a tenu bon, s'il n'a pas vaincu, au moins il n'a pas cédé un mètre de terrain.

A minuit, nous commencions à sommeiller quand on nous réveille en sursaut. C'est une estafette du général Chanzy qui me remet la lettre suivante, dont voici la copie textuelle :

11 janvier 1871.

2ᵉ ARMÉE DE LA LOIRE

Le général en chef.

Monsieur,

Je crois que le moment est venu de mettre à profit les renseignements que l'emploi des ballons captifs peut fournir sur les positions de l'ennemi. En conséquence, je vous prie de vouloir bien venir demain au quartier général, à 8 heures et demie du matin, conférer avec mon chef d'état-major général, au sujet des expériences aérostatiques que vous pouvez organiser pour étudier le terrain autour du Mans.

Recevez, monsieur, l'assurance de ma considération.

Le général en chef,
P. O. Le général chef d'état-major,
Vuillemot.

A M. Tissandier, chargé des reconnaissances aérostatiques de la 2ᵉ armée.

A 8 heures précises, nous courons tout joyeux au rendez-vous qui nous a été donné. La journée d'hier a dû être favorable, comme nous le pensons. Le général Chanzy est à la veille de remporter une grande victoire, avec quel bonheur nous allons gonfler nos ballons, avec quel enthousiasme nous allons procéder à nos ascensions !

Nous arrivons mon frère et moi au quartier général, en face la préfecture du Mans. Nous entrons dans le salon où se tiennent le chef d'état-major et les officiers d'ordonnance ; ces messieurs semblent affairés, navrés, abattus. Quelque chose de sinistre est dans l'air.

— Vous voilà, me dit l'un d'eux, vous venez chercher l'ordre du général ? Eh bien ! vous pouvez replier votre matériel, et partir à la hâte si vous ne voulez pas être pris par les Prussiens.

— Ce que j'entends est-il bien réel ?

— C'est la triste réalité. Nos positions ont été tournées cette nuit. Les mobilisés ont lâché pied à 1 heure du matin, à la Tuilerie du côté de Pontlieue. La retraite a été ordonnée. Elle commence depuis 5 heures du matin. Tout le matériel de guerre s'évacue sur Laval. Partez, vous n'avez pas un moment à perdre, si vous voulez sauver vos ballons.

— Mais les Prussiens ne peuvent pas entrer au Mans instantanément. Ne se bat-on pas encore ?

Je ne puis vous donner des détails. Mais il se pourrait que presque toute l'armée soit tournée. Sauvez-vous vite, vous dis-je.

Nous partons la mort dans l'âme ! En traversant la place du Mans, une affiche qui vient d'être placardée, nous apprend par le ballon *le Gambetta* la nouvelle du bombardement de Paris. Nous lisons que le Panthéon, le Val-de-Grâce, le Muséum, sont criblés de projectiles, mais que les Parisiens apprenant les succès des armées de province sont pleins de courage et de résignation !

C'en est trop cette fois ! Des larmes abondantes me mouillent les yeux.

Nous retournons à l'*hôtel de France*, dire à nos collègues, Bertaux et Poirrier, de faire leurs paquets. Sur la place, on saupoudre avec de la cendre les pavés rendus glissants par la gelée ; c'est pour faciliter le passage de notre artillerie. Des troupes défilent déjà et se replient.

Mais les habitants, toujours confiants, croient à un mouvement stratégique. Ils ne se doutent pas que c'est la débâcle qui commence !

A 1 heure nos fourgons de ballons, sont accrochés à un train, il y a encore en gare deux ou trois cents voitures de munitions et de vivres. Aura-t-on le temps de les faire partir ?

Le train se met en marche au milieu d'un encombrement indescriptible. Par surcroît de malheur, la neige a collé les roues contre les rails, et on a toutes les peines du monde à faire glisser les wagons. Nous avançons lentement, le train passe sur le pont de la Sarthe, de chaque côté des masses humaines se pressent et rentrent en ville. Les routes sont couvertes de voitures, de canons, de fourgons, de soldats qui se heurtent pêle-mêle ; c'est un chaos indescriptible.

Au moment où nous quittons le Mans, des obus tombent sur la gare !

La ville a été prise une heure après notre départ. L'arrière-garde française s'est battue jusqu'au dernier moment. Il y a 10 000 Français faits prisonniers. Les Prussiens se sont emparés à la gare de

ux cents fourgons, et de trois machines à vapeur. Les derniers
ains n'ont pas pu marcher, car la voie était encombrée par les
troupes en débâcle.

Le train qui est parti après le nôtre à 1 heure 30, a été criblé d'obus, et plusieurs hom-

Les garçons de café avaient fait énergiquement le coup de feu... (P. 306.)

es ont été tués. Quelques minutes après, il a déraillé à 5 kilomètres
Laval. Il y a eu 13 voyageurs écrasés dans les fourgons.
Les Prussiens aussitôt arrivés se sont précipités au milieu des
es du Mans, mais, sur la grande place des Halles, ils ont
contré quelque résistance de la part des habitants. Nous

avons appris plus tard que le patron d'un café, homme énergique et résolu, avait fourni des fusils à ses garçons, et qu'au milieu des tables renversées pêle-mêle, ils avaient fait audacieusement le coup de feu. Mais l'armée française se retirait; les Manceaux, sans armes et sans défenseurs, ne pouvaient songer à prolonger plus longtemps la résistance. Leur ville dut se rendre.

Un grand nombre de soldats allemands paraissaient fatigués et affamés, en arrivant dans le chef-lieu de la Sarthe. Quelques soldats poméraniens envahirent la boutique d'un épicier et se jetèrent avec une avidité de bêtes sauvages sur tout ce qu'il pouvait y avoir à manger. On ne saurait croire quelle était la voracité de ces Prussiens; il y avait, dans la boutique prise d'assaut, des harengs saurs et quelques barils remplis de sardines crues, les soldats vainqueurs plongeaient la tête dans les tonneaux pour se repaître à bouche pleine.

Pauvre ville du Mans! Comme Orléans, elle allait voir s'abattre sur elle les mauvais traitements, les insolences des conquérants et le poids des réquisitions. Les Prussiens dévastèrent la riche cité, les portes fermées furent forcées, les boutiques saccagées. Des habitants chassés de leurs logis se trouvèrent contraints de coucher dans les rues.

Le train que nous avons pris au Mans, avec notre matériel, s'arrête à 7 heures du soir, à une lieue de Laval. Il y a sur la voie, dix autres trains qui stationnent avant le nôtre. Nous laissons nos ballons à la garde de deux marins, et nous nous rendons à pied à Laval.

Le lendemain, vendredi 13 janvier, nous allons à la mairie, chercher des billets de logement pour nous et nos hommes d'équipe.

Dans la journée nous recevons des nouvelles au sujet des derniers événements, et de la funeste bataille du Mans. Le général Chanzy, depuis sa retraite de Josnes et de Vendôme, avait un plan bien arrêté, qu'il avait mûrement étudié. Son but avait été d'inquiéter l'ennemi, de le harceler sans cesse, pour ne pas lui permettre de connaître ses vrais desseins; il nourrissait le projet de tenter autant qu'il était possible, une marche offensive dans la direction de Chartres et de Versailles. Mais le prince Frédéric-Charles, ainsi que nous l'avons dit, était arrivé avec de gros renforts : de 80 000 hommes, chiffre auquel son armée était descendue après la retraite d'Orléans, elle s'était relevée avec les forces du duc de Mecklembourg à 180 000 hommes. Le prince Charles résolut de les employer à s'emparer du Mans.

« Cette position, a dit M. de Freycinet dans *La Guerre en province*, était bien faite pour le tenter. Outre qu'elle avait une valeur stratégique réelle, elle se trouvait, depuis l'investissement de Paris, le nœud de toutes nos communications entre l'ouest, le nord et le midi de la France. Le général Chanzy l'avait bien compris ainsi, car il s'était appliqué à la fortifier et avait admirablement disposé dans ce but une partie de son artillerie. »

L'attaque commença le 10. Nous étions prêts à y résister. Mais par suite de circonstances fatales qui comme toujours, depuis le début de la guerre, semblaient s'acharner après la fortune de la France, le général Chanzy, comme nous l'avons raconté, était souffrant; malgré sa volonté et son courage stoïque, les événements s'en ressentirent assurément. Néanmoins, le premier choc fut soutenu. L'action se prolongea jusqu'à la nuit; elle fut des plus vives à Montfort, Champagné, Parigné-l'Evêque,

Jupille et Changé. L'amiral Jauréguiberry n'abandonna pas la rive droite de l'Huisne. Ses pertes furent sensibles, mais celles de l'ennemi le furent davantage, de l'aveu des prisonniers.

Le lendemain 11 janvier, l'attaque des Prussiens recommença; elle eut lieu avec une impétuosité extraordinaire. Une seule division, la division Colin du 21e corps, eut près de 4000 hommes hors de combat dans les deux jours, mais son héroïsme conserva la ligne de Montfort à Lombron et à Parigné. Au total, la journée, sauf sur un point, parut satisfaisante. Voici d'ailleurs ce que disait la dépêche du général en chef, le 11 à 6 heures du soir :

« Nous avons eu aujourd'hui la bataille du Mans. L'ennemi nous a attaqués sur toute la ligne. L'amiral Jauréguiberry s'est solidement maintenu sur la rive droite de l'Huisne; le général de Colomb s'est battu pendant six heures avec acharnement sur le plateau d'Auvours. Le général Gougeard, qui a eu son cheval percé de six balles, a montré la plus grande vigueur, et les troupes de Bretagne ont puissamment contribué à conserver cette position importante.

« Au-dessous de Changé et sur la route de Parigné-l'Evêque, nous nous sommes maintenus malgré les efforts de l'ennemi. Nous couchons sur toutes nos positions, moins la Tuilerie abandonnée devant un retour offensif tenté à la tombée de la nuit par l'ennemi. »

Cette perte de la Tuilerie avait malheureusement une importance considérable, que ne pouvait pas soupçonner le général Chanzy et qui dépassait tout ce que l'on pouvait prévoir.

Tout à coup les événements allaient changer de face; non seulement les troupes qui occupaient la Tuilerie l'avaient abandonnée, mais elles s'étaient débandées et entraînaient avec elles les postes voisins, en sorte que la ligne française se trouvait entièrement ouverte, et pouvait être désormais tournée par l'armée allemande. Pendant la nuit, les conséquences de cette panique, devinrent effroyables : les mobilisés bretons qui avaient lâché pied semaient partout la panique; plusieurs de nos positions furent successivement abandonnées, et le désordre se fit sentir

Les soldats vainqueurs plongeaient la tête dans les tonneaux... (P. 306.)

de toutes parts. C'est en vain que l'amiral Jauréguiberry voulut faire reprendre les positions au lever du jour; il lui fut impossible d'y parvenir. La démoralisation devenait générale, et la retraite fut reconnue inévitable. Elle commença aussitôt, et en quelques instants le nombre des fuyards fut immense. Plus de 50 000 d'entre eux encombraient les routes.

— Le cœur me saigne, avait écrit Chanzy à Jauréguiberry, mais quand vous, sur qui je compte le plus, vous déclarez la lutte impossible, je cède.

Une partie des 16ᵉ et 17ᵉ corps et tous les mobilisés du camp de Conlie s'étaient dispersés. Seul, le 21ᵉ corps ne se laissa pas entamer et soutint la retraite avec une solidité inébranlable. Ce corps, qui comprenait un grand nombre de marins, était commandé par le général Jaurès. La lutte fut héroïque : Jaurès supporta seul pendant deux journées tout l'effort du duc de Mecklembourg ; et c'est grâce à lui que l'armée put être sauvée.

La retraite de la deuxième armée de la Loire sur le Poitou fut lamentable, et des plus pénibles ; le temps était exécrable, le pays était couvert de neige, les routes rendues presque impraticables par le verglas. Une brume épaisse s'étendait sur toutes les campagnes, et la malheureuse armée, errait en désordre presque au milie des ténèbres.

La journée du 13 janvier, devait être riche en nouvelles horribles. Le ballon *le Képler* vient de tomber aux portes de Laval. Il donne d'épouvantables détails sur le bombardement de Paris.

Il paraît d'autre part que l'armée de Bourbaki est perdue dans l'Est et que celle de Faidherbe, dans le Nord, occupe des positions difficiles.

Que peut-on nous apprendre encore ?

Mon frère et moi, après avoir passé la nuit chez M. D., pour lequel nous avons eu un billet de longement, nous retrouvons Bertaux et Poirrier à l'*hôtel de Paris*. Nous allons voir le marin Roux, l'aéronaute du ballon *le Képler*. Il nous dit que le fort de Rosny n'est pas pris comme on l'a affirmé, que Paris a encore des vivres, mais que le bombardement a commencé dans le quartier Latin.

Nous rencontrons le général de M... qui nous félicite d'avoir sauvé notre matériel. Il regrette que l'on n'ait pas utilisé à temps nos aérostats.

— On retombe toujours dans les mêmes errements, dit-il, fatiguant les hommes inutilement, les lassant, les décourageant, et quand le moment est venu d'agir, l'énergie, dépensée à l'avance, est épuisée. — L'armée de Chanzy a été perdue au Mans par la fuite des 10 000 mobilisés Bretons qui ont lâché pied à quatre heures du matin au premier coup de feu; six cents bons soldats valent bien mieux que ces hommes inexpérimentés, ne sachant pas se servir de leurs armes et écoutant les alarmistes qui leur disent que leurs fusils ne valent rien. Toujours les mêmes erreurs, on compte sur le nombre des hommes, au lieu de ne se baser que sur leur valeur comme soldats.

— Mais, général, répondis-je, une lueur d'espoir est-elle encore permise, pensez-vous qu'une revanche soit possible?

— Hélas! je ne compte plus sur rien maintenant! la France est perdue! Pour la sauver, il n'y a plus à attendre que quelques-uns de ces hasards providentiels qui se voient dans l'histoire, espérance bien incertaine.

Le général Chanzy seul ne désespérait pas : nous allons voir que son armée qui n'était plus que l'ombre d'elle-même, il allait la ranimer encore : le chef indomptable que les malheurs ne pouvaient abattre, reforma son corps à Laval, et il ne renonçait pas à tenter de marcher en avant.

A six heures, nous dînons, mon frère et moi, chez M. D... Société charmante, fort distinguée. On parle des événements actuels.

Le dimanche 15 janvier une panique effroyable règne aujourd'hui à Laval. On dit que les Prussiens vont venir, que l'ennemi n'est pas à six lieues de la ville. A Sillé-le-Guillaume on s'est battu hier ; les armées de Mecklembourg et de Frédéric-Charles poursuivraient les Français en déroute.

Le soir, à table d'hôte, nous causons avec un officier français échappé de Hambourg, après avoir été fait prisonnier à Sedan. Il est arrivé à l'armée de Chanzy en passant par le Luxembourg, la Belgique, Londres et Bordeaux.

On dit que Paris a capitulé. Je ne veux pas croire une telle nouvelle. Et cependant, cette terrible catastrophe est imminente.

Nous apprenons bientôt à la gare de Laval que le matériel de guerre qui s'y trouve, va être évacué sur Rennes. Nos fourgons de ballons sont accrochés à un train. Il faut partir de suite.

Nous montons dans le train, le lundi 16, à 10 heures 25, avec Poirrier, Bertaux et nos marins, campés dans nos fourgons, selon notre habitude. Le train s'arrête plus d'une heure entre Vitré et Rennes. Le temps se passe dans une petite auberge de campagne, où une brave bretonne, coiffée d'un énorme bonnet blanc, nous sert des crêpes de sarrasin, et du café.

En arrivant à Rennes, à 9 heures, les aérostiers sont l'objet de la plus vive curiosité. Nos marins, qui nous suivent avec nos bagages, sont arrêtés et questionnés par la foule qui leur demande avec anxiété des nouvelles du Mans.

Les journaux d'ici, disent que Chanzy s'est battu avec énergie à Sillé-le-Guillaume. En effet il avait fallu sans cesse tenir tête à l'en nemi. Les Prussiens n'avaient pas laissé de répit à nos troupes. Les traînards, que les uhlans avaient ramassés par centaines au milieu de la neige, avaient fait connaître à Frédéric-Charles la misère des Français en déroute ; il s'était acharné sur sa proie, mais, encore une fois elle lui avait échappé !

Il y avait à Paris des marchands de fragments d'obus... (P. 315.)

Les nouvelles de Bourbaki dans l'Est paraissent meilleures. Celles de Paris, arrivées par un nouveau ballon, *le Monge* tombé dans le département de l'Indre, le 13 janvier, sont favorables, quoique le bombardement continue.

« Il continuait ce bombardement, a raconté un témoin oculaire, M. Francisque Sarcey, auquel nous emprunterons ici quelques passages de son livre *Le Siège de Paris*, il continuait avec une intensité qui ne se relâchait guère. C'était sous le ciel de Paris comme un grondement continu de canonnade, auquel nous avions fini par nous habituer. Quelques coups qui éclataient plus haut avec un bruit plus sec et plus terrible, faisaient bien encore tressaillir, mais on se remettait en pensant que c'était une de nos braves pièces de marine qui crachait de la mitraille aux Prussiens.

« C'est le 5 janvier, dans la journée, que Paris vit pour la première fois les obus prussiens. Il en tomba sur le jardin du Luxembourg et sur le cimetière Montparnasse. L'Ecole normale, qui est située rue d'Ulm, le marché aux chevaux, le boulevard d'Enfer, la rue Saint-Jacques en reçurent quelques-uns. Il y eut d'abord dans la population un mouvement de doute : « Ils le font exprès, disaient les uns, c'est le dôme du Panthéon ou les tours Notre-Dame qu'ils visent. » — « Point du tout, répondaient les autres, il n'est pas dans les habitudes de commencer le bombardement d'une ville sans le dénoncer au gouvernement dans les formes officielles ; ce sont des obus égarés. Les positions occupées par les Prussiens sont très rapprochées de notre enceinte ; il suffit que les canons soient tirés dans un angle un peu trop élevé pour qu'ils dépassent le but et viennent à tout hasard s'abattre sur nos maisons. »

« Ainsi raisonnaient les bienveillants. Ah ! qu'ils connaissaient peu ces barbares du Nord, ces fils de Vandales, que Louis Blanc comparait dans son style pittoresque à des Mohicans qui auraient passé par l'Ecole Polytechnique ! Ce n'étaient point des obus égarés qui commençaient ainsi à pleuvoir sur la grande ville, sur la capitale authentique de la civilisation moderne; ils lui étaient parfaitement destinés, et si, contrairement à tous les usages diplomatiques, M. de Bismarck ne nous avait pas prévenus, c'est qu'il n'y avait pas besoin de se gêner avec des vaincus. Tout le corps des ambassadeurs et des consuls résidant à Paris protesta contre cette violation des lois divines et humaines; le chancelier leur répondit, avec son impertinence sarcastique, « que c'était notre faute; que nous l'avions mis dans cette nécessité cruelle et qu'il s'en lavait les mains ».

Eh bien! le bombardement, loin de répandre la terreur, n'excita chez les habitants de Paris que le sentiment de la résistance auquel se joignait une véritable curiosité. On courait voir tomber les obus, comme à un spectacle. De gémissements, de cris, pas l'ombre; ce n'étaient au contraire que des railleries. Les gamins guettaient l'arrivée des obus; à peine étaient-ils tombés, qu'ils se jetaient sur les débris éclatés. Il y avait sur les boulevards extérieurs des marchands de fragments d'obus, qui vendaient aussi des casques Prussiens. Les éclats d'obus étaient cotés suivant leur grosseur. A Auteuil, il y avait un marchand de vins dont la maison avait été frappée à plusieurs reprises. Il s'avisa d'écrire en grosses lettres au-dessus de sa porte : AU RENDEZ-VOUS DES OBUS, et les consommateurs accouraient en foule.

Les ballons qui partaient fréquemment de Paris nous tenaient ainsi au courant de ce qui se passait dans la capitale investie. Nous étions heureux d'apprendre que les Parisiens faisaient bonne contenance, et bravaient le bombardement comme ils avaient bravé les fatigues et les privations; mais au point de vue militaire, les événements, à mesure que le temps s'écoulait, devenaient de plus en plus inquiétants.

— Fasse le ciel, nous disions-nous, qu'il soit permis d'espérer encore !

Le lundi 16 janvier nous voyons passer à Rennes une quarantaine de prisonniers prussiens, dont un officier, tous beaux hommes et bien équipés.

En approchant de la gare de Rennes, nous avons compté plus de cinq cents fourgons remplis de vivres destinés à l'approvisionnement de Paris. Dans les circonstances actuelles, ce spectacle n'est-il pas navrant? Quel abîme, hélas! sépare les Parisiens de ces vivres amassés pour eux !

En rentrant le soir au milieu des rues de Rennes, je me demandais, avec mon frère, où j'étais. Notre vie, depuis quatre mois, est vraiment extraordinaire. Toujours en mouvement, allant d'émotions en émotions, c'est un étourdissement, un rêve perpétuel.

Impossible de coucher trois jours à la même place! Quand je me réveille le matin, je ne sais plus où je suis ! Je cherche des yeux ma chambre de Paris, mon *home*, ma bibliothèque, et ne retrouvant rien, la triste réalité se représente à mes yeux.

Le séjour à Rennes nous paraît lugubre. Il pleut à torrents ; pas un passant dans les rues.

Le mardi 17 janvier nous envoyons au général Chanzy, dont le quartier général est décidément à Laval, le télégramme suivant:

« Compagnie des aérostiers est à Rennes attendant vos ordres. »

Le soir, à dix heures, on m'apporte une réponse envoyée avec une ponctualité toute militaire.

« Attendez à demain, je vous donnerai des instructions. »

Le lendemain, mon frère et moi, nous rencontrons M. Lissajoux qui va à Bordeaux, et qui veut bien se charger d'un Rapport que

Il est dénoncé comme espion prussien...

'adresse au Directeur des Télégraphes, au sujet de notre dernière campagne.

Dans l'après-midi, pendant que j'écris ce rapport, mon frère Albert, pour passer son temps, va prendre le croquis d'une vieille maison à Rennes. Il est dénoncé comme espion prussien à deux sergents de ville qui l'arrêtent et le conduisent à la mairie. Là, il exhibe ses papiers, et il est relâché avec excuses.

— C'est égal, disent les sergents de ville, c'est tout de même drôle de prendre des dessins de ce temps-ci.

De longues journées devaient se passer pour nous dans le silence. Cependant nous apprenons que le général Chanzy organise la résistance et tient encore tête à l'ennemi ; la deuxième armée prend de nouvelles positions autour de Laval où Gambetta vient d'arriver pour prêter son concours aux efforts de Chanzy. Dans une lettre datée du 22 janvier, et adressée à Jules Favre à Paris, Gambetta s'exprimait ainsi :

« J'ai trouvé le général Chanzy, le même qu'à Josnes et à Marchenoir, plein de calme et de résolution, inspirant à tous, par sa force morale, le respect et l'obéissance ; en un mot, supérieur à la situation, et répondant de la dominer après quelques jours de repos. Il couvre la ligne de Mayenne et se relie par Flers aux forces de Carentan, où se trouve l'approvisionnement de Paris. Après avoir donné à ses troupes des habits, des armes, des munitions, et surtout des officiers, il sera en mesure de reprendre ses opérations du 25 au 30 janvier. »

Bientôt les nouvelles montent encore une fois au beau. Toutes les troupes régulières de Rennes, sont rappelées à Laval.

La ville offre une physionomie très animée, des régiments partent, d'autres arrivent. Ceux-ci sont les bataillons des mobilisés qui se sont enfuis au Mans ; le général Chanzy s'en est débarrassé. Il ne veut plus que des soldats sur lesquels il puisse compter. Nous devons ajouter que ces malheureux mobilisés bretons qui avaient tout perdu au Mans, étaient précisément ces hommes errants que nous avions vus au camp de Conlie, où ils n'avaient reçu aucun soin, aucune instruction.

Le soir, on se racontait les nouvelles ; certains cafés de Rennes étaient absolument remplis de sous-officiers.

Le bruit court que la deuxième armée a obtenu quelques avantages. Quant aux armées du Nord, de l'Est et de Paris, les nouvelles les plus contradictoires circulent, mais en réalité, on ne sait rien.

La compagnie des aérostiers est triste, et se plaint de son inactivité forcée. Elle ne demande qu'à agir. Rennes est une grande ville, monotone.

Nous tuons le temps en faisant de longues promenades aux environs. La conversation revient toujours sur Paris ! Quel cauchemar sans trêve ! Nos yeux se dirigent de ce côté, et malgré nos espérances passagères, comment ne pas entrevoir l'horrible situation de la France ? Chanzy vient d'être battu. Les mouvements de Bourbaki sont arrêtés dans l'Est. Quel drame nous attend encore ? ce ne peut être, hélas ! que l'agonie. On pense à ses amis de Paris, à leurs souffrances. Comme nous, ils attendent, ils espèrent. S'ils voyaient l'armée de la Loire si loin de leurs murs, quelle brèche dans leur courage résigné !

Le mardi 24 janvier, les journaux parlent enfin de Paris, ils ont reçu des nouvelles tombées du ciel par ballon monté. Il est question d'une grande sortie, opérée le 17, en avant du Mont-Valérien, mais les résultats ne sont pas connus. Quelque chose nous dit que le dénoûment du drame de la guerre, est proche, mais quel supplice que le silence de mort qui règne autour de nous ! On ne sait rien d'officiel ; c'est l'incertain qui se dresse aux yeux de tous, l'inconnu de mauvaise augure.

Le soir, encore une nouvelle qui, inopinément, réveille le courage. On affirme que Garibaldi a battu les Prussiens devant Dijon. Nous sommes ainsi faits, que dans l'horrible suite de nos malheurs, le plus petit revirement de la Fortune se transforme en un événement destiné à changer la face des choses. Comment ne pas croire aveuglément à ce que l'on désire avec ardeur? Le prisonnier, dans son cachot, ne pense-t-il pas à la délivrance, quand un rayon de soleil apparaît à ses yeux!

Une lettre reçue de mon frère aîné qui est à Paris dans les bataillons de marche, augmente notre joie momentanée. Il nous apprend qu'il a reçu de nos nouvelles, par pigeon, pour la première fois, le 15 janvier.

Il raconte ses émotions de soldat, avec entrain, avec animation, et c'est les larmes aux yeux que nous lisons le récit du départ des bataillons de marche pour les avant-postes. Les sédentaires, musique en tête, les femmes, accompagnant jusqu'aux portes des bastions, leurs maris, leurs fils, leur insufflant l'énergie des résolutions vaillantes, quel admirable tableau, quelle scène touchante et pleine de grandeur! Soldats improvisés, Paris a les yeux sur vous, mais, de bien loin aussi, des vœux ardents accompagnent vos bataillons.

Le ballon *la Poste de Paris* apporte bientôt d'autres nouvelles de la capitale des 19, 20, 21, et 22 janvier, navrantes cette fois. La sortie de Trochu a avorté!

Le 19 janvier, au matin, le gouvernement de la Défense nationale avait fait afficher la proclamation suivante :

CITOYENS,

L'ennemi tue nos femmes et nos enfants; il nous bombarde jour et nuit; il couvre d'obus nos hôpitaux. Un cri : Aux armes! est sorti de toutes les poitrines.

Ceux d'entre nous qui peuvent donner leur vie sur le champ de bataille marcheront à l'ennemi; ceux qui restent, jaloux de se montrer dignes de l'héroïsme de leurs frères, accepteront au besoin les plus durs sacrifices comme un autre moyen de se dévouer pour la patrie.

Souffrir et mourir, s'il le faut; mais vaincre!

Les Membres du Gouvernement.

Certains cafés de Rennes étaient remplis de sous-officiers... (P. 319.)

La sortie qu'on avait tentée, avait pour objectif Versailles. Cent mille hommes y avaient pris part. A 11 heures du matin, le 19, la redoute de Montretout avait été conquise sur l'ennemi qui laissait entre nos mains 60 prisonniers. Mais, vers 4 heures, un retour offensif des Allemands, exécuté avec une violence extrême, contre le centre et la gauche de nos positions, fit reculer nos troupes. Ce ne fut pas cependant une retraite, car ces mêmes soldats se reportèrent en avant vers la fin de la journée, mais ils étaient épuisés par douze heures de combat, la nuit venait ; il fallut se replier en arrière devant le Mont-Valérien.

On avait en définitive abandonné les positions conquises : cette journée du 19 janvier sur laquelle on fondait tant d'espoir, était un nouvel échec. La vérité se fit jour peu à peu à Paris, où ce fut une stupeur profonde.

Les gardes nationaux parisiens avaient cependant fait leur devoir avec vaillance, leurs rangs avaient été troués par les balles et les obus. C'est pendant cette déplorable sortie, qui a reçu le nom de bataille de Buzenval, que moururent le peintre Henri Regnault et l'explorateur Gustave Lambert.

La nouvelle d'une action décisive de la part de l'armée de Paris, s'était répandue partout dans les régions occupées par l'ennemi. L'Alsace et la Lorraine, décimées, ravagées, inondées de sang depuis le commencement de la guerre, avaient tressailli. Il s'était formé comme une association de patriotes qui avaient résolu de faire sauter les ponts, d'effondrer les tunnels, afin de fermer la retraite aux Prussiens, dans le cas du triomphe final des Parisiens. Des Lorrains énergiques commencèrent à faire sauter le grand pont de Fontenoy près de Toul. L'ennemi comprit le danger et se montra d'une horrible sévérité. Le lendemain de cet événement, les habitants du village de Fontenoy virent arriver les Prussiens. Ils s'installèrent sur la grande place, et à l'aide de grosses éponges, ils badigeonnèrent les maisons d'huile de pétrole et y mirent le feu.

Le commandant prussien à Toul, von Schmadel fit couvrir le pays d'une affiche qu'il avait rédigée lui-même. Il avait demandé à l'im-

AVIS.

La plus revêche surveillance à la sûreté du chemin de fer et d'étape.

Le pont de chemin de fer, tout près de Fontenoy, aux environs de Toul aujourd'hui la nuit fait sauter.

Pour le punition la village de Fontenoy fût brûlée de fond en comble.

Le même sort tombera aux lieux, dans lesquels quelque chose arrive de semblable.

Toul le 22 janvier 1871.
Le Commandant d'étapes :
von SCHMADEL.

ORDRE DE LA PLACE.

Les villages situés dans un rayon distant de 10 kilomètres de la ville de Toul sont sommés de ne plus sonner leurs cloches jusqu'à nouvel ordre.

Toul, le 22 janvier 1871.
Le Commandant de place,
SCHNEHEN.

Spécimen de l'affiche du commandant de place prussien à Toul.

primeur de Toul de la corriger, mais celui-ci avait déclaré qu'elle était correcte. Nous reproduisons ce triste document où von Schmadel fait savoir en un français barbare, que partout où les voies de communications seront détruites, les villes seront brûlées.

A la date du 26 janvier, le préfet allemand de la Lorraine à Nancy, annonçait aux habitants qu'ils allaient avoir à payer *dix millions de francs* en raison de la destruction du pont de Fontenoy.

Les événements que nous venions d'apprendre au sujet de la sortie de Paris, nous paraissaient aussi funestes que décisifs. Quelle triste et lamentable journée, nous passons en songeant à tous nos malheurs.

Le 27 janvier, on nous affirme que le général Chanzy s'apprête à tenter un audacieux effort. La division du général Charette qui s'était reformée la première, comptait 14 000 hommes et avait un aspect vraiment militaire. La discipline était rétablie; Chanzy l'homme héroïque, sur l'énergie duquel les revers n'avaient point de prise, avait rassemblé ses officiers, et encore une fois leur avait insufflé son ardeur.

Nous recevons le télégramme suivant qui nous tire de nos cauchemars :

Laval 27 janvier. — Général Chanzy à Tissandier, aérostier, à Rennes.

Prière venir ici de suite avec tous les ballons; vous vous entendrez avec l'amiral pour observer les mouvements ennemis sur la rive gauche en avant de Laval.

On voit que dans les moments les plus graves, Chanzy n'oubliait rien, pas même ses humbles aérostiers militaires.

CHAPITRE TROISIÈME

Les ballons captifs a Laval. — Les hostilités vont reprendre. — Deuxième aérostat perdu en mer. — Ténacité du général Chanzy. — Ascensions quotidiennes. — L'armistice. — Nantes. — Bordeaux. — L'Assemblée nationale. — Paris. — Vides dans les rangs.

A peine arrivés à Laval, nous allons en toute hâte au quartier du général Chanzy. Le commandant en chef de l'armée de la Loire nous félicite sur notre exactitude. Nous admirons son calme, et sa froide ténacité. Il a réuni autour de lui ce qu'il pouvait avoir de troupes solides, et il croit encore à la possibilité du succès.

— Il faut, disait-il, lasser l'ennemi par la constance des efforts.

Les hostilités vont reprendre plus énergiques et plus actives que jamais, il est nécessaire de gonfler de suite trois ballons. Il y en a un d'entre eux qui restera à Laval sous les ordres du général Colomb, les deux autres seront mis à la disposition de l'amiral Jauréguiberry.

Pas une minute n'est perdue : le préfet, le directeur de l'usine à gaz ont tout fait pour activer nos opérations. A trois heures de l'après-midi, dimanche 29 janvier, le ballon *la Ville-de-Langres*, tout arrimé, tout gonflé, est prêt à monter dans l'atmosphère.

Il fait un temps magnifique, notre sphère de soie est absolument immobile. A quatre heures, elle va s'élever au bout de ses cordes.

Trois ascensions consécutives s'exécutent très heureusement, nos marins sont maintenant initiés à la manœuvre qui s'opère avec la plus remarquable précision.

Mon frère et Poirrier ouvrent la série des expériences, ils s'élèvent jusqu'à 300 mètres de haut, et reviennent enthousiasmés de leur voyage. La vue est admirable, l'œil embrasse une campagne d'une étendue considérable.

Je fais une seconde et superbe ascension avec M. Lissagaray, qui était alors Commissaire extraordinaire de la République; il trouve un grand charme à ce voyage si nouveau pour lui.

Jossec s'élève ensuite avec trois passagers. Jamais la *Ville-de-Langres* n'avait si bien enlevé quatre voyageurs à l'extrémité de ses cordes.

— Bravo, mes amis, m'écriai-je à la descente. Le temps est beau, tout va bien. Mais ne flânons pas, demain nous gonflerons s'il est possible les deux autres ballons que nous conduirons aux avant-postes de l'armée pour avoir ainsi trois stations d'observation. Il ne sera pas dit que les aérostiers militaires, toujours surpris par les déroutes et les désastres, ne recevront pas en l'air le véritable baptême de feu.

A peine ai-je ainsi parlé qu'un capitaine de la ligne s'approche de nous.

— Vous ne savez pas la grande nouvelle !
— Qu'y a-t-il ?
— La guerre est finie ! Un armistice vient d'être signé.

Inutile d'ajouter que toute la ville de Laval est en émoi. On ne parle que de l'armistice. Quels sont les termes de cet acte immense ?

Mais le fait est-il bien vrai ? On a été si souvent trompé que, malgré soi, on en arrive à l'incrédulité. Nous savons d'ailleurs que Gambetta et Chanzy n'ont pas le projet de renoncer à la lutte alors que Paris serait aux mains de l'ennemi. Jusqu'à nouvel ordre nous tenons prêt notre matériel.

Le marin Roux, l'aéronaute du ballon *le Képler* qui est descendu près de Laval, est avec nous : il vient d'apprendre qu'un nouveau sinistre est arrivé à un aérostat du siège de Paris, *le Richard Wallace* monté par un soldat nommé Lacaze. Ce ballon, comme celui de Prince, a été perdu en mer, au delà de la Rochelle.

Il est difficile d'expliquer la cause de cette catastrophe. L'aérostat, conduit par Lacaze qui était seul dans la nacelle, a passé près de terre en vue de Niort, mais il est reparti dans les régions élevées après qu'un sac de lest eut été vidé. Il a été vu à la Rochelle à une grande hauteur; l'aéronaute, au lieu de descendre sur le rivage de la mer, a continué sa course vers l'Océan, à l'horizon duquel on l'a vu disparaître. L'infortuné Lacaze n'a-t-il pas pu trouver la corde de soupape pour opérer la manœuvre de la descente ? S'est-il évanoui dans la nacelle ? C'est ce que l'on ignorera toujours. Depuis cette époque, nul n'a jamais su en quel point de l'Océan, les flots se sont refermés sur ce nouveau martyr de la foi patriotique. Nul ne racontera quelles souffrances il a endurées, quelles angoisses ont déchiré son âme, quelles larmes de désespoir ont mouillé ses yeux au souvenir de la patrie lointaine. Nul ne pourra soupçonner les longues tortures qui ont précédé la plus glorieuse, mais la plus cruelle des morts.

Grand nombre de sceptiques croient que décidément l'armistice est un faux bruit. Nous continuons à nous occuper de notre ballon. Si l'armée doit combattre, elle aura cette fois sa sentinelle aérienne.

L'air est d'un calme absolu. On exécute dans l'après-midi, le 30 janvier, cinq ascensions au milieu de nombreux assistants : au moment du départ la nacelle était entourée de curieux. Le ballon s'élève verticalement, sans dévier d'une ligne de sa marche perpendiculaire au sol. Le préfet, M. Delâtre, est monté dans la nacelle, il est resté immobile avec mon frère à 350 mètres de haut, ne se lassant pas de contempler le panorama ouvert à ses yeux. Je m'élève ensuite avec le secrétaire de la préfecture, et je suis remplacé dans la nacelle par un commandant des éclaireurs à cheval.

Hélas ! le 31 janvier, l'armistice est confirmé. Il n'y a plus de doute à cet égard. Les Prussiens occupent les forts, l'armée de Paris va être désarmée.

Gambetta et Chanzy voulaient continuer la lutte, et nous admirions l'entêtement sublime de ces deux hommes qui ne désespérèrent jamais du salut de la France. L'histoire leur a déjà rendu justice.

Le général affirmait qu'une armée n'est jamais vaincue tant qu'elle peut encore se battre.

Voilà le triste dénoûment de ce drame horrible, qui compte trois événements également funestes pour la France, et qu'on peut résumer en trois mots : Sedan, Metz, Paris !

Nous recevons l'ordre de dégonfler la *Ville-de-Langres*. Je monte une dernière fois dans la nacelle, mais le vent est assez vif, et me lance à deux mètres d'une cheminée d'usine, où le ballon manque de se briser.

Bientôt l'aérostat est vidé, plié dans sa nacelle, non sans regrets de la part de l'équipe.

Nos expériences de ballon captif devaient se terminer là. Les tentatives exécutées ailleurs pendant la guerre, n'ont donné lieu à au-

La nacelle était entourée de curieux... (Page 328.)

cune expérience. MM. Gilles et Farcot ont été envoyés à Lyon, mais l'occasion ne s'est jamais montrée pour eux de gonfler un ballon.

Il en a été de même pour M. Revilliod, qui avait été rejoindre le général Bourbaki à Besançon. Le commandant en chef de l'armée de l'Est, comme le général Chanzy, approuvait l'usage des ballons militaires, il comptait beaucoup sur les services de M. Revilliod. Malgré les efforts les plus vigoureux, la déroute est venue, comme partout en France, déjouer tous ces projets.

Au moment où les gardes nationaux de Paris échouaient à Buzenval, les armées de l'Est commandées par le général Bourbaki, les troupes du général Cambriels, les francs-tireurs de Garibaldi, après une série de combats désastreux, allaient être obligés d'abandonner Dijon. Bourbaki comme Chanzy, avait épuisé toutes ses ressources et, jusqu'à la dernière heure, avec une inébranlable énergie, il avait courageusement résisté. Désespéré, accablé, il voulut se tuer en se tirant un coup de revolver dans la tête ; il ne réussit qu'à se blesser grièvement. La retraite de notre armée des Vosges fut épouvantable ; nos soldats, harassés, avaient à peine de quoi se vêtir ; il en était un grand nombre qui marchaient pieds nus. Jamais aucune armée ne supporta de plus cuisantes douleurs : aux horreurs de la famine, se joignaient les morsures du froid : c'était la misère avec son cortège de fléaux.

Les Prussiens exaspérés de l'intervention de Garibaldi et de la résistance de Belfort qu'ils n'arrivaient jamais à prendre, avaient commis des atrocités dans toutes ces régions de l'Est. Nous citerons un exemple authentique de ces monstruosités, en retraçant des scènes véridiques dont un de nos amis a été le témoin.

La ville de Châtillon-sur-Seine avait été énergiquement défendue par les Garibaldiens ; quand les Prussiens purent y entrer après y être revenus en nombre, ils exigèrent des habitants le paiement d'une somme de un million de francs. Cette somme n'ayant pu être réunie, motiva l'arrestation de plus de cent notables habitants, puis la ville fut livrée pendant vingt-quatre heures au plus odieux pillage. Ce fut un spectacle épouvantable.

Le lendemain, les Prussiens, ivres et gorgés de toutes les victuailles qu'ils avaient trouvées, se donnèrent à la façon des sauvages, l'horrible plaisir de faire mourir dans les tortures un employé de bureau nommé Maupin. Ils le hachèrent à coups de sabre, et quand le malheureux n'avait plus la force de gémir, on le secouait pour lui arracher encore quelques cris de douleur. Maupin rendit l'âme quelques jours après ce supplice.

Mais tout cela ne suffisait pas ; il fallait à nos ennemis une autre victime. Ce fut le maire de Châtillon, M. Achille Maître, qu'ils choisirent à cet effet.

Les soldats Prussiens vinrent l'arrêter subitement et lui ordonnèrent, sans doute par ironie, de se revêtir de son habit noir ; ils firent marcher leur prisonnier en le frappant à coups de baïonnettes et de plat de sabre. Mais la nuit venait et le séjour de la ville qui pouvait être attaquée de nouveau, ne semblait pas sûr aux Prussiens.

M. Maître fut conduit sur une colline à quelques kilomètres de Châtillon ; il fut gardé à vue et devait rester debout ; il lui était interdit de s'asseoir ou de s'accroupir. Il fut exposé ainsi en plein air, la tête nue, par un froid mortel, à toutes les insultes, et cela sans prendre aucune nourriture. Toutes les dix minutes, quelque officier se présentait, en lui disant qu'il allait être fusillé.

Après cette torture qui dura trente-six heures consécutives, le malheureux maire de Châtillon fut conduit à pied à Châteauvillain, distant de quarante kilomètres; quand ses blessures et son épuisement ralentissaient sa marche, les soldats le frappaient à coups redoublés. C'est seulement à Château-

L'Assemblée nationale est en séance à Bordeaux... (P. 338.)

villain que ses bourreaux lui donnèrent la liberté. Quand M. Maître put rentrer à Châtillon, le château qu'il habitait, et qui avait été jadis la demeure du maréchal Marmont, était en feu.

Avant l'expédition dans l'Est, M. Revilliod, accompagné de Mangin, avait été à Amiens se mettre aux services de l'armée du Nord. On gonfla le ballon *le George-Sand*, mais il ne fut pas amené à temps sur le champ de bataille.

Quelques jours avant l'armistice, MM. Duruof et W. de Fonvielle avaient été chargés de se mettre à la disposition du général Faidherbe avec deux ballons.

Là aussi dans le Nord, Faidherbe combattit avec héroïsme, il inspirait le courage à ses jeunes soldats, et parfois, comme à Bapaume, il lui fut donné de voir briller le rayon de la victoire.

Les nouveaux ballons captifs de l'armée du Nord ne purent servir à aucune expérience, et ils n'eurent même pas l'occasion d'être gonflés.

On a vu par les expériences réitérées que nous avons successivement exécutées à Orléans, au Mans, à Laval, que les aérostats sont susceptibles, presque par tous les temps, de fournir à un général d'armée un observatoire aérien d'où il peut embrasser d'un seul coup d'œil le champ de bataille. Mais, vers la fin de cette guerre malheureuse, on n'a trouvé presque nulle part, hélas ! un véritable champ de bataille, on n'a vu guère que des *champs de déroute !*

Il est certain, écrivions-nous alors, que les aérostats pourront être efficaces dans les temps moins désastreux et dans des saisons plus clémentes !

Notre prévision s'est réalisée. On sait que tous nos corps d'armée sont aujourd'hui pourvus d'un matériel remarquable, qui ne ressemble plus guère à celui que nous étions obligés d'improviser au milieu des défaites.

Quant aux ballons-messagers du siège de Paris, ils ont rendu à la défense nationale, des services incomparables : s'ils n'ont pas sauvé la patrie, en permettant de prolonger sa résistance, ils ont tout au moins sauvé son honneur.

Soixante-quatre ballons ont franchi les lignes ennemies pendant la durée du siège de Paris. Cinq d'entre eux, comme on l'a vu, ont été faits prisonniers, deux autres se sont perdus en mer. — Ils ont enlevé dans les airs 64 aéronautes, 91 passagers, 363 pigeons voyageurs, et 9000 kilogrammes de dépêches représentant trois millions de lettres à 3 grammes.

Les trois cent soixante-trois pigeons emportés de la capitale investie en ballon, ont été, de province, lancés sur Paris. Il n'en est rentré que 57, savoir : 4 en septembre, 18 en octobre, 17 en novembre, 12 en décembre, 3 en janvier, et 3 en février. — Quelques-uns d'entre eux sont restés absents fort longtemps. C'est ainsi que le 6 février 1871, on reçut à Paris un pigeon qui avait été lancé aux environs d'Orléans le 18 novembre 1870. Il rapporta la dépêche n° 26, tandis que la veille un pigeon avait rapporté la dépêche n° 51.

Le 23 janvier, on reçut un pigeon qui avait perdu sa dépêche et trois plumes de la queue. Il avait été sans doute atteint par une balle prussienne.

Un pigeon messager, capturé par les Prussiens, avait été envoyé à l'Impératrice Augusta qui le garda à Berlin, enfermé dans une cage du jardin impérial. Ce pigeon resta plusieurs mois dans la capitale prussienne; mais un jour, la porte de sa cage étant restée ouverte, il s'enfuit, et revint à Paris prendre place dans son ancien colombier.

Après la nouvelle de l'armistice, la discipline continue à être rigoureuse à Laval; nul officier ne peut, sous quelque prétexte que ce soit, quitter son poste. Cependant sachant ce que parler veut dire, nous ne doutons pas que le mot armistice dans les circonstances présentes signifie : paix. A quoi bon demeurer inutilement ici. Faisons nos efforts pour quitter Laval, allons à Bordeaux, et nous reverrons bientôt Paris !

C'était là notre rêve le plus cher.

A force de démarches et de pourparlers, le chef d'état-major consent à nous donner nos feuilles de route pour Bordeaux.

Nous partons le lendemain 7 février, avec nos papiers en règle.

Le voyage s'effectue dans des conditions de lenteur désespérante. Nous passons par Rennes, Nantes et Poitiers. Trois nuits consécutives sont passées en chemin de fer.

Nous arrivons à Bordeaux le jeudi 9 février, à 7 heures du matin. Impossible de voir M. Steenackers, il est tout aux élections. Il attend avec impatience les résultats du scrutin, et ne se doute certainement pas qu'ils ne lui seront pas favorables.

Nous faisons la rencontre de trois aéronautes : MM. Martin, Turbiaux et Vibert ; ces deux derniers sont venus vers la fin de janvier, ils nous racontent leurs intéressants voyages. M. Vibert est parti de Paris le 16 janvier, dans le ballon *le Steenackers*, il est descendu en Hollande après une longue traversée. Il avait avec lui deux caisses de dynamite ; on les destinait, paraît-il, à l'armée de Bourbaki. Turbiaux, a quitté la gare du Nord le 18 janvier dans le ballon *la Poste-de-Paris*, sa descente s'est opérée à Venray, dans les Pays-Bas. Quant à M. Martin, mon frère et moi nous avions déjà eu le plaisir de faire sa connaissance à Tours et nous avons précédemment donné le récit de son voyage.

Mon frère rencontre le 10 février un de ses anciens camarades de l'école des Beaux-Arts, qui lui donne un laissez-passer pour

Paris. Il part de suite, trop heureux de retrouver après tant d'aventures son toit et ses foyers. Je suis présenté par un Bordelais à un étranger, ami de la France qui, pendant la guerre, a eu le courage et le dévouement d'aller à Berlin même, et d'y recueillir secrètement des renseignements

Des chargements de bétail pour Paris s'opèrent de toutes parts... (P. 338.)

sur l'organisation militaire en Prusse. Il a rapporté avec lui la liste de composition de tous les régiments allemands, le nombre des tués et blessés, etc. Je me rappelle deux chiffres que je puis signaler au lecteur. Le nombre des soldats de Bismarck s'est élevé en France à un million cent quarante-sept mille. L'organisation militaire prussienne est remarquable ; elle fonctionne avec une régularité et un ordre qui font honneur, on doit le reconnaître, au ministre de la guerre, le maréchal de Moltke.

Le lundi 13 février, la place du théâtre, à Bordeaux, est couverte d'une foule énorme. Des cuirassiers, des gardes nationaux entourent le monument qu'ils protègent d'un mur vivant. L'Assemblée nationale, récemment élue, est en séance ; il s'y passe des scènes tumultueuses. Garibaldi, nommé député, est obligé de donner sa démission. A la sortie, le patriote italien est acclamé par la foule ; on salue, avec enthousiasme, le général étranger qui est venu apporter à la France le concours de son épée.

Le lendemain j'obtiens de la direction des télégraphes un laissez-passer pour rentrer à Paris. Je vais partir.

Bordeaux est toujours très animé. Une haie compacte de gardes nationaux et de soldats défend les abords du théâtre. Dans plusieurs rues avoisinantes, on voit de nombreux escadrons de lanciers et de cuirassiers.

Je pars pour Paris à 6 heures du soir.

Après une nuit fatigante en chemin de fer, nous avons un long arrêt à la Souterraine. On accroche à notre train QUARANTE-CINQ fourgons de marchandises. Je les ai comptés un à un : volailles, porcs et bœufs, deviennent nos compagnons de voyage. Tout le monde fête ces animaux, si respectables aujourd'hui. Ils seront certainement bien reçus à Paris ! Pendant le trajet nous voyons de toutes parts, s'opérer des chargements de bétail et de victuailles pour la capitale.

Arrivés à 1 kilomètre de Vierzon, nous restons en arrêt sur la voie, pendant quatre heures consécutives.

On est en gare à dix heures du soir.

— Messieurs, nous dit un chef d'équipe, vous ne pouvez reprendre un train qu'à cinq heures du matin. Voilà la salle d'attente pour vous reposer.

Les voyageurs parmi, lesquels beaucoup d'étrangers, se précipitent dans les rues de Vierzon, où l'on dîne tant bien que mal.

Une heure après, on est revenu dans la salle d'attente, car il n'y a pas un lit disponible dans toute la ville. Nous sommes deux cents dans une salle où l'on tiendrait trente à l'aise. Chacun se perche sur sa valise ou se couche par terre, et on attend là jusqu'à cinq heures du matin.

Le matin, nous approchons peu à peu de la capitale. A mesure que le train avance, l'émotion de tous est visible. Chacun va revoir ceux qu'il aime, après une longue et terrible absence, après d'épouvantables désastres! Je n'oublierai jamais, pour ma part, la fin de ce voyage. En passant à travers les environs de Paris, au milieu des campagnes dévastées, les pensées les plus sombres dévorent mon esprit. Quel spectacle navrant! Quelle douleur, quelle humiliation, en voyant ces soldats prussiens se promener sur les routes ou monter la garde dans nos gares !

Près de Juvisy, les voyageurs qui sont dans le même compartiment que moi, me montrent sur la route un convoi d'approvisionnement prussien qui attire l'attention générale. Un grand nombre de voitures uniformes, bien construites, circulent sur le chemin, tirées par une locomotive routière. Cette machine à vapeur, vient de Berlin, elle fonctionne ici. Je compare ce convoi prussien, aux méchantes charrettes de l'armée de la Loire!

A deux heures, je suis à Paris. La grande ville est sombre et lugubre. Ses habitants sont abattus et consternés.

Quel triste retour le 18 février 1871, après mon départ aérien du 30 septembre 1870 !

Je retrouve mon frère Albert et mon frère aîné Alfred, qui a servi dans les bataillons de marche et qui me raconte ses campagnes ; je revois mes amis.

L'un d'eux manque à l'appel. C'est Gustave Lambert, l'intrépide pionnier du Pôle Nord. Il s'est engagé comme simple soldat, et une balle stupide, lancée par quelque brute, a frappé au cœur cet homme d'élite, cet apôtre d'une grande idée de science et d'initiative. — Gustave Lambert m'embrassait la veille de mon départ en ballon ; il se félicitait de voir que les ballons qu'il affectionnait, allaient contribuer à la défense de Paris.

— Au revoir, me disait-il, bon courage, bonne chance ! Nous nous retrouverons bientôt. Vous continuerez vos ascensions. Quant à moi, j'irai au Pôle Nord. Soldat aujourd'hui, je reprendrai demain ma grande *toquade*.

Gustave Lambert, comme nous l'avons dit précédemment, a été frappé le même jour que l'illustre peintre Regnault. Ce jour-là les Prussiens, qui se prétendent les soldats de la science et de la civilisation, ont pu se féliciter de leur besogne !

Les obsèques de l'explorateur polaire avaient été des plus touchantes, dans leur simplicité. Gustave Lambert qui n'avait pas trouvé à remplir une mission qu'il ait jugée digne de son mérite et de sa valeur, s'était engagé soldat : il était devenu sergent. Son nom, très populaire, et sa personne très sympathique, avaient attiré une grande foule à ses funérailles. Tous les membres du gouvernement y assistaient, et, sur le corbillard du patriote, on avait posé sa tunique de sergent.

On se préoccupait à Paris de savoir ce qu'allait décider l'Assem-

Les voyageurs se précipitent dans les rues de Vierzon... (P. 339.)

blée nationale de Bordeaux au sujet de la continuation de la guerre; le 26 février, un mémorable rapport fut présenté aux représentants par l'amiral Jauréguiberry, alors que Thiers, élu dans plus de vingt départements, venait d'être nommé chef du pouvoir exécutif. — Les divers corps, prêts à marcher à l'ennemi, ne présentaient plus qu'un effectif de 534 000 hommes, mais la plupart d'entre eux avaient des cadres nouveaux dont la capacité et l'expérience laissaient beaucoup à désirer. « Nous possédons encore, il est vrai, dans nos armées, disait l'amiral, 14 474 marins ou soldats d'infanterie de marine, et quelques centaines de zouaves remarquables par leur courage et par leur fermeté. Reste glorieux de 55 000 combattants, ce petit nombre témoigne hautement de la valeur et du dévouement de ces troupes d'élite. »

L'amiral faisait remarquer que sur les 534 000 hommes que comprenait l'armée active alors sous les drapeaux, il y en avait la moitié, 250 000, composés de mobilisés qui n'offraient aucune garantie sérieuse.

« Il ne nous reste plus donc, continuait le rapporteur, que 220 000 hommes d'infanterie, capables d'opposer quelque résistance. Cette résistance sera-t-elle couronnée du succès que nous désirons si ardemment ? Nous n'osons même pas l'espérer, car il ne faut pas se le dissimuler, pour vaincre des armées aussi nombreuses, aussi bien organisées que le sont, à tous égards, celles contre lesquelles nous sommes appelés à lutter, il est indispensable que nos troupes soient, non seulement instruites et bien armées, mais surtout animées d'un esprit de ténacité indomptable, d'un mépris du danger, d'un sentiment exalté de patriotisme, que malheureusement toutes ne possèdent pas. »

Ainsi le héros de l'armée de la Loire, le brave Jauréguiberry, le déclarait lui-même ; il n'y avait plus qu'à subir le joug et à baisser le front.

CHAPITRE QUATRIÈME

Paris, après l'armistice. — Les ruines et l'abandon. — Nouvelles de l'armée de l'Est. — Accueil fait à nos soldats en Suisse. — La résistance de Belfort. — Le colonel Denfert. — Le bombardement de Belfort. — Misère des habitants. — Les malades et les blessés. — La fin du siège. — L'Alsace et la Lorraine. — L'avenir.

Paris, vers le milieu de février 1871, était absolument méconnaissable, et quand, secouant la torpeur de tristesse qui m'accablait, j'allais me promener dans les rues, je ne voyais que des scènes désolantes qui s'offraient à mes regards. Des amis que je rencontrais étaient amaigris et ressemblaient à des malades; j'apprenais que d'autres étaient morts ou blessés ; des soldats passaient çà et là, ils n'avaient pas d'armes et paraissaient errer comme des ombres.

L'indiscipline avait, avec les désastres, étendu ses ravages; sauf les marins des forts et quelques compagnies modèles, les soldats en guenille ne cachaient parfois pas la joie de la guerre terminée. Les remparts étaient absolument déserts, les pièces de canon abandonnées et renversées, partout l'image de la ruine, de la désolation, du désespoir. Pas une voiture ne passait; tous les chevaux avaient depuis longtemps servi de pâture aux assiégés.

Le coup de grâce, à la fin de janvier, celui qui aurait le plus frappé les Parisiens s'ils avaient eu des nouvelles, c'était après les défaites de Chanzy et de Faidherbe, la déroute de l'armée de

Bourbaki. Notre dernier espoir s'évanouissait. — Les Prussiens profitèrent de l'armistice avec autant d'habileté que de rigueur pour anéantir l'armée de l'Est.

Par une navrante incurie du gouvernement de Paris, il avait été stipulé, sur les instances pressantes de M. de Bismarck, qu'en dépit de la convention du 28 janvier, les hostilités et les opérations militaires se continueraient, *indépendamment de l'armistice*, dans les départements du Doubs, du Jura et de la Côte-d'Or. En outre, le siège de Belfort serait continué par les Prussiens. Que Jules Favre ait consenti à signer une telle clause, on a peine à le comprendre ; mais qu'il ait oublié d'en aviser le gouvernement de Bordeaux, c'est ce qu'on se refuse à concevoir.

A Bordeaux, lorsque la nouvelle de l'armistice annoncée sans restriction, arriva, on envoya à Bourbaki, comme à tous les généraux, l'ordre de cesser les opérations militaires. Les soldats épuisés de l'armée de l'Est se défendaient encore. Le général Clinchant, qui avait remplacé Bourbaki après son suicide, essayait de réunir au delà de Pontarlier, les lambeaux dispersés d'une armée encore debout. Apprenant l'armistice, il laissa occuper sur la route de Lyon à Mouthe, des positions importantes, qu'il eut certainement défendues sans l'ordre qu'il venait de recevoir de rester inactif.

Quelle n'est pas la surprise de Clinchant quand il voit que le général ennemi Manteuffel continue les hostilités! Il envoie des parlementaires au chef prussien ; on lui répond que l'armistice ne concerne pas l'armée de l'Est.

Le malheureux Clinchant dont l'ennemi malgré ses protestations menaçait de couper la retraite, en fut réduit à franchir la frontière de la Suisse.

D'après une convention signée entre le général Clinchant et le général suisse Herzog, l'armée française pouvait se réfugier sur le territoire suisse avec armes et bagages; 85 000 hommes, 11 000 chevaux, 200 pièces de canon furent ainsi sauvés.

On voyait partir les soldats prussiens... (P. 351.)

Lorsque les Suisses virent arriver nos soldats, en haillons, pâles, exténués, mourant de faim, des témoins ont affirmé que la plupart d'entre eux versèrent des larmes d'attendrissement. Une pitié immense s'empara des habitants, qui se privèrent eux-mêmes pour donner aux vaincus, des vêtements, des vivres, et même de l'argent. On voyait arriver des fourgons de fiévreux, des charretées de blessés ou de malades les pieds gelés. Des femmes se hâtaient d'apporter des couvertures et de leurs mains soignaient ces moribonds.

Jamais l'expression de la charité ne se manifesta plus touchante et plus sincère. Pour nourrir l'armée française en lambeaux, il fallait par jour 3000 pains de 3 livres, 150 bœufs, 600 quintaux de paille, 500 quintaux d'avoine. La Suisse donna tout : elle fut une mère pour nos soldats. Que ce beau pays soit béni, comme une seconde patrie !

Pendant ce temps, le 18ᵉ corps du général Billot, luttait encore pour couvrir la retraite ; car l'armée prussienne, impitoyable, accablait les vaincus.

On se battit avec vaillance à Pontarlier et à Cluse. C'est dans cette dernière localité que tomba mortellement frappé le colonel Achilli, du 44ᵉ de marche. Il n'avait plus que quelques centaines de pas à faire pour passer la frontière, mais il voulut mourir sur le sol national à la tête de ses troupes.

L'armée de Bourbaki, en se trouvant hors d'état de combattre, nous enlevait les derniers moyens de résistance. Les Allemands se réjouirent de ce grand événement, qu'ils considéraient avec raison comme la fin certaine de cette longue guerre.

Voici comment l'historien prussien, Louis Schneider, dont nous avons précédemment prononcé le nom, raconte la façon dont l'empereur Guillaume accueillit cette nouvelle à Versailles.

« Le 1ᵉʳ février, dit Schneider, j'avais apporté un grand nombre de nouvelles ; mais, pour la première fois, ce ne fut pas moi qui fit la lecture à l'Empereur. Lui-même me lut toute une série de dépêches parvenues entre ses mains et adressées de la frontière suisse par la voie militaire. Je ne pouvais donc rien en connaître encore. Il s'agissait de l'entrée en Suisse, de toute l'armée de Bourbaki. Depuis Sedan et la capitulation de Metz, c'est-à-dire depuis plusieurs mois, je n'avais pas vu Sa Majesté d'aussi bonne humeur.

« — Ce qui arrive ici, s'écria-t-il, est merveilleux, et nos efforts l'ont bien mérité ; mais ce qui se passe là-bas est décisif. On peut espérer le paix. Pourvu qu'il se trouve quelqu'un avec qui la conclure ! »

Pendant qu'en dépit de l'armistice, notre armée de l'Est était ainsi rejetée en Suisse, Belfort continuait à être impitoyablement bombardé. La Prusse profitait du traité de Paris pour diriger force troupes sur l'héroïque cité. Un parlementaire prussien était entré à Belfort et, annonçant la capitulation de Paris, disait que la France n'avait plus d'armée, plus de gouvernement. Le colonel Denfert s'était contenté de répondre : « C'est possible, mais ici les soldats ne se rendront pas. »

Et Belfort ne s'est pas rendu. Ce siège qui durait depuis le commencement de novembre, forme la plus belle page, et la plus consolante de l'histoire de cette guerre navrante.

Belfort dès le 3 novembre ne pouvait rien attendre de l'extérieur. Ses défenseurs avaient pour chef le colonel Denfert qui répétait son mot favori : « Moi vivant, Belfort ne se rendra pas. » Cet homme de fer opposait à toute observation, à toute objection, à toute crainte, un invincible entêtement. Comme l'a dit un des historiens du siège de Belfort, M. Dussieu : « Il parvint à relever les courages du plus grand nombre, à ranimer la population à réveiller son patriotisme, à lui faire endurer avec résignation ses terribles souffrances, en un mot à s'élever à sa hauteur, et il força les lâches à manger leur peur en silence. »

Le 3 décembre, par un froid terrible, alors que la neige tombait à gros flocons, le bombardement commença ; M. Grosjean, préfet du Haut-Rhin, qui était venu s'enfermer dans Belfort adressa aux habitants une proclamation chaleureuse : « L'histoire dira un jour que les lâchetés et les trahisons de Sedan et de Metz ont été rachetées par le courage de Belfort ; elle dira qu'il ne s'y est rencontré ni un habitant pour trouver, au jour du danger, les sacrifices trop grands, ou la résistance trop longue ; elle dira enfin que tous, sans hésitation et sans défaillance, nous avons serré les rangs au pied de notre Château : c'est pour nous aujourd'hui plus qu'une forteresse ; c'est la France et l'Alsace, c'est deux fois la patrie. »

Le maire de la ville, M. Mény, homme du plus beau caractère, mit en évidence ses grandes qualités de courage et de dévouement ; et pendant que Denfert présidait à la défense, on le voyait partout où il y avait un devoir à remplir, rassurant la population qui vivait sous la pluie d'obus, souvent dans des milieux sans air et empestés.

Les Prussiens avaient de nombreuses batteries ; il y en eut bientôt 53 qui firent tomber sur Belfort une pluie de fer, jusqu'à 5 000 obus dans une seule journée.

Le général Von Treskow voulait terrifier Belfort par un bombardement à outrance ; il s'imaginait amener une prompte capitulation de la place ; il choisissait chaque jour un point, et y lançait des milliers de projectiles. Les Prussiens attaquèrent nos postes avancés, mais ni les obus, ni les combats extérieurs, ne lassaient la ténacité des assiégés.

Belfort résistait avec une énergie fiévreuse qui déjouait la fureur des ennemis. Ceux-ci de leur côté souffraient beaucoup ; ils laissaient sous les murailles de la place forte des morts par monceaux ; les Allemands avaient donné à ce coin de terre où leurs régiments allaient s'engouffrer, le nom sinistre de *Todten fabrik*, la fabrique de morts.

La ville offrait un aspect navrant. « De nombreuses familles, dit un défenseur, M. Belin, vivaient dans des lieux humides et malsains. Il serait difficile de voir un tableau plus douloureux que celui de ces caves pendant le bombardement. Les pauvres y étaient littéralement entassés ; quelques-uns avaient des fourneaux et des lits ; le plus grand nombre reposait sur de la paille et se servait du feu des autres, pour préparer ses aliments. Il y avait beaucoup de malades. La petite vérole y sévissait en permanence et l'on avait de la peine à transporter aux hôpitaux, déjà trop pleins, les malades, au fur et à mesure qu'ils étaient frappés. »

Les blessés et les malades étaient les plus malheureux de tous. Ils étaient réunis dans des salles sans air, parce que dans tous les hôpitaux, il avait fallu boucher et blinder toutes les fenêtres, pour les protéger d'un bombardement sans trêve. Parfois, malgré ces précautions, des projectiles éclataient dans les salles, et blessaient de nouveau tous ceux qui s'y trouvaient. Ils mouraient en grand nombre.

Un jour les habitants espérèrent le salut, ils entendaient au loin les canonnades de l'armée de Bourbaki qui arrivait à son secours. Le 16 janvier, on apercevait du haut de la Niotte, les batteries françaises au mont Vaudois.

Hélas ! Bourbaki, après ces brillants débuts, fut repoussé ; sa retraite commença bientôt, Belfort était perdu.

Le 21 janvier, les Prussiens avaient encore installé de nouvelles batteries ; le bombardement, à partir de cette époque, prit une intensité effroyable ; 8 000 obus tombaient par jour sur la place.

Von Treskow avait l'ordre de s'emparer de Belfort avant la paix, afin que l'Allemagne pût conserver cette place forte. Mais Belfort, malgré les souffrances de la faim, malgré les ruines qui s'ouvraient de toutes parts, malgré la variole qui continuait de faire des victimes nombreuses, Belfort s'obstinait à la résistance.

Le 26 janvier, une attaque acharnée des Prussiens eut lieu dans nos positions avancées ; le combat dura deux heures, mais nos soldats, appuyés par le feu de la place, tuèrent 200 ennemis et firent 225 prisonniers. Le général Von Treskow était réduit à continuer les lents travaux du siège et à bombarder la place.

Après l'armistice, Belfort continua à être écrasé sous la pluie de mitraille : le général prussien, le 17 février, envoya à Denfert une sommation de capituler, afin d'éviter inutilement, disait-il, « une plus longue effusion de sang. », le colonel Denfert ne répondit pas.

Le défenseur de Belfort n'accepta de rendre la place que sur l'ordre écrit de son gouvernement : il exigea que la garnison sortît tout entière avec armes et bagages, avec tout le matériel qu'elle pourrait emmener et qu'elle conservât le droit de reprendre part à la guerre si la paix n'était pas signée.

Le colonel Denfert partit de Belfort à la tête de ses troupes et il se dirigea sur Lyon. Partout sur son passage, on acclamait cette armée de braves ; les populations leur jetaient des couronnes et des bouquets. On saluait ces Français qui n'avaient pas été battus.

La ville de Belfort avait reçu pendant la durée de son bombardement 450 000 obus ; après le siège, on vendit 11 millions de kilogrammes de fonte et de plomb ramassés dans les décombres et provenant des débris des projectiles prussiens.

La ville de Bitche tomba après Belfort.

Ces hauts faits militaires vengeront, aux yeux de l'avenir, la nation vaincue.

C'est par leur récit que je terminerai ce livre.

Paris, qui avait été tant éprouvé pendant le siège, allait être dévoré par les horreurs de la guerre civile, et le 18 mars il me fut donné d'entendre sur les boulevards les premiers coups de feu tirés par des Français qui allaient s'entre-tuer. Ma plume se refuse à retracer ces scènes épouvantables.

Détournons les yeux de ces tableaux navrants, et arrivons au jour où, après l'apaisement, après le payement des milliards, les armées victorieuses quittèrent notre territoire envahi. De toutes les villes et de tous les villages, on voyait enfin partir les soldats prussiens, marchant au pas cadencé, alignés avec cette précision rigoureuse et cet ordre qui leur avaient permis d'obtenir de si grands succès.

Ils partirent de toutes nos provinces..., de toutes, excepté de l'Alsace et de la Lorraine, régions infortunées qui ont à payer toutes nos fautes et à supporter le poids de tous nos malheurs.

. . . .

Depuis vingt ans, la France s'est relevée des ruines; des forts se sont élevés de toutes parts, les armées sont reconstituées, les bataillons sont debout, ayant à disposer d'un matériel formidable.

Qu'il nous soit permis d'envisager l'avenir avec confiance, en nous rappelant le mot que prononçait à plusieurs reprises le poète norwégien devant les aéronautes du siège de Paris :

ESPÉRANCE !

TABLE DES MATIÈRES

Dédicace VII
Préface IX
Lettre du général Chanzy XI

PREMIÈRE PARTIE

LE « CÉLESTE » ET LE « JEAN-BART »

CHAPITRE PREMIER

La guerre. — Paris investi. — Les ballons-poste. — L'aérostat « le Céleste ». — Lâchez tout ! — L'ascension. — Versailles. — La fusillade prussienne. — Les proclamations. — La forêt d'Houdan. — Les uhlans. — Descente à Dreux.   3

CHAPITRE DEUXIÈME

Le gouvernement de Tours. — Une séance du conseil des ministres. — Paris pendant les premiers jours du siège. — Les remparts et la garde nationale. — Les travaux de guerre. — Physionomie de la ville. 31

CHAPITRE TROISIÈME

Projet de retour à Paris par voie aérienne. — Les inventeurs de ballons. — Confection d'un ballon de soie. — Voyage à Lyon. — Les nouveaux débarqués du ciel. — Ascension du « Jean-Bart ». 47

CHAPITRE QUATRIÈME

Construction des ballons-poste à Paris. — Aérostats à Tours. — Lettres pour Paris par ballon monté. — Le bon vent souffle à Chartres. — Cernés par les Prussiens. — Evasion nocturne. — L'hôtel du Paradis. — Allons chercher le Nord-Ouest.   67

CHAPITRE CINQUIÈME

Première tentative de retour à Paris par ballon. — Préparatifs du voyage. — Le bon vent. — L'ascension. — Le bon chemin. — Le brouillard. — Le déjeuner en ballon. — Le vent a tourné. — En ballon captif. 99

CHAPITRE SIXIÈME

Seconde tentative de retour à Paris. — Le coucher du soleil et le lever de la lune. La Seine et les forêts. — Adieu Paris! — Descente dans le fleuve. — Les pays normands. 115

CHAPITRE SEPTIÈME

Rouen au mois de novembre 1870. — Histoire des tentatives de communication avec Paris assiégé. — Les courriers à pied. — La poste fluviale. — Les chiens facteurs. — La télégraphie électrique. — La défense en province. — La victoire de Coulmiers. — On nous appelle à l'armée de la Loire. 135

DEUXIÈME PARTIE

L'ARMÉE DE LA LOIRE

CHAPITRE PREMIER

Le ballon *La Ville de Langres*. — Premières expériences d'aérostation militaire à Gidy. — La télégraphie aérienne. — Le *Jean-Bart* à Orléans — Anecdotes sur les Prussiens. 159

CHAPITRE DEUXIÈME

Les ballons capturés. — Voyage d'un aérostat de Paris en Norwège. — Le départ du château du Colombier. — En ballon captif. — Accident à Chanteau. — Réparation d'une avarie. — Arrivée à Rebréchien. — Tempête nocturne. — Le *Jean-Bart* est crevé. — Retour à Orléans. — Gonflement du ballon *La République*. 179

CHAPITRE TROISIÈME

Les lenteurs après la victoire de Coulmiers. — La déroute de l'armée de la Loire. — Les ballons captifs au château du Colombier. — Aspect d'Orléans après la défaite. — Le dernier train. — Les blessés. — Vierzon. 213

CHAPITRE QUATRIÈME

La reprise d'Orléans par les Prussiens. — Organisation définitive des aérostiers militaires à Tours. — Gambetta et le chef de gare. — Nouvelle défaite. — Tours et le Mans. — Une visite au camp de Conlie. — Ascensions captives. . . . 231

TROISIÈME PARTIE

LES DERNIÈRES LUTTES

CHAPITRE PREMIER

La deuxième armée de la Loire. — Retraite sur Vendôme et le Mans. — Une visite au général Chanzy. — Ascension faite en sa présence. — Un peuplier cassé. — Opinion du général sur les ballons militaires. 271

CHAPITRE DEUXIÈME

La bataille de Mans. — Poste d'observation pour les ballons captifs. — Les batteries françaises. — Le champ de bataille et les mitrailleuses. — Douze heures de combat. — On croit au succès. — Les mobilisés de la Tuilerie. — La déroute. — Laval. — Rennes. 299

CHAPITRE TROISIÈME

Les ballons captifs à Laval. — Les hostilités vont reprendre. — Deuxième aérostat perdu en mer. — Ténacité du général Chanzy. — Ascensions quotidiennes. — L'armistice. — Nantes. — Bordeaux. — L'Assemblée nationale. — Paris. — Vides dans les rangs 325

CHAPITRE QUATRIÈME

Paris après l'armistice. — Les ruines et l'abandon. — Nouvelles de l'armée de l'Est. — Accueil fait à nos soldats en Suisse. — La résistance de Belfort. — Le colonel Denfert. — Le bombardement de Belfort. — Misère des habitants. — Les malades et les blessés. — La fin du siège. — L'Alsace et la Lorraine. 343

ÉVREUX, IMPRIMERIE DE CHARLES HÉRISSEY

www.ingramcontent.com/pod-product-compliance
Lightning Source LLC
Chambersburg PA
CBHW070855170426
43202CB00012B/2075